自由意志対話

Just Deserts: Debating Free Will

自由・責任・報い

ダニエル・C・デネット

グレッグ・D・カルーゾー

木島泰三 訳

Daniel C. Dennett × Gregg D. Caruso

青土社

自由意志対話

目次

自由意志対話

自由・責任・報い

ダニエル・C・デネット
グレッグ・D・カルーゾー
木島泰三 訳

自由意志対話——自由・責任・報い

序文

デーク・ペレブーム

本書に収録された、ダニエル・デネットとグレッグ・カルーゾーの間の、自由意志、道徳的責任、および刑罰に関する論戦[1]は、緊迫し、両者の全力をつぎ込んだ、現代における自由意志論争の最先端に関心のある読者の誰をも虜にする、初心者にも、年季を積んだベテランの論客にも、同じぐらいに有益なものを与えてくれる論戦である。この論戦は、現在競合しあっている様々な立場の素晴らしい入門であると同時にその詳細の解説となっており、この点で他書の追随を許さない。

カルーゾーは自由意志と決定論の非両立論者である。もしも決定論が真理であれば、遠い過去の出来事と自然法則という私たちのコントロールのおよばない諸要因が、私たちのすべての行為を因果的に決定しているということになる。そして非両立論者は、このような決定論の帰結が自由意志の余地をなくする、と主張する。非両立論者は、決定論が虚偽であり、私たちには自由意志がある、と考える人々――リバタリアンたち――と、決定論は真理であり私たちは自由意志を欠いている、と考える人々――自由意志懐疑論者たち――に分かれる。デネットは自由意志と決定論についての両立論を肯定し、私たちには自由意志があるとはっきり主張する。カルーゾーは、私たちの世界が決定論的である場合、またそれに加えて、私たちの世界が、例えば量子力学のいくつかの解釈が提起するような仕方で非決定論的である場合にも、私たちは自由意志を欠く、と論ずる。したがってカルーゾーとデネットは、伝統的に対立してきた二つの立場にそれぞれ属しているということになる――デネットは両立論者にして自由意志肯定論者であり、カルーゾーは非両立論者にして自由意志懐疑論者である。

これ以外に、「自由意志」がどのように定義されるべきかという概念上の問題をめぐっても、デネットとカルーゾーは立場を異にしている。デネットは、私たちは「自由意志」〔という用語、概念〕を用い、またそれを、ある**望むに値する**類の自由意志[2]を名指すような意味で用いることを推奨していることでよく知られている。ここで望むに値する類の自由意志とは、私たちの自然的、社会的な環境中の刺激に合理的に反応できるという能力であり、それは私たちの種の進化の歴史の中で発達し、個々人が成人する過程で成熟していく。それが価値ある能力であるのは明らかであり、デネットの提案は擁護可能なものであると私は思っている。

とはいえ、デネットによる自由意志の特徴づけについては一つの疑問が生じる。つまりデネットの特徴づけは、この論争でぶつかっている二陣営の対立点を明確にするような特徴づけではないのではないか、という疑問である。デネットの自由意志概念が決定論と両立不能であると考える人はほとんどいない以上、彼の定義は、両立論を大いに論争の余地のある立場であるとする〔非両立論者の〕定義への、一つの異議申し立てに帰着する。これと対照的に、カルーゾーは自由意志を、**基**

礎的な形態の〈相応しさ〉[3]を行為者に帰するために要求されるようなコントロールとして定義しており、これは、現在のこの論争に参加している他の多くの論者と同様の定義である。基礎的な形態の〈相応しさ〉においては、悪行をなした人物は、彼女が道徳的に見て悪しき理由によって行為したというただその理由によって、非難と、恐らくは罰に相応しいということになり、正しい行為を行った人物は、彼女が道徳的に好ましい理由によって行為したというただその理由によって、賛辞ないし賞賛と、恐らくは報賞に相応しいということになる。このような〈相応しさ〉が基礎的だとされるのは、そこでの〈相応しさ〉の主張が、その正当化の基礎であるからである。カルーゾーによれば、自由意志論争を促進し、それによって、論争のどちら側にも相当数の参加者が加わるようになるためには、自由意志は〈賞賛と非難、賞と罰に基礎的に相応しい存在であるために要求されるようなコントロール〉として定義されるべきである、ということになる。

デネットとカルーゾーは、〈基礎的な相応しさ basic-desert〉[4]という概念がどの程度広く行きわたっているのかに関しても意見を異にしている。カルーゾーはデネットとは対照的に、この概念が広い範囲に行きわたったものだと考えている。カルーゾーはこの見解に支えを与えるために、イマヌエル・カントに由来する（Kant 1797: Part II）、〈悪事を行った人物を罰しても何の有益な帰結も得られない〉という事例を想定する思考実験を用いる。この事例の一バージョンを紹介しておこう。[5]誰かが孤島で、残忍な仕方で他の住人すべてを殺害した、としよう。また、この人物の内的な憎悪と憤激ゆえに、彼が道徳的に改善されることは不可能である、ともしよう。加えて、この人物がこの島から逃げることは不可能であり、また島があまりにも遠いため、誰かがその島を訪れることすらないはずだ、ということにもしよう。社会が消散してしまったこの島には、もはや、善き帰結を目指す社会契約によって決定されるべき、社会の規則も存在しない。この殺人者はそれでもなお刑罰に相応しいのだ、という直観をあなたは抱くだろうか？　この例は、非・基礎的な〈相応しさ〉という選択肢を取り除いているように思われるのであるが、もし実際にそれを取り除いているとした場合、それでも今述べたような直観を抱く人にとって、刑罰は〈基礎的に相応しい〉ものだ、ということになるだろう。

だが、デネットと同じ立場に立つ場合、私たちは果たして、〈基礎的な相応しさ〉を退ける者は誰であれ自由意志を否定していると見なされるという、そのような「自由意志」の定義を望むだろうか？　あるいは、ある人に〈基礎的な相応しさ〉を帰属させるために要求される行為へのコントロールが私たちに可能であることを否定する者は誰であれ自由意志を否定していると見なされるという、そのような「自由意志」の定義を望むだろうか？　私たちの思考と実践の中で「自由意志」の概念が果たしている役割は、〈基礎的な相応しさ〉と、それが要求する行為へのコントロールを退けたとしても生き残るものなのかもしれない。私たちは、例えば科学の進歩などにより、多くの概念にそれまでとは異なった特徴づけを与えてきたが、その後でもそれらの概念を保持し続けてきたのである。

デネットが断固主張するところでは、「自由意志」概念の役割は、〈基礎的な相応しさ〉を退けてしまった後でも十分に生き延びていくはずであり、なぜなら私たちは、私たちが望むような働きをしうるような、非・基礎的な〈相応しさ〉の概念をもっているからだ、という。非難と刑罰に対する実践レベルの正当化は、〈相応しさ〉の考察に訴えるが、そこでいう〈相応しさ〉とは〈基礎的な相応しさ〉ではないのであり、なぜならそこにおける実践は、より高いレベルにおいては、悪行の抑止や悪行を行った人々の道徳的改善といった、予期される善い帰結によって正当化されるものなのだからである。デネットによれば、このように、行為者を非・基礎的な意味において道徳的責任のある存在だと見なすという私たちの実践は保持されるべきなのであり、なぜなら、そうすることで私たちは、代案となる実践と比較したときに全体として最善であるような帰結を得ることができるからなのである。

デネットのモデルによる、予期された帰結にもとづいて正当化された罰則(ペナルティ)および報酬とは、真正な意味で〈相応しい報い〉[6]としての資格を本当に得るものではないのであり、なぜなら、この見解によれば、罰則や報賞は究極的には動機づけとして機能する〔つまり真正な意味での〈相応しい報い〉には関わらない〕とされているからだ、という反論はありうる。デネットが本書の論戦において、このような反論への応答として提供する種類のアナロジーを引けば、スポーツにおいてファウルを犯した者は、そのファウルゆえにペナルティに相応しい、ということがいえる。だが、このようなスポーツにおける〈相応しさ〉は〈基礎的な相応しさ〉ではない――むしろそれは、それぞれのスポーツが最善の仕方で営まれるにはどうしたらよいか、という考察にもとづくものである。これと同様に、犯罪的な行動に対する罰則(ペナルティ)は抑止を根拠とし、安全に関わる予期される善い帰結によって正当化される、ということになる。こういう想像をしてみよう。弁護士と裁判官は有罪宣告と刑罰をしようという、過去指向的な理由しか考慮しないのだが、その実践自体は、弁護士も裁判官も決して考慮せず、それに訴えることもしない、未来指向的な根拠によって正当化されている、という状況である。[7] この場合であれば、弁護士と裁判官が罰則を〈相応しい報い〉だと考えていると主張するのは、たしかに意味をなすことではあろう。

以上見てきたように、デネットとカルーゾーの論戦は実質的な論点に関わり合っており、いくつかの概念的な論点と言語表現に関わる論点にも関わり合っている。概念的な論点は重要であり、この論点の解決は、ここで重要な関連性をもつ概念の役割が保持されるかどうかに依存する。デネットも、カルーゾーも、「基礎的な相応しさ」の概念が、現実の実践の正当化において果たしている役割を存続させるに値するものとは主張していない。だがデネットは、「相応しさ」とその役割は保持されるべきだと論じ、カルーゾーはそれに同意していない。論戦の全体を通じて、言語と概念に関わる論点と、実質的な論点を切り離す作業は難題であり、これは哲学においては一般的なことである。カルーゾーとデネットはこの難題に、古典的なやり方、すなわち、お互いを用語の明確な理解の提示へと駆り立て合う、というやり方で取り組んでいる。

私の所見では、カルーゾーとデネットの立場はそれぞれ、自由意志論争の基礎となるさまざまな事柄に、実質的な点で、極めて密接に結びついているが、しかしまた彼らはそれ以外の、例えば彼らがことのほか強硬に論議し合った、非両立論のための〈操り師論証〉の価値のような、他の諸問題についても立場を異にしている。彼らはまた、犯罪者の処遇について何を推奨すべきかという問題についても立場を異にしている――この問題に関する現行のアメリカでの実践が重大な改革を要求する、という点には両者とも合意しているにしても。とはいえ、彼らのこの問題に対する相違の理由については、デネットは〈相応しさ〉にもとづく正当化を是認し、カルーゾーはそれを退ける、という彼らの相違点にそれが由来しているのかどうか、明らかではない。読者諸氏は、本書の有益で時宜にかなった対話の中で、これらの論点を解明していく喜びを味わうことだろう。

まえがき

本書の起源は二〇一八年の五月、レバノンのベイルートにある屋上バーにさかのぼる。そこで私たち二人は初めて出会い、食事をし、飲み、それぞれの自由意志に関する見解を論じ合うという楽しい夕べを過ごした。ベイルート・アメリカン大学での道徳心理学に関する会議の開催期間中のことだった。私たちは会議終了後も連絡を取り合い、最終的にお互いの相違点を対話ないし討議という形でまとめようと決めた。そしてそれは『イオン・マガジン』の二〇一八年一〇月号に、「正しい報い――私たちは自分の行為に対する道徳的責任があると見なされうるか？　ダニエル・デネットはイエスと答え、グレッグ・カルーゾーはノーと答える。読者のあなたはどちらに決めますか？」というタイトルの論戦として公開された。やり取りが公開された後、ポライティ・ブックスのパスカル・ポーチェロンより、この対話を継続し、一冊の本にまで広げるという提案が持ちかけられた。二人ともその計画にすぐに同意した。というのも、私たちは互いに敬意を抱いており、対話を継続するのは大いに価値のあることだと考えていたからである。その成果が本書である。本書はまず、短い序論から始まる。そこではカルーゾーによって自由意志問題に関する議論と、いくつかの用語の定義がなされる。この序論には、自由意志問題に馴染みのない読者を助け、この問題に関するさまざまな立場の簡単なまとめを提供するという狙いがある。序論に続き、三つの別々の論戦がなされる。第一のやり取りは、最初の『イオン』誌のやり取りを編集し、拡張したものである。一方、第二、第三のやり取りは本書が初出である。

D・DおよびG・C

序論

グレッグ・D・カルーゾー

自由意志問題は、私たちの自己理解、人間相互の関係、それに私たちの道徳的実践と法的な実践、といった事柄に関わる、現実世界に根ざした含意をもつ問題である。私たちの日常的な態度や判断の背後には、〈私たちには自由意志がある〉という想定が潜んでいる。例えば誰かが、道徳的に見て悪事[1]とされることを私たちに向けて行ったとする。こういうときに私たちは、ただ単に怨恨と義憤[2]の感情を経験するだけではなく、通常は、自分たちがそういう感情を経験することは**正当化されている**、と感じる。というのも、私たちはそこで、それを免責するような条件が不在である限り、人々は自由で、自分がしたことに対する道徳的責任を有する存在である、と想定するものであり、したがってその怨恨や義憤といった反応の標的として適切なのだ、という想定をするからである。私たちはまた、典型的には、人が「自分自身の自由意志によって行為する」とき、その人には、自分が行ったことに対する道徳的責任があるのだからという理由で、自分の行為に対する賞賛と非難、刑罰と報賞に**正しく相応しい**（ジャストリィ・デザーブ）、と想定する。そして同様の想定は、刑法においてもなされる。例えば、合衆国最高裁判所は次のような言葉をはっきりと述べている。「私たちの法の体系、また特に言えば、私たちの刑罰、判決、〈〔収監等による〕無害化〉[3]に対するアプローチにおける『普遍的かつ永続的な』礎石は、『人間の意志の自由、および、その帰結としての、正常な個人による善と悪から選択する能力と義務に対する信念』である」（United States v. Grayson, 1978）。だが、自由意志は本当に存在しているのだろうか？[4]　もしも、ここで重要な関連性をもつような意味において自由で道徳的責任のある人など**誰もいない**ことが明らかになったら、どうなるだろうか？[5]　それは、社会、道徳、意味、法に対してどのような意味をもつだろうか？　社会は、自由意志への信念なしでも適切に機能できるだろうか？　今述べた問いは、本書で論じ合われる多くの問いの一部に過ぎない。

最初に、いくつかの鍵となる用語と立場の紹介を行うのが重要である。第一に、現代の哲学者たちの趨勢にしたがって解すれば、**自由意志**とは、ある特定の種類の道徳的責任のために要求される、行為へのコントロールである、と私たちは言うことができる。より詳しく規定すればそれは、行為者がそれによって自分の行為に対する非難と賞賛、罰と賞を受けるのが**正しく相応しい**とされることが可能になるような、行為者に特徴的な力ないし能力である。このような仕方で、自由意志を道徳的責任に結びつけて理解することは、哲学論争を比較的具体的で、また疑いもなく私たちの人生にとって重要な事柄につなぎとめることになる。マニュエル・ヴァーガスが指摘するように、「これは、誰かある哲学者の、特定の思弁的形而上学と一致するかどうかだけでその内実が決まってしまうような自由意志の意味ではない。また、特定の宗教的な枠組みと恣意的に結び付けられた自由意志の意味でもない。むしろそれは、広く行き渡り、認められた生の形式の中でそれが果たす役割ないし機能に照らしてその重要性が理解されるような概念である」(Vargas 2013: 180)。

自由意志に関する今日の諸理論は、二つの一般的範疇に分けられる。すなわち、人類が自由意志をもつという主張を支持する立場と、それについて懐疑的な立場である。第一の範疇には、自由意志についてのリバタリアン的[6]な所説と両立論的な所説が含まれる。この二つは共に、一般的に私たちが自由意志をもつということを擁護する立場だが、自由意志の本性、あるいはそれが成り立つ条件については異なった見方をとる。また、第二の一般的範疇は一群の懐疑論的な立場からなり、自由意志の存在を疑うか、否定するかする。自由意志肯定論の二つの立場としてのリバタリアニズムと両立論の区別は、伝統的な、自由意志と決定論の問題に関連づけることで最もよく理解できる。一般に理解されてきた決定論とは、いかなる時点においても、ただ一つの未来しか可能ではない、というテーゼである(van Inwagen 1983: 3)。時点tにおける諸事物のあり方が与えられてしまえば、以後の諸事物のあり方は自然法則の問題として確定してしまう場合、そしてその場合に限り、私たちは世界が決定論によって支配されている、と言うことができるようになる(Hoefer 2016)。別の仕方で述べれば、決定論とは、自然法則と結びついた遠い過去についての事実が、唯一の未来しか存在しないことを含意する、というテーゼである(McKenna and Pereboom 2016: 19)。他方で非決定論とは、この決定論というテーゼの否定である——すなわち、ある一時点において、二つ以上の未来が物理的に可能であるという主張である。したがって、伝統的な自由意志と決定論の問題は、私たちの自由意志に関する直観的な感覚と、〈私たちの選択および行為は、私たちが究極的にはコントロールできない諸要因としての、私たちが生まれる前の過去と自然法則によって因果的に決定されているかもしれない〉という思想とを調停しようという試みに帰着することになる。

歴史的に、リバタリアンと両立論者はこの問題に異なったやり方で対応してきた。**リバタリアンたち**（これを政治的立場と混同しないように）[7]は、もしも決定論が真理であれば、そして、私たちすべての行為が先行する諸状況によって因果的に決定されているとしたら、私たちは自由意志と道徳的責任を欠くことになるだろう、ということを認める。しかし彼らはここから進み、私たちの選択と行為の少なくともいくつかは、因果的に決定されていないという意味で自由でなければならない、と断固主張する。それゆえリバタリアンたちは決定論を退け、彼らが自由意志の必要条件だと断固主張するもの――すなわち、正確に同じ状況で**別のようにもなしうる能力**、および／あるいは、ある重要な意味において私たちは行為の**究極的な源泉／創始者**であり続けるという思想――を救うため、非決定論的な自由意志概念の擁護に乗り出す。両立論者たちは、決定論と調停されうるような自由意志概念を擁護する。他方で**両立論者たち**は、因果的決定の不在ではなく、むしろ、私たちの行為が意志的で、制約や強制から自由であり、適切な原因によって引き起こされることこそが格別の重要性をもつのだ、という点を強調する。両立論にもさまざまな説があり、自由意志の要件としてそれぞれ異なった説明を挙げるが、諸理由への応答能力、自己コントロール、当人が反省的に是認するであろう事柄と行為との結びつきなどを要件として特定する立場が広く支持されている。

こうした自由意志肯定の立場とは対照的に、もう一方の立場は、自由意志と道徳的責任の存在を疑うか、あるいは明白に否定する。この種の見方はしばしば〔自由意志に対する〕懐疑論的な見方、あるいは単に**自由意志懐疑論**と名指される。かつて、懐疑論の代表的な形態は**ハード決定論**[8]であった。これは、決定論は真理であり自由意志とは両立せず——決定論が別のようにも行為できるという能力を排除するからか（**随意選択の非両立論**）、決定論が、人が行為の究極の源泉であることと整合的でないから（**源泉の非両立論**）——それゆえ自由意志は一切存在しない、という立場である。[9]ハード決定論者にとって、リバタリアン的な自由意志とは一つの不可能事なのであり、なぜなら人間の行為は完全に決定論的な世界の一部分であり、なおかつ両立論は決定論と自由意志の調停に失敗しているのだからである。古典的な形態のハード決定論が提唱されたのは、ニュートン物理学が支配し、決定論が成り立っていると考えられていた時代であった。しかし、量子力学の発展は、決定論に対する確信を弱めた。というのも、量子力学には非決定論的解釈が提起されているからである。こう言ったからといって、決定論が近代力学によって反駁されたとか反証されたとか言うことにはならない。というのも有力な量子力学の解釈の中には、決定論と整合的なものも数多く存在するからである。[10]同時にまた、たとえ私たちが、量子力学によって研究されているような、宇宙のミクロレベルにおける何らかの非決定性が存在することを認めたとしても、**問題となる場面での決定論**——すなわち、日常の選択や行為のレベル、さらには私たちの脳内の電気的な活動における決定論——が依然として成り立つ、という可能性もある。事情かくのごとしではあるが、現代の〔自由意志〕懐疑論者の大部分は、伝統的な決定論とは区別された、とはいえそれを継承する立場を擁護する趨勢にある。

現代の自由意志懐疑論者の多くは、例えば、決定論は自由意志および道徳的責任と両立不可能であることをあくまで主張する一方で、非決定論もまた、とりわけそれが量子力学の一定の解釈が提起する種類の非決定論に限られる場合、やはり自由意志および道徳的責任と両立不可能である、とも主張する。別の自由意志懐疑論者は、宇宙の因果的構造がどうあろうと関わりなく、宇宙の至るところに運というものが行きわたっているがゆえに、私たちは自由意志と道徳的責任を欠いている、と論ずる。これ以外にもまた、自由意志と究極的な道徳的責任とは、整合性を欠く概念であり、なぜなら私たちが、究極的な道徳的責任のために必要であるような意味で自由であるためには、自己原因(カウサ・スイ)(つまり自己自身の原因)でなければならず、そしてこれは不可能なことである、と論ずる自由意志懐疑論者もいる。例として、ニーチェが自己原因について述べている言葉を引いておこう。

自己原因(カウサ・スイ)という概念は、これまで考えられてきたうちでも最上の自己矛盾であり、ある種の論理学的な暴行であり、不自然なきわみである。しかし極端までの高慢さのために、人間はこの愚行に巻き込まれて、身動きができなくなってしまっているのである。まさにみずから自己原因であろうとする試みから、極めて形而上学的な知性において「意志の自由」への要求が生まれたが、この概念は残念なことに、哲学をかじっただけの人々の頭をまだ占領しているのである。さらにみずからの行動にたいして、神にも、世界にも、祖先にも、偶然にも、社会にもその責任を負わせず、みずから完全で究極の責任を負おうとする要求もそこから生まれたのである。こうした試みこそ、ミュンヒハウゼン男爵[11]をも凌(しの)ぐ乱暴な要求であり、自分の頭髪をつかんで、虚無という泥沼から抜けだそうとする試みである(Nietzsche 1886/1992: 218-219)〔邦訳六〇頁〕。

それでも、これらの〔自由意志〕懐疑論者すべてに共通し、なおかつ古典的なハード決定論とも共有されているものが一つある。それは、私たちの選択、行為、および私たちを構成している性格は、究極的には私たちのコントロールのおよばない諸要因——それが決定論であれ、偶然であれ、運であれ——の産物であり、それゆえに私たちは、行為者を、ここで重要な関連性をもつ意味において道徳的責任を有する存在と見なすために必要とされている種類の自由意志を欠いている、という信念である。

本書の手引となる定義集

決定論 *Determinism*

遠い過去および自然法則に結びついている諸事実は、ただ一つの特定の未来のみが存在することを帰結する、というテーゼ。

両立論 *Compatibilism*

自由意志は決定論が真理であることと調停されうるというテーゼ。すなわち、決定論が真理であり、かつ、行為者が、ここで重要な関連性をもつ意味において、自由であり、道徳的責任を有する存在であるということは可能である、というテーゼ。

非両立論 *Incompatibilism*

自由意志は決定論と調停されえないというテーゼ。すなわち、もし決定論が真理であれば、自由意志は可能ではないというテーゼ。

リバタリアニズム *Libertarianism*

非両立論は真理であり、決定論は虚偽であり、ある種の非決定論的な自由意志が存在する、というテーゼ。

自由意志懐疑論 *Free Will Skepticism*

自由意志をもつ人は誰一人としていない、あるいは最低限、私たちは誰かが自由意志をもつと信ずるべき十分な根拠を欠いている、というテーゼ。

ハード決定論 *Hard Determinism*

非両立論は真理であり、決定論は真理であり、それゆえ自由意志をもつ人は誰一人いない、というテーゼ。

ハード非両立論 *Hard Incompatibilism*
自由意志は決定論とも非決定論とも両立不可能であるというテーゼ。すなわち、自由意志は行為者のコントロールのおよばない諸要因による因果的決定とも、最も説得力のあるリバタリアニズムの諸バージョン[12]に要求されるような種類の、行為における非決定性とも、**そのいずれともと**両立不可能である、というテーゼ。

ハードな運 *Hard Luck*
宇宙の因果的構造がどうあろうと関わりなく、自由意志は、宇宙の至るところに行きわたっている運というものとは両立不可能であるがゆえに、私たちは自由意志と道徳的責任を欠いている、というテーゼ。

〈基礎的な相応しさ〉にもとづく道徳的責任 *Basic-Desert Moral Responsibility*
ある行為者に、ある行為に対して、この意味での道徳的責任がある、とは、その行為が道徳的不正であると理解された場合にその行為者は非難に相応しく、その行為が道徳的模範にかなっていると理解された場合にその行為者は賞賛に相応しい、というような仕方でその行為がその行為者に属する、ということを意味する。ここで争点となる〈相応しさ〉が**基礎的**であるというのは、その行為者は、その行為を遂行したというただそのことだけが理由で非難ないし賞賛に相応しいとされるのであって、例えば、単なる帰結主義的、ないし契約説的な考慮によってそうだとされるわけではない、ということを意味する（Pereboom 2014: 2)。

帰結主義 *Consequentialism*

規範的諸性質はその帰結――すなわち、何であれ、善き結果の最善の集計を産出するか、あるいは未来の世界を最善にするあらゆるもの――にのみ依存している、という見方。

契約説 *Contractualism*

道徳的な規範、および／あるいは、政治的権威は、その規範的な力を契約、あるいは相互の合意という観念から引き出している、とするテーゼ。

義務論 *Deontology*

行為の道徳性は、ある明確な一群の規則の下で行為それ自体が正か不正かという点を基礎にすべきであって、行為の帰結を基礎にすべきではない、という見方。

論戦一

自由意志と道徳的責任を論じ合う

カルーゾー　ダン、よく知られているように、あなたは自由意志が進化の産物であること、そして動物の中でも人間だけが、自由意志と道徳的責任を僕たちに与えてくれるような心を進化させた、と論じてきました。これに対して僕は、僕たち人間のふるまいやあり方というのは、究極的には、僕たち自身のコントロールのおよばない諸要因の産物であり、それゆえに僕たちは、ある意味では、自分の行為に対する道徳的責任を有することが決してないのだと論じてきました。これは「ある意味で」、つまりある特定の意味においてなのですが、しかし、それは「道徳的責任」についての広く根づいた意味です――つまりここで僕は、僕たちを、非難と賞賛、罰と賞に、**真に相応しい**存在たらしめるものとして「道徳的責任」を理解しています。あなたと僕の見解は、お互い衝突し合っているように見えます。この対話で確かめてみたいと思うのは、一つには、僕たちの立場が実際、どのぐらい隔たったものなのかということです。僕は、人が思うよりも、僕たちの思想には共通点が多いのではないかと思っています――でも、これは勘違いかもしれない。手始めに、「自由意志」をどういう意味で理解しているのか、また、人間だけがそれをもっていると考えるのはなぜなのか、説明してもらえますか？

デネット 僕らのどこが違うのかを理解しようとするなら、キーワードは「コントロール」だ。グレッグ、あなたは「僕たち人間の……あり方というのは、究極的には、僕たち自身のコントロールのおよばない諸要因の産物」なのだと言う。ところでこれは、子ども時代の教育を経て自律的な行為者になることができなかった、不運な人たちにしか当てはまらないことだ。そういう人たちはたしかにいる。精神的な障害によって自分をコントロールできなくなっている人たちだ。だが、通常の人々は、極端な状況を除けば、およそどんな状況であっても、なんとか自分をコントロールできるものだ。この二種類の人々の違いは、道徳的な観点からすると重要であり、かつまた、もしあなたが**因果**の概念と**コントロール**の概念を区別しさえするなら、明白な違いでもある。例えばあなたの過去はあなたを〈コントロール〉などしない。〈過去があなたをコントロールできる〉というのは、〈過去〉さんがいて、あなたの行動を画面で監視し、あなたの行動への介入を微調整できるような場合をいう――これはナンセンスだろう。

実のところ、もしもあなたの過去が大まかに言って通常の範囲の経過をたどったものであれば、その中には、あなたという人間を自律的で自己コントロール可能な存在に作り上げた因果の連鎖も含まれるだろう。これはあなたの幸運だ。つまりあなたには自律的な行為者になれたことに対する責任はない。とはいえ、あなたが一人の人間である以上、あなた以外の人間があなたを、あなたの行いに対して**責任があると見なす**のは、あなたがよほどやむにやまれぬ状況に陥った場合を除けば、完全に適切なことだ。アメリカのカントリー歌手のリッキー・スキャッグスは、あるときこれをこんなふうに表現した。「僕には風をコントロールできない。でも帆の調整はできる」[1]。あなたであれ、他の誰であれ、自分の行為への賞賛や非難に「真に相応しい」と言えるためにはこれ以外のさらなる条件が必要だ、と考えるのは、人々の間に自己コントロールの能力の明らかな差異があって、僕らはその差異を見て取れるし、それを測定するのも容易だ、という現実を無視するか、あるいは否定することだ。別の言い方をすれば、誰かがこういう適格性（コンピテンス）[2]を欠いている場合、まさにそれが欠けていることが、その人を免責し、その人は批判や罰に相応しくないと考えるための理拠（ラショナル）あるいは正当化となる、ということでもある。僕らはクマや赤ん坊や狂ってしまった人と共に理性的な議論を行おうとはしないが、これは、彼らに適切な応答[3]ができないからだ。では、僕らはなぜ普通の人々と理性的な議論をするのか？　その議論によって、自由意志や、科学や、因果性やその他について、自分の結論を説得しようとするのはなぜか？　それは、僕らが——もっともな理由[4]から——一般に人々が道理をわきまえており、理由によって動かされ、自分の行動と目的を、自分に与えられている理由にもとづいて調整できると考えているからだ。人々は理由によって動かされることがない、と**論じる**のは、間接的に自己論駁的な論証だ！[5]　人に、〈真に相応しい報い〉を与えるためには、ある種の閾値[6]がある。そして、今話してきた種類の自己コントロールにとっては、僕らが正当にそういう閾値だと見なしているものが重要になるんだ。

カルーゾー　あなたは、ある種の合理的コントロールを強調し、そういう能力を備えている行為者と、それを欠いている行為者の間にある差異が重要だと考えるわけですが、これについて異論はありません。そういう差異があることは否定できないからです。さまざまな理由に応答できる、通常の成人した人物と、精神病や、アルツハイマー病や、深刻な精神の不調を患った人々との間には、はっきりした差異がある。だから僕は、人の「コントロール」や「自律」にさまざまな度合いがあると認めることに反対はしません――実際、あなたや他の両立論者の人々は、このような差異を明確にするための多大な仕事を行ってきました。僕が同意できないのはむしろ、「基礎的な相応しさ」にもとづく道徳的責任、と僕が呼んでいるものに要求される条件に関してです。自由意志懐疑論者として主張しますが、あなたが挙げているようなコントロールおよび諸理由への応答能力はたしかに重要なものではあっても、〈基礎的な相応しさ〉にもとづく道徳的責任――僕たちを、純然たる過去指向的な意味で理解された[7]非難と賞賛、罰と賞に真に相応しい存在たらしめる種類の責任――の十分な根拠にはならないのです。

例えば、悪事を行った人物を罰することについて、人が挙げうるさまざまな正当化を考えてみましょう。一つの、僕たちの司法システムを支配している正当化は、悪事を行った人々がその刑罰に**相応しい**、と主張します。これは刑罰の**応報主義的**な正当化です。この立場は、悪事を行った人物はそれと知りつつ悪事を行ったというまさにそのことゆえ、その彼または彼女は、その身に〔刑罰という〕悪しきことが生じるに**相応しい**、という理由によって、悪事を行った人物への刑罰が正当化される、と断固主張します。これは、紛れもなく過去指向的な正当化です。応報主義者にとっては、犯罪的な不道徳行為に結びついた〈基礎的な相応しさ〉だけで、刑罰を正当化するには十分なのです。これは応報主義者の立場が、未来の善き結果を最大化させることを目指すという、帰結主義者の考察には還元できないことを意味します。同時にまたそれは、応報主義者の立場が、刑罰の正当化において、より幅広い善——より安全な社会とか、罰を受ける者の道徳的改善といった——に訴えてはいないことも意味しています。僕は、応報的な刑罰が正当化されることは決してないとはっきり主張します。それというのも、およそどんな行為者も、応報的刑罰の根拠として必要とされる種類の自由意志や、〈基礎的な相応しさ〉にもとづく道徳的責任を、持ち合わせてはいないからです。

　たしかに僕たちはさまざまな理由に応ずることができますし、それによって僕たちは、あなたが言及したような意志的コントロールができるようになっているのかもしれません。だとしても、僕たちを動機づける個々の理由の中には、心理的気質や好き嫌い、あるいはその他の、僕たちを今の僕たちとして作り上げた構成的諸要因が含まれていて、これら自体は、究極的には、僕たちのコントロールのおよばない諸要因の産物なのです。しかもこの事実は、それらの要因が決定論的か、非決定論的か、偶然や運に類するものなのかに関わらず、真実であり続けます。こう言ったからといって、決定論や偶然ないし運と両立可能であるような、これ以外の責任の概念が存在しない、と言うつもりは僕にはありません。あるいは、ある種の罰と賞のシステムを支持するような、適切な未来指向的な理由づけがありうることを否定するつもりもありません。例えば自由意志懐疑論者は、公的措置（サンクション）[8]〔制裁〕を課すという営みは、犯罪者たちに対して〈基礎的に相応しい報い〉を与えるという目的以外にも役に立つ、という指摘を行うのが通例です——つまりそれは、犯罪者の〈（収監等による）無害化〉、更生、抑止[9]、といった役割によっても正当化されうる、というのです。したがって、あなたが想定している種類の〈相応しさ〉が、応報的刑罰を十分に正当化できるものなのかどうか？　というのが僕からの質問だということになります。そして、仮に答えがノーだとすると、僕とあなたの不一致点が実際には何なのか、理解しにくいものになります。というのも、刑罰の未来指向的な正当化は、自由意志の否定とも、〈基礎的な相応しさ〉にもとづく道徳的責任の否定とも、完全に整合的な営みなのだからです。それに、もしもあなたに応報主義を否定するつもりがあるなら——僕はそうだろうと思っていますが——、その場合、あなたが「相応しさ」によって正確なところ何を意図しているのか、是非とも知りたく思います——というのも〈行為者に**正しい報い**を与える〉という表現が、果たして過去指向的で応報主義的な含意を一切取り除いた上でも意味をなすのかどうかについては、議論の余地があるからです。

デネット　自律的な人々と、（自己コントロール能力がさまざまな仕方で限定されているために）そうでない人々との間に僕が立てた区別が重要だ、というところについて、あなたは認めてくれた。とはいえあなたは続けて、その区別が「応報的刑罰を正当化する」ような「種類の、相応しさ」にとっては十分なものではない、と言う。僕も応報主義には反対だ。それはこの先弁護される見込みのない混乱した立場で、だからこそ、どんな自由意志肯定論も、それの正当化に躍起になる。とはいえこれは、刑罰の「過去指向的な」正当化は存在しない、ということを意味しない。

これは明々白々のことだ。月曜日、あなたは僕に約束をもちかける。僕は誠意をもってその約束を受け容れ、それにもとづいて今後のスケジュールを調整する。金曜日が来て、僕はあなたが約束を破り、何の弁解もしてこないことに気がつく（弁解（エクスキューズ）[10]がどのようなものであるかについては、これまでに十分な探究がなされてきたので、何か新たな注意事項が出てこない限り、それを踏まえてこの言葉を使い続ける）。

僕はその件であなたを非難する。この僕の非難は、言うまでもなく過去指向的だ――「だって約束したじゃないか！」自律的な人々を、彼らがなしたことに責任のある存在だと見なすことは正しい。なぜなら僕らの誰もが、自律的な人々を当てにすることができる、という事実を頼りにしているのだから。こういう理由で、このような人々が有する責任の中には、自律的な行為者であるという彼ら自身の地位を維持し、物事を識別し自ら意思決定を行う力を奪われたり操作されたりすることを防ぐ、という事項が含まれる。だからこそ僕らは、こういう人々が詐欺などのカモにされたり、泥酔したりしたことについて、彼ら自身を非難することができる。僕らが彼らを非難するとき、僕らがしているのは、彼らを単に診断したり、分類したりすることではない。僕らは彼らが、色々な否定的帰結〔罰や非難など〕に相応しいと見なしているのだ。もしこれが「基礎的な相応しさ」でないとしたら、それなしの〈基礎的な相応しさ〉というのはひどく困った代物になるだろう。それに、今述べた種類の〈相応しさ〉以外に、さらに何を付け足すべきだと考えられるだろうか？

次のことは事実だ――そして、本当に事実かどうかを、ぜひとも考えてみてほしい。つまり、自律的な人であれば、今述べたような種類の〈相応しさ〉は政治的な意味での自由を人が維持し続けるための条件である、とその人が見なし、それを受け容れている、と他の人々からは見られるはずだ、と理解している、ということだ。僕としては、〔行為の〕否定的帰結〔罰や非難など〕を〔あらゆる通常の条件下で〕誰かに課すことを正当化するとしたら、そのための根拠はこの事実に尽きると思っている。公共の安全のために、物理的に拘束されて隔離施設に移送された狂った人と、それと同じ処遇に相応しいがゆえに、同じように拘束され罰せられる罪人の間の違いは大きなものであり、それこそが、およそ擁護可能な統治システムの重要な特徴だ。この罪人には、**刑罰**（ただし、それが何を意味するのであれ、「応報的」刑罰ではないような刑罰）を正当なものたらしめる種類の〔刑罰への〕〈相応しさ〉がある、ということだ。

以前論じたことだが、これと同じ理拠（ラショナル）は、人間の活動のもっと単純な領域において見て取ることができる。それはスポーツの領域だ。サッカーではペナルティキックやレッドカード、アイスホッケーではペナルティ・ボックス、〔バスケットの〕フレグラント・ファウルに対する退場、等々はどれも有意味なルールだ。こうしたルールがあるから試合が可能になるのだし、それがなかったらこれらのスポーツは生き残ることはなかっただろう。ここでの刑罰（これに当たる英語「パニッシュメント」の語源が「**ペナルティ**」であることを考えてほしい）は、なにしろ「ただのゲーム」なんだから、比較的温和なものだ。とはいえ、違反行為が十分に深刻な場合、多額の罰金が科されることや、出場停止の処分を受けることがありうるし、またもちろん、暴力行為や不正行為には刑事訴訟も待ち受けている。自由意志懐疑論者は、プレイヤーには本物の自由意志がないからというので、こういったルールすべてを廃絶するつもりがあるのかどうか考えるべきだ。そして彼らがもし、スポーツのペナルティには特別の免除を認めようというなら、同じポリシー[11]を、それよりもずっと重要な人生というゲームにも広げることを拒むため、どんな原理に訴えるつもりなのか。

あなたはまた、「僕たちを動機づける個々の理由の中には、心理的気質や好き嫌い、あるいはその他の、僕たちを今の僕たちとして作り上げた構成的諸要因が含まれていて、これら自体は、究極的には、僕たちのコントロールのおよばない諸要因の産物」だと言う。それがどうした？　と言いたい。あなたが見失っていると思えるポイントは、自律性は**成長して**できあがっていくものだということだ。それはたしかに、**最初は**完全に僕らのコントロールのおよばない過程だ。しかし人は成熟し、学習を重ねるにつれて、自分自身の活動、選択、思考、態度等々をより一層コントロールし、その度合いを増していけるようになり始める。この過程の中に多大な運の要素が含まれることは認めよう。しかしそれを言うなら、多大な運の要素は、ただ生まれたこと、そしてただ生きていることの中にも含まれる。僕ら人間は、自分が出会った運から利益を引き出し、出会った不運を退け、無効化するように〔進化によって〕うまくデザインされているのであり、[12]そのおかげで僕らは、(例えば)自分のコントロールの力を失う結果を招くような、愚かなチャンスに身を任せたりしない、ということへの責任があると見なされるまでになっている。決定論と自己コントロールの間に非両立性はない、ということだ。

カルーゾー　なるほど。あなたが応報主義と、「それの正当化に躍起になる」とされる「どんな自由意志肯定論も」退ける、ということが分かってうれしく思います。僕たちが共にこれに同意しているというのは、重大な意味をもちます。というのもそこから、刑事司法システムの主要な諸要素が正当化されざるものである、ということが帰結するからです。ところが、ここでとても気になることがあります。あなたは正確なところ、応報的な法的刑罰をどんなものと置き換えようというのでしょう？　そしてあなたは、目下の現状をどこまで退けようとしているのでしょう？　僕がこれを聞くのは、あなたが、応報主義を否認すると主張しておきながら、それに続けて、過去指向的なものとして捉えられた非難と刑罰を、犯罪者は「〔行為の〕否定的帰結に**相応しい**」という考え方を根拠にして擁護するからです。これは、単なる応報主義を別の名前で呼んでいるだけではないでしょうか？

応報主義とは、〈違反者は刑罰に相応しいのだから、僕たちは違反者を罰するべきだ〉という見方です。応報主義者にとっては、違反者たちが刑罰に**相応しい**という事実だけで、刑罰は正当化されるのです。たしかに刑罰は、未来の犯罪の抑止になるかもしれず、危険な犯罪者に〈〔収監等による〕無害化〉を講じ、市民を教育する、などのことをするかもしれないとしても、応報主義者にとってこれらは、刑罰が産み出す好都合な余剰物なのであって、刑罰の正当化の一部分ではないのです――すなわち、たとえ刑罰が今述べたような望ましい余剰の結果を何も産まないとしても、それでも僕たちは、相応しい違反者への刑罰について正当化される、ということです。あなたの見解は、これとどう違うのか？ あなたは、刑罰の正当化が、刑罰の未来指向的な利益によると考えているのでしょうか？ そう考えるとするなら、そこで**相応しさ**はどのような役割を果たすのでしょうか？ そして、そうではないと考えるなら、僕たちには、過去指向的な〈相応しさ〉によって、非難と刑罰は十分に正当化される、という応報主義者の主張が、手つかずで残されるのではないでしょうか？

あなたが挙げるスポーツの例について言えば、この例がなぜ自由意志懐疑論者に問題だということになるのか、僕には分かりません。ペナルティを支持する道具主義的で未来指向的な理由づけとして、適切なものはいくつもあるのです。だから、たとえ僕たちが自由意志と〈基礎的な相応しさ〉

にもとづく道徳的責任を退けたとしても、それらは有効なのです。何よりまず、ペナルティは選手のルール違反を抑止します。それはフェアプレーを保ち、傷害を防ぎ、懲罰以外のさまざまな目的に役立ちます。バスケットボールの二四秒ルール[13]は、試合を一層エキサイティングにするために導入されたものです。このルールがなければ試合は退屈な、のろのろとした展開になってしまうでしょう。つまり一方のチームがリードを取ると、あとは試合時間が終わるまでボールを手放さないようにする、といったプレイが頻繁になされるようになってしまうでしょう。リードを取られた方のチームにできるのはファウルだけです。そうなると試合は乱暴でみっともない、そして退屈なフリースロー合戦になってしまうでしょう。他方、物理的に、不必要に攻撃的なプレイへのペナルティは、選手を保護し、傷害を減らし、未来の悪しき行動を抑止します。これらはすべて、自由意志と**正しい報い**なしに説明可能です。

最後に、あなたは「自律性は**成長して**できあがっていくものだということだ」と言う。「それはたしかに、**最初は**完全に僕らのコントロールのおよばない過程だ。しかし人は成熟し、学習を重ねるにつれて、自分自身の活動、選択、思考、態度等々をより一層コントロールし、その度合いを増していけるようになり始める」と。あなたはこの過程の中に「多大な運の要素が含まれること」を認めています。しかし僕はそこからもっと進み、(ゲイレン・ストローソンの言葉を借りれば)「運はあらゆるものを飲み込んでしまう」と論じたいと思っています。僕たちの人生において、運がどれほど重大な役割をもつのかを考えてみましょう。最初に、出発点における「人生のくじ引き」と「くじ運」があり、これについて僕たちは何も口出しできません。僕たちが生まれ落ちた先に待つのが、貧困か裕福か、戦争か平和か、虐待的な家庭か愛に満ちた家庭かは、単純な運の問題です。同じく、僕たちが生まれ持った、天与の才、才能、気質、肉体的特徴なども運の問題です。このような出発点の人生のくじ引き以外に、人が自己形成を行う期間において、人がどのような偶発事に出くわすのかも運の問題です。およそ目に見えて明らかな環境的影響もまた、運の一部です。

これらのように運に左右される事柄は、お互いに結びつき、トマス・ネーゲルが名づけたことで有名な、**構成的な運**と呼ばれるもの——つまり、人が何者であり、どのような性格特性と性向を備えているのかに関わる運——を決定します。僕たちの遺伝子、両親、仲間、その他すべての環境的影響が、僕たちが何者であるかを作り上げることに寄与しており、かつまた、僕たちはそれらをコントロールできない以上、人が何者であるかというのは、少なくとも大部分は運の問題である、ということになるように思われます。そして、〈僕たちがどのように行為するのか〉というのは、部分的には〈僕たちが何者であるのか〉の関数なのですから、構成的運というものが存在するということは、僕たちがどのような行為を遂行するのかということが、運に依存するものだ、ということを帰結します（Nelkin 2019）。

あなたが自由意志について論じた最初の著作、『自由の余地』（Dennett 1984a）で、あなたは今述べた点をすべて認めますが、しかしそこから進んで、出発点の条件を左右する運は、必ずしも「ぞっとするほどの不公平を導く」ものだとは限らない、と述べます。あなたはそこからさらに、（恣意的な事実としての）生まれ月によって有利なスタートを切れる競走、という例を出してきます。あなたはこれについて、仮にこの競走が一〇〇ヤード〔約九一・四メートル〕だったら不公正なものになるが、マラソンの場合はそうではない、と論じます。あなたが述べるところでは「マラソンでは、そんな比較的小さな最初のアドバンテージは取るにたらないものだろう。というのも、それ以外の偶然の方がきっとはるかに大きく結果を左右するだろうと予想できるから」です。そしてあなたはこう結論します、「良いランナーなら、集団の後ろからスタートしても、ほんとうに優勝に値するほど速いなら、恐らく最初の不利な立場を克服する十分なチャンスがあるだろう」と。このアナロジーによれば、人生は短距離走よりもマラソンに似ているので「長い目で見れば、幸運も不運も均されてしまう」ということになります〔以上、邦訳一三七―八頁〕。

この例は俗耳に入りやすいとはいえ、明々白々な虚偽です。運とは、長い目で見ると均されていくようなものではないのです。つまり、遺伝的な能力や早期の環境において不利なスタートを切った者が、後の人生で必ずそれを埋め合わせる運に恵まれるなどとは決まっていません。むしろデータが明らかに示すところでは、人生の初期における不平等があると、時間につれて、それが均されて平等に近づくどころか、不平等の度合いがよりひどくなっていくことがしばしばなのです――つまり初期の不平等は、健康や収監率に始まり、学校やその他人生のすべての諸相に至るまで、あらゆるものに影響を与えるのです。別のスポーツの例を用いましょう。カナダのジャーナリストであるマルコム・グラッドウェルは『天才！――成功する人々の法則』（Gladwell 2008）の中で、非常に奇妙な事実を報告しています。それによれば、ナショナル・ホッケーリーグの選手には、他の月よりも一月、二月、三月生まれが多いというのです。グラッドウェルの説明によれば、カナダの子どもたちはごく幼い内からホッケーをプレイし始める。そして年齢別ホッケープログラムの参加資格は、一月一日で区切られている。六歳や七歳の時期では、一〇ヶ月ないし一一ヶ月の月齢差は、競争相手に対する顕著な利点となります。より年長のプレイヤーは上達しやすく、その結果試合時間も増える。そしてランクを上げていくにつれて、より優秀なチームと、よりエリート向けのプログラムに選出され、よりよいコーチが付き、より優れた競争相手との試合をより多くプレイすることになる。出発点の、単なる運に過ぎないちょっとした利点が雪玉式に膨れ上がり、達成した成果と成功におけるギャップがどこまでも開いていく、という結果になるわけです。

同様の現象は社会の至るところに見られます。例えば、いくつかの研究によれば、子ども時代を社会的経済的に下層の階層で暮らすことは、脳の発達に始まり、人生への展望、教育、収監率、所得に至るまでのありとあらゆる点に影響をおよぼしうるといいます（関連文献の議論については、僕の『応報主義を退ける』（Caruso 2021a）第七章を参照）。同じことは教育の不平等、暴力にさらされやすい環境、栄養状態の格差などについても成り立っています。それゆえ、長い目で見れば運は均される、という考えは誤りであって、運は均されたりしない、ということになります。

構成的な運に加えて、**現在の運**も存在します——つまり、自由で、それへの道徳的責任があると想定されている行為や意思決定がなされているまさにその瞬間か、その前後に存在[14]する運です。〈現在の運〉は、行為者の気分、たまたま思い浮かんだ理由、環境の状況依存的な特徴、自分が置かれた周囲の特徴の道徳的重要性に行為者がどの程度自覚的か、等々に関する運を含みえます。例えば、まさに事柄の正／不正を決する瞬間で僕たちがためらうかどうか、環境中の偶然的な特徴が僕たちの熟慮を喚起するかどうか、といった事柄は〈現在の運〉の問題です。僕は、友人であり、自由意志懐疑論者の仲間であるニール・レヴィ（Levy 2011）にならい、こう主張します。構成的運（信念、欲求、気質のような、行為者の重要な性質を引き起こした運）と〈現在の運〉（行為の瞬間の前後に生じる運）のワンツーパンチによって、〈基礎的な相応しさ〉にもとづく道徳的責任は完全に切り崩される。僕たちはレヴィと共に、この見方をハードな運と呼ぶことができるでしょう。なぜならこの見方は、至るところに行きわたっている運が、ここで争点となっている種類の自由意志と道徳的責任を切り崩し、あるいはそれと両立不可能となっている、ということをはっきり支持するからです。

構成的運についての問題とは、行為者の天賦の素養（例えば性格特性や性向）が、当の行為者のコントロールのおよばない諸要因からもたらされたものだ、ということです。ただ、こう言うとあなたは次のように応じるに違いないと思います。つまりあなたは〈ある行為者が彼女の天賦の素養、性向、価値観に対する責任を引き受ける限り、彼女は、すべての時間にわたって、それらに対する道徳的責任を有するようになる（そして恐らく、それらに対する何がしかのコントロールを得るようになる）〉と言うに違いありません。しかしながら、この返答には問題があります。それは、行為者が何らかの一連の行為を通じて、自らの天賦の素養、性向、価値観を形成し修正することがあるとしても、その一連の行為自体が明らかに運に従属している、という問題です――レヴィが述べるように「私たちは運の結果をさらなる運によって無効化することはできない」（Levy 2011: 96）のです。ゆえに、両立論者の人々がまさに取り上げている行為、すなわち、行為者がそれをなすことで自らの天賦の素養に対する責任を引き受けるとされる行為は、まさにその天賦の素養を表現するものであるか（この場合、その行為は構成的運によって説明されます）、さもなければ行為者の〈現在の運〉を反映しているか、あるいはその両方だということになります。そしてこのいずれの場合でも、責任というものは切り崩されるのです。

デネット　僕が擁護する「相応しい」は、ごく日常的な意味のそれだ。日常語では、あなたが競争で、フェアに、まっとうに勝利を収めたとき、あなたはブルーリボンなり金メダルなりに相応しい、と言われる。あなたが小説を書けば、あなたはそれなりの印税に相応しいと言われるが、もしも盗作をしていたら印税に相応しくないと言われる。そしてあなたが「駐車禁止」という場所にそれと知って駐車をしたら、あなたは駐車違反切符を切られるに相応しいと言われる。そこでもし罰金の支払いを拒んだら、もっと厳しい罰に相応しいと言われる。そしてあなたが慎重に計画された殺人を犯せば、とても長い間収監されるに相応しいと言われる――今述べたどの場合でも、あなたが、責任ある行為者であり、なおかつ僕が〈道徳的行為者クラブ〉と呼ぶものの会員であるならば、こういうことになる、ということだ。**もちろん**、それを正当化するのは（賞賛と非難、賞と罰という）**〈相応しい報い〉のシステム全体の**「未来指向的な利益」だ。とはいえそれはシステムを正当化するのであり、他方で非難や刑罰の個別事例から生じる特定の利益、ないし利益の欠如のケース・バイ・ケースでの考察は締め出す――こういうことは、例えば治療行為については成り立たない。つまりこのシステムは、今の（「スポーツの」）例で言えば、ある判定なりペナルティなりをもし取り消したら害よりも益が増すのかどうか、という問題の提起を特別に禁ずる、ということだ。

世の人々はこの点を理解している。もしも野球の審判が、死に瀕した母に客席から見守られた失意のバッターの気力を奮い立たせるために、ストライクの球をボールと判定したら、世の人々は激怒するだろう。そして、被告人がもう十分に苦しんだからという理由で、有罪の証拠があっても見て見ぬふりをするような裁判官がいたら、世の人はやはり激怒するだろう――そしてそれは当然だと僕は主張する。もちろん、〈陪審員による拒否〉[15]というものがあって、こういう種類の法の歪曲もあるということを僕らはみな理解しているし、それは、法の条文に忠実に従うと被告人を公正に扱うことができないような、きわめて特別な状況だけにとって置かれるべきものである、ということも僕らは理解している。その理由は、法を擁護し、尊重することが、重要な「未来指向的」ポリシーだ、というところにある。そのポリシーこそが、法の信頼性を支えているのだし、法のすべての修整を統括し、すべての例外事項に限界を画するための予備条項を支えている。そして、それが求められる理由ははっきりしている。つまり人々は天使ではなく、抜け穴や、システムを出し抜く方法を見つけ出せるぐらいには利口（つまり合理的）で利己的だからだ。被告人が道徳的無能力者であることの挙証の責務[16]が被告人側に課されるのは、これが理由だ。

さて、僕が擁護しているこの概念は、どういう種類の〈相応しさ〉だろうか？　それは〈基礎的な相応しさ〉ではない――〈基礎的な相応しさ〉なるものが、哲学者が夢想するキメラであるのは明らかだ。賞賛（あるいは印税、あるいは給与）は単なる励まし、ないしは強化ではないし、非難（あるいは罰金、あるいは投獄）は単なる抑止、ないしは治療ではない[17]。あなたに賞賛を受ける資格があるなら、それはあなたがよいことをしたからなのだし、あなたに給与を得る資格があるなら、それは自分の仕事をしたからだ。そしてあなたに批判やはずかしめや非難が正当かつ適切に突きつけられるとしたら、それはあなたが世間的な礼節に反することをしたり、法に違反したりしたからだ。それは「応報的」罰ではない、と僕は推測する。とはいえそれは痛みを与えるものであり、またそうであるべきものだ。

あなたは、僕のスポーツのルールのたとえは「すべて自由意志と正しい報いなしに説明可能」だと考えている。僕の考えは違う。スポーツのルールには、プレイヤーのコントロール外の出来事に対する除外条項があり、他方でプレイヤーに自己コントロールの維持を義務づけるルールもある。（プレイヤーが「別のようにはなしえなかった」[18]場合にプレイヤーが免責される事例も、それが免責につながらない事例も存在するのであり、これは道徳の事例と正確な並行関係にある。だが、決定論が真理だからという理由で非難の免除を求めたスポーツプレイヤーなど、いまだかつて存在していない！）プレイヤーはルールを理解できなければならないし、それに従ってプレイすることに同意しなければならない。彼らはそれによって自律的で合理的推論能力を備えた行為者と見なされる。ルールはゲームを公正（フェア）にするために定められている。そして、アメリカの政治哲学者ジョン・ロールズがずっと以前に指摘したように、正義とは公正さの一種だ。

あなたは、僕が刑罰の非・応報主義的な擁護論を採用する場合、「刑事司法システムの主要な諸要素」の放棄が必要になるだろうと主張する。これが僕には飲み込めない。僕らが何を失くす羽目になるか、分かっているだろうか？　たしかに僕自身はずっと、わが国の刑罰に関わる政策には大幅な改革が必要だと強く訴えてきた――刑期の大幅な短縮、死刑の廃止、囚人が市民としての完全な権利を回復する準備を手助けするための多様なプログラムの整備などだ。とはいえ、これは依然として刑罰のシステムなのであって、単なる強制的な更生の過程や隔離の措置ではない。例えば、仮に魔法の錠剤が発明されて、それを飲めばどんな受刑者も安全で正直な市民に変わるというなら、そのときは刑罰の必要もなくせるようになるかもしれないとしてもだ。

「運はすべてを飲み込む」とは〔ゲイレン・〕ストローソンが言いそうな言葉だ。だが、もし彼がそう言ったなら、彼は間違っている。運は舞台を設定する。だが、たとえあなたが――ネーゲルにしたがって――「僕たちが何者であるかというのは、少なくともその大部分が、運の問題である」と指摘するとしても、それは大部分なのであって、すべてではない。僕らがどんな行為を遂行するかが、（取るに足らない（トリビアル）意味で）運に依存していることは認めよう。だがそれは全面的に運に依存しているわけではない。そこには技能が入ってくる（そして認めよう。僕が『自由の余地』で論じた通り、人が技能にどれほど上達できるかはそれ自体――完全にではなくとも――大部分が運の問題だ）。（『自由は進化する』（Dennett 2003a: 276ff）〔邦訳三八二頁以下〕の議論も参照。そこではマラソンの例とそれに対するあなたのような異論を扱っている。）運は長い目で見れば均されてしまう、と言ったとき、僕は、僕らの内の、**現に**適格（コンピテント）な道徳的行為者**である**ような人々（幸運な僕ら）について語っていた。もちろん、すべての要素を考慮すれば、僕らの内でも、その地位にかろうじて達した人々と、幸運にも、ごく簡単に道徳的になれる人々との間には明白な差異が存在するが、僕らのポリシーと実践は、「天井効果」[19]がそこにあることで、このような差異を許容するんだ（Dennett 2003a: 291）〔邦訳四〇三―四〇四頁〕。（ほとんど誰もが一〇〇パーセントを達成できるようなテストには、天井効果が生じる。道徳的責任のテストにパスする閾値は、自己コントロールが明白に不可能な人々のみが資格なしとされる、という結果を保証するほど十分に低い。）そして僕らは、それを欠く人々に補いを与える「特別教育（スペシャル・エド）」[20]による指導および治療に相当する実践によって、すべての人々の道徳的適格性を改善する手立ても講じている。

あなたは、ある種の堆積（ソリテス）パズル[21]の見当違いな解にはまり込む羽目になっている。〈僕が道徳的責任なしで、遺伝子と環境の運にはっきり依存した者として生まれてきたというなら、そこにわずかな適格性のカケラを付け足すことで僕が責任ある存在にすることなど、どうしたら可能だというのか？〉というわけだ。二粒の砂は山ないし堆積（ギリシャ語でソリテス）ではない。もう一粒付け足しても山にはならない。一体、何粒あれば山になるのか？　人は何本髪を失えばハゲになるのか？　人が責任ある存在と見なされ、自らを責任ある存在と見なすための基盤は漸進的に累積するもので、自由意志の獲得を告げるための「ベルが鳴る」瞬間など存在しないが、それでも僕らは、この問題を見定めるための擁護可能で調整に開かれた閾値を考案してきた。よく統治された国家における政治的自由は非常に大きな利益をもたらすので、ほとんどの人々は道徳的適格性（コンピテンシー）を熱心に求めるし、そこにはちゃんとした理由がある。そして、そこでしくじった場合、人々は道徳的不適格者（インコンピテント）として施設に収容されるよりも、刑罰を受けることを求める。「ありがとう、僕にはそれが必要だったんだ！」と。

カルーゾー　あなたが擁護する「相応しさ」の意味が、僕たちが日常的に用いている意味であることは間違いないでしょう。とはいえ、応報主義を正当化するために用いられている〈相応しさ〉の意味がまさしくこの意味であることを忘れてはなりません。そしてあなたが述べてきた中で、あなたは応報主義の二つの主要な教条――過去指向性（少なくとも、道徳的責任システムに内在的なそれ）と、正しい報いへのアピール――のどちらを退けようとも示唆してきませんでした。まったくその反対に、あなたは、慎重に計画して殺人を犯した犯人は、そこでの個別的な未来の帰結とは無関係に、じっさい「とても長い間収監されるに相応しい」と明示的に述べています。したがって僕は混乱しています。あなたはなぜ、自分が応報主義者であることをあくまで否定し続けるのでしょう？　僕には、あなたの見解が応報主義と区別できないもののように思えます。たしかにあなたは刑期の改革や死刑の廃止を支持している。それは認めます。でも、それによってあなたが非・応報主義者になるわけではないのです。とはいえ、あなたが〈応報主義党〉の一員であるのかどうか議論するのはやめておきます。それよりも、個別の問題に焦点を合わせる方が有益でしょう。

あなたは日常的な事例を論じ、そういう事例においては人々は賞賛や非難に相応しいことを認めていますが、僕はそれに同意していません。アルバート・アインシュタインの例を考えてみましょう。彼もまた自由意志懐疑論者であり、自分の科学上の業績は彼自身の手で作られたものではない、と信じていました。彼は一九二九年、『サタデー・イヴニング・ポスト』誌のインタビューでこう語りました。「私は自由意志を信じていません。……私は、ショーペンハウアーと共に、私たちは自分が望むことをなすことができるが、しかし私たちは自分が望まざるをえないことしか望むことができない、と信じています」。続けて彼はこう言い添えます。「私自身のキャリアが、私自身の意志によってではなく、むしろ私にコントロールできない諸要因によって決定されたものであることは、疑えないことです」。そして彼は、自分が科学上の業績のゆえに賞賛や賛辞に相応しい、という考えを退けることで談話を締めくくります。「私は、何に対する賛辞も要求しません。私たちのコントロールがおよばない諸々の力によって、始まりも、終わりも、すべては決定されています」。（カルーゾー注――私自身の自由意志懐疑論は、決定論に関しては不可知論をとる。宇宙が決定論的な法則によって支配されていようといまいと、アインシュタインの全般的な論点は真理であり続ける、というのが私の主張である。というのも、決定されざる出来事は、決定論的な出来事に劣らず私たちのコントロールのおよばないものだからである。それゆえ私は、友人であり、ときに共同研究者にもなってくれるデーク・ペレブームにならい、**ハード決定論者**ではなく**ハード非両立論者**を標榜する。）

もちろん、僕たちはアインシュタインにさまざまな業績を**帰属させる**ことができます――自由意志懐疑論は、〔誰かへの、業績などの〕**帰属可能性**と完全に整合的なのです。僕たちはまた、アインシュタインは飛び抜けて知的で、才能豊かで、創造的な人物である、と主張することもできます。僕たちが、自由意志懐疑論者である限りで主張できないのは、アインシュタインは彼に帰属するものと彼が成し遂げたことのゆえに**賞賛に相応しい**（「基礎的な相応しさ」の意味で）、ということです。これが直観に反するように聞こえることは分かっています。しかし人がそう感じるのは、**道徳的責任システムの内部では**、〈相応しさ〉に基礎を置く賞賛と非難、罰と賞が自然に到来するものであるからに過ぎません。であるのに、僕たちの日常の実践に訴えて議論をするから問題が生じるのです。つまり、まさに正当化が必要である事柄を当然のものとして扱ってしまう、という問題です。僕の〔道徳的責任への〕懐疑論者の仲間である、[22] ブルース・ウォーラーの言葉を僕なりに言い直すなら、このように、まず道徳的責任のシステムを前提し、そこから道徳的責任の否定を行うというのは、ばかげた、自己論駁的な議論になってしまうでしょう。しかし、道徳的責任の普遍的な否定は、通常の、僕たちに道徳的責任があるという状況から出発するわけでは**なく**、またそこから出発して免責の範囲をあらゆる人に向けて拡大、拡張していく、というやり方で進む（この場合、**あらゆる人が**深刻な欠陥を抱えた存在だ、という結果になるでしょうが）、というものでも**ない**のです。道徳的責任を退ける人々はむしろ、〈最低限度に適格（コンピテント）な人物はすべて道徳的責任を有する〉という前提から出発する基礎的なシステムを退けるのです。自由意志懐疑論者にとって、誰であれ人を道徳的責任ある存在として扱うことは、決して公正なことではありません——たとえその人がどれだけ道理をわきまえ、適格で、自己効力感を抱けており、[23] 強い意志と明晰な視野をもっていたとしても、そうなのです。僕のような懐疑論者は、道徳的責任への全域的（グローバル）な異議申し立てを行い、そのシステムのルールを受け容れません。それゆえ、全域的な懐疑論を支持するさまざまな論証を反駁せずに、僕たちの日常的な道徳的責任の実践が正当化されていると前提するのは、論点先取であることになります。

　さて、公正を期すために言っておけば、あなたは、過去指向的な非難と刑罰に対する未来指向的な正当化をたしかに提供しています。つまりあなたが論じるところでは、**道徳的責任のシステム全体**は未来指向的な利益との関連で正当化されるのであり、とはいえ、ひとたび僕たちが「相応しい報いのシステム」を採用するや、僕たちは、何が最善の結果をもたらすのかについてケース・バイ・ケースの判断を退けねばならなくなる、ということです。あなたがあくまで主張するところによると、**このシステムの内部では**、僕たちは過去指向的な〈相応しさ〉に基礎を置く実践およびポリシーを採用せねばならないのです。しかしながら僕は、ここには少なくとも二点、問題があると思います。第一に、果たして道徳的責任のシステムに、あなたが言うような未来指向的な利益があるのかどうかというのは、未決の問題です。例えば、**正しい報い**の概念は、刑事司法において非常に頻繁に、行き過ぎた懲罰の正当化のために用いられ、その結果人々の過酷で屈辱的な扱いを鼓舞し、蔓延する社会的・経済的な不平等を免責する結果をもたらします。加えて、怨恨、憤慨、義憤[24]および非難は、安全、〔人々の〕道徳的性格形成、〔犯罪者と社会の〕和解を目標としながら、人間相互の関係のレベルでしばしば逆効果をもたらします。

とはいえ僕は、この点をもっと詳しく論じる代わりに、単純な指摘を行いたいと思います。つまり、すべてを勘案した結果、僕たちが〈相応しい報い〉のシステムなしでうまくやっていけるのかどうかという問いは、今のところ経験的な〔つまり実証的探究の結果に左右される〕[25]問いであり続けているということです。僕としては、僕たちはそれなしにうまくやっていけるだろう、と信じています。僕が気にかかる点の二番目に話を移すと、非難と罰、とりわけ法的刑罰は、深刻な加害を引き起こす可能性がある、ということがあります。もしもあなたが、行為者が自由で道徳的責任のある存在である場合、その行為者はそれゆえに、自分が行った悪事のゆえに苦しめられるのが**正しく相応しい**という前提にもとづき、非難や刑罰が引き起こす加害を正当化したいというなら、その場合あなたは、その行為者が**現実に**、そこで要求される意味において、自由で道徳的責任ある存在であると考えてよいという、適切な認識理由にもとづいてそうする必要があると思えます。しかしながら僕には、「相応しい報いのシステム全体」を実用的（プラグマティック）かつ帰結主義的に正当化することによって、どうやったらそんなことが正当化できるというのか、見当もつきません。〈相応しい報い〉のシステムを採用することの利益を引き合いに出すというのは、核心的問題に対して九〇度ずれた方面からの取り組みであると思われるのです。[26]

最後に、運に関してですが、僕はネーゲルよりも先に進み、道徳的に重要なあらゆる行為は、構成的運によるものか、〈現在の運〉によるものか、あるいはその両方によるものである、とはっきり主張します。あなたにとっては、技能や道徳的適格性（コンピテンシー）が運に対する解毒剤となっているようです。しかし、僕が先ほど論じたように、行為者は、一連の行為を通じてさまざまな技能や適格性を発達させていくわけですが、その一連の行為は、それ自体が構成的運の産物であるか（これは、それらが行為者の天賦の素養に発している場合です）、〈現在の運〉の産物であるか、あるいはその両方の産物なのです。

デネット　あなたは、僕の見解が「応報主義と区別できないもの」だと思っているが、これには当惑してしまう。というのも僕はこれまでずっと、僕が述べている正当化が「未来指向的」なものだということを強調してきたからだ。非・応報的、非・義務論的で、帰結主義的な刑罰の正当化は存在するよ。[27]例えば、『スタンフォード哲学百科事典』に載っている、僕の最近の友人で同僚でもあるヒューゴー・ビドーによる、刑罰に関する素晴らしい項目（Bedau 2015）を見てほしい。ビドーは、刑罰の「リベラルな正当化」を提起している。そこには僕が同意できる点が数多くあって、その一つを挙げたい。ビドーはまず、適切にも、応報主義をこっぴどくこき下ろし、その上でこう指摘する。「とはいえ、応報主義の基礎的な洞察のいくつかを、単純に払いのけて済ませることはできない。

リベラルな刑罰理論において、〈相応しい報い〉には役割があるのだ。ただし、それが及ぶ範囲については、慎重に制限する必要がある」。

このような慎重な制限における重要な特徴の一つとして、〈相応しい報い〉には法への尊重の念[28]を存続させ、増強する、という役割があることをしかるべく評価するということがある。あなたは僕の見解を、「ひとたび僕たちが『相応しい報いのシステム』を採用するや、僕たちは、何が最善の結果をもたらすのかについてケース・バイ・ケースの判断を退けねばならない、ということになる」と記述している。これは厳密には正しくない。あなたは「最善の結果」の前に、局所的に考察された、と付け加えねばならない。なぜこれを付け足すかといえば、局所的に考察にもとづいて何が「最善の結果」をもたらすのかをケース・バイ・ケースで判断する、というポリシーは、司法の効果的な執行と法への尊重の念の両方を脅かしてしまうものだからだ（司法の執行に関して言えば、そのポリシーは、犯罪者または被害者、または社会全体のいずれかを利するための特例的な弁明を招き入れてしまう）。これこそ、僕がえこひいきをするアンパイアや、証拠を押し隠す裁判官の例で言いたかったことだ。特定のケースにおける悪しき帰結を受け容れることを唯一正当化するものは、法への尊重の念の長期的な保護だ。そして、色々な証拠が積み重って、一般的なポリシーの修正を支持するようになればいつでも、法は改訂できる——これが「法に代わって自分で手を下す」〔私的な制裁を加える〕よりもよいポリシーである、というのは明白だ。

ビドーは、およそあらゆる刑罰の正当化に要求される要件についての、有益なリストを挙げている。

したがって刑罰を正当化するために、私たちは第一に、刑罰という実践そのものを基礎づける（あるいはそれを永続させる）ことで、私たちが何を目標としているのかを特定しなくてはならない。第二にその目標が、刑罰の実施によって実際に達成されていることを示さばならない。第三に私たちは、これらの目標が、刑罰によらなければ達成できないこと（また、ある特定の刑罰によらねばならず、他のやり方では達成できないこと）、そして、刑罰以外の介入方法では、それに比肩できないこと、あるいはそれ以上の効果および公正さをもってそれらの目標を達成できないことを示さねばならない。第四に私たちは、これらの目標へと努力するために、〔受刑者に、権利などの〕剥奪を科するという手段に訴えることそれ自体が正当化されていることを示さねばならない（Bedau 2015）。

あなたは「果たして道徳的責任のシステムに、あなたが言うような未来指向的な利益があるのかどうかというのは、未決の問題です」と言い（これはビドーの二点目の要件だ）、「つまり、すべてを勘案した結果、僕たちが〈相応しい報い〉のシステムなしでうまくやっていけるのかどうかという問いは、今のところ経験的〔実証的〕な問いであり続けているということです。僕としては、僕たちはそれなしにうまくやっていけるだろう、と信じています」とも言う（これはビドーの三点目の要件だ）。それが未決の経験的問いであるのはじっさいその通りだが、しかしだからといって、何もかもまるで未決だというわけではない！　僕としては、僕らが〈相応しい報い〉のシステムなしでもうまくやれるなど、いったいどうやったら考えられるのか、見当もつかない——もっともあなたが、僕が述べた種類の〈相応しさ〉を認めた上で、いまだはっきりと述べられていない、「基礎的な」と言われる種類の〈相応しさ〉などなくとも僕らはうまくやっていける、と言っているだけなら異論はない（僕らが、そんなものなしにうまくやっていけるということは、僕も確信している）。僕がこう言うのは、僕が述べた種類の〈相応しさ〉がもしもなくなれば、誠意ある仕方で競い合い、勝ち取った賞品を受け取るに相応しい人など誰もいなくなるからだ。重大な約束を弁解もなしに破ったことで非難に相応しいとされる人など誰もいなくなるからだ。酒酔い運転で運転免許証を取り消されるに相応しい人など誰もいなくなるからだ。〔法廷で〕宣誓しておきながら偽証したことで刑罰に相応しいとされる人など誰もいなくなるからだ。他にも色々と挙げられるだろうが、要するにそこには権利もなく、詐欺や窃盗や強姦や殺人からの保護を求めて権威に頼ることもできなくなる。一言で言えば、道徳がなくなってしまうんだ。

あなたの、次の主張には仰天した。「自由意志懐疑論者にとって、誰であれ人を道徳的責任ある存在として扱うことは、決して公正なことではありません——たとえその人がどれだけ道理をわきまえ、適格（コンピテント）で、自己効力感を備え、強い意志と明晰な視野をもっていたとしても、そうなのです」。あなたは本当に、一七世紀のイギリス人哲学者、トマス・ホッブズの言う〈自然状態〉——人生が不潔で、野蛮で、短いというあの状態——に人類を戻したいと思うのか？　もしもあなたに、安定した、安全な、正しい国家が、道徳的責任への訴えなしで繁栄できるようなあり方についての、これ以外の見通しがあるとしたら、あなたには、僕らにそれを詳しく示す義務がある。ウォーラーは『刑罰という不正義』（Waller 2018）において、まさにそれを示そうという勇敢な試みを行っている。ところがその彼ですら、本の第二章のタイトル「刑罰の不正な必要性」が公言している通り、刑罰なしのそういう社会をあなた方が手に入れることはできない、ということを認めているんだ。たしかに、刑罰が必要だといっても、それは論理的、ないし物理的に必要不可欠なものではない。[29]むしろそれは、実践的に可能な限り正義を実現できるような、存続可能な国家にとって必要なんだ。どういう意味においてこのような必要性が「不正」だということになるのか？　それが「不正」なのは、誰もが――美しさや、強さや、知性等々において――平均よりも上にいることがありえないという事実が「不公正」である、というのと同じ意味でそうなのだ、と僕には思える。たしかに人生は非情だ。だがそれがソレ自体トシテ不正であるわけではないし、僕らは理性を用いて人生を、そして制度を、万人にとって、今よりももっとずっと正しく、公正で、よりよいものにしていくことができる。

カルーゾー　ありがとうございます。おかげで、気にかかっていた点のいくつかがはっきりしました。あなたが応報主義を退けているのかどうかで僕は混乱したわけですが、そんな僕の態度にあなたは「当惑してしまう」ということでした。それというのもあなたは、「これまでずっと、僕が述べている正当化が『未来指向的』なものだということを強調してきた」のだからだと。僕の推測では、僕が混乱したのは、この対話の前の方であなたが、応報主義を退けることは「刑罰の『過去指向的な』正当化は存在しない、ということを意味しない」と述べたことに端を発しているようです。それに続けてあなたは、非難と刑罰の、〈相応しさ〉を根拠にした過去指向的正当化と見えるものの擁護に移った。ここでもしあなたが、こういう議論ではなく、未来指向的で帰結主義的な刑罰説を採用していたとしたら、僕としては安心して、その前に提起した、あなたは応報主義者で、名目上それを否定しているだけだ、という論難を取り下げていたでしょう。というのも、未来指向的で帰結主義的な刑罰の正当化を採用する場合、あなたの説は、〔自由意志および道徳的責任についての〕懐疑論者とごく近いものになるからです。思うに、主要な相違点は、あなたが〈相応しさ〉の言語を保持したいと思っているのに対し、懐疑論者はそれを火にくべてしまいたいと思っている——リバタリアン的自由意志、応報主義、自己自身で自己を作り上げる人間たち／男性たちおよび女性たちという理想もろともに（これらはすべて、あなたも退けるものです）——というところにあるようです。

あなたはさらにこう続けます。「僕らが〈相応しい報い〉のシステムなしでもうまくやれるなど、いったいどうやったら考えられるのか、見当もつかない」。ううむ。僕にとっては、僕が一貫して標的にしてきた〈基礎的な相応しさ〉の概念とは、益よりもずっと多くの害をなす、有害な代物です。もしもこの〈相応しさ〉の意味が、あなたが支持する〈相応しさ〉の意味でないというなら、それはさもありなんです。とはいえ僕の主張は、〈基礎的な相応しさ〉にもとづく道徳的責任と、それに結びついた**正しい報い**の概念が、刑事司法において非常に頻繁に、行き過ぎた懲罰の正当化のために用いられ、その結果人々の過酷で屈辱的な扱いを鼓舞し、蔓延する社会的・経済的な不平等を免責する結果をもたらす、というところにあります。例として懲罰的性向を考えてみましょう。研究者たちは、自由意志に対する信念の強さの度合いが大きいと、懲罰的性向の度合いが増大する、という相関を見いだしています。同じく、人の自由意志への信念が弱ければ、それによってその人が、刑罰に関する態度においてより応報的でなくなる、ということも見いだされています（詳しくは次を参照。Shariff et al. 2013; Clark et al. 2014; Clark et al. 2018; Clark, Winegard, and Sharrif 2019; Nadelhoffer and Tocchetto 2013）。僕はこれらの経験的〔実証的〕発見を気にかけています。

これ以外にも気にかかる問題はあります。僕の著書『応報主義を退ける』（Caruso 2021a）で論じたことですが、犯罪行動の社会的決定要因は、衛生－健康問題の社会的決定要因と、幅広い範囲にわたって類似を示しています。この本や他の著述で僕は、そこに共通に認められるさまざまな社会的決定要因を特定し、それに対応するための広範な公衆衛生的アプローチを採用すべきだ、という立場を提唱しました。僕が注目したのは、社会的不平等とシステム由来の不正義が、衛生－健康問題と犯罪行動にどれほど影響するか、貧困が脳の発達にどれほど影響するか、犯罪者に多く見られる、犯罪以前から存在している医療的な状況（とりわけ精神医療の問題）はどのようなものか、ホームレスの境遇と教育が、健康および安全〔犯罪問題〕にもたらす結果はどのようなものか、環境面の衛生－健康問題が、衛生－健康問題と安全〔犯罪問題〕にどれほど重要であるか、刑事司法システムに巻き込まれることそれ自体が、どれほど衛生－健康および認知の問題を招き、あるいはそれを悪化させるか、そして、刑事司法システム内部の事柄への公衆衛生的な取り組みの適用がどれほど成功しうるか、といった問題です。これらについて僕はこう論じました。僕たちが衛生－健康問題を改善させたいと思うならば、衛生－健康問題の社会的決定要因を特定し、それに対して働きかけることが重要であるが、これとまさに同じように、犯罪行動の社会的決定要因を特定し、それに対処することも等しく重要なのだ、と。僕が危惧しているのは、あなたが存続させたいと望んでいる〈相応しい報い〉のシステムが、個人の責任に近視眼的な注目を向けるように僕たちを導き、それが究極的には**犯罪行動の**、**システム由来の諸原因**への対処を妨げることにつながる、という事態です。

例えば、バラク・オバマが合衆国大統領だった当時、「みなさんが〔カルーゾー注——成功裏に〕事業を成し遂げたとすれば、それはみなさんが単独で築き上げたものではありません」と主張したのに対して逆上した反応がわき起こった、という出来事を考えてみましょう。共和党の人々はこの主張に激怒し、あげくに、二〇一二年共和党全国大会の二日目を「築き上げたのは我々だ!」というテーマに捧げました。とはいえ、オバマの指摘は単純で、無害で、正しく事実に根ざしています。オバマの言葉を直接引けば、「みなさんがこれまで成功してきたとすれば、みなさんだけでそこにたどりついたわけではありません」ということでした。では、この指摘の何があれほどの脅威を彼らに感じさせたのか? 答えは**正しい報い**の概念にある、と僕は思っています。〈相応しい報い〉のシステムは、〈あなたが貧困なり監獄なりに行き着いたとすれば、それは「正しい」——なぜならあなたはそれに相応しいのだから〉という信念を生かし続けます。また、〈あなたが人生で成功をおさめたとすれば、その成功に対する責任はあなたに、そしてあなただけにある〉という信念についても同様です。こういう思考様式は、非難とはずかしめを与えるシステムに僕たちを閉じ込め、貧困や、貧富の差や、人種差別、性差別、教育の不平等などの問題をもたらしている、**システム由来の諸原因への対処**を妨害します。僕たちでそれを乗り越え、人生のくじ引きが常に公正ではなく、運は長期的に見て均されるものではなく、僕たちが何者で、何をなすのかは、究極的には僕たちのコントロールを超えた諸要因の結果である、という事実を認めていこう、というのが僕の提案です。

最後に、自由意志と〈基礎的な相応しさ〉にもとづく道徳的責任を退けることが、「トマス・ホッブズの言う〈自然状態〉——人生が不潔で、野蛮で、短いというあの状態——に人類を戻す」ことになるという点に、僕は同意しません。あなたの言葉を引けば、「もしもあなたに、安定した、安全な、正しい国家が、道徳的責任への訴えなしで繁栄できるようなあり方についての、これ以外の見通しがあるとしたら、あなたには、僕らにそれを詳しく示す義務がある」ということでした。これについては、第一に、僕が退ける道徳的責任とは、あくまで〈基礎的な相応しさ〉にもとづく道徳的責任である、ということを改めて述べさせて下さい。言うまでもないことですが、この種の道徳的責任以外に、自由意志懐疑論と完全に両立するような道徳的責任の概念はあります。例えばウォーラーの**引き受け責任**[30]、アインシュタインの例で言及した**帰属可能**責任、ペレブームの未来指向的な責任概念などがそうです——ペレブームの場合、未来における〔人々の〕保護、未来における〔犯罪者と、被害者を含む社会との〕和解、未来における〔犯罪者および将来世代の〕道徳的性格形成という三つの、望ましく、なおかつ〈相応しさ〉に訴えない要素に注目します。第二に、〈基礎的な相応しさ〉にもとづく道徳的責任なしで、どのようにして安定した、安全な、正しい社会を維持するかについての僕なりの所説を、あなたや他の人々に向けて提示する義務が僕にはある、という点に僕は同意します。そして幸いにも、この同じ説について、僕のよき友であるデーク・ペレブームが、すでに『自由意志なしで生きる』(Pereboom 2001) および『自由意志・行為者性・生きる意味』(Pereboom 2014) という二冊の本で、その詳細の大部分を提供しています。そして僕は、『応報主義を退ける——自由意志・刑罰・刑事司法』において、〈基礎的な相応しさ〉にもとづく道徳的責任なしで犯罪行動にどう対処するかについて、彼の著書からさらに進んだ詳細な説明を展開しました——僕はこの説を、**公衆衛生 - 隔離モデル**と名づけています。僕としては、このモデルの色々な利点について論じ合えればと思うのですが、しかし、残念ながら時間が来てしまったようです。とはいえ僕の説はすでに、関心のある人には誰でも読めるようになっています（例えば、Caruso 2016a, 2021; Pereboom and Caruso 2018 などを参照）。（カルーゾーからの読者への注記——私たちは本書の論戦三において、この問題を再び取り上げる。そこには、公衆衛生 - 隔離モデルに関する議論も含まれている。）

後記——決定論について

カルーゾー　僕は、あなたの決定論に関する思想について、もっと詳しく明らかにしていければと思います。というのも、これまでのところ、僕たちはこの問題についてほとんど語ってこなかったからです。伝統的に理解されてきたような**決定論**とは、いかなる時点においても、ただ一つの未来しか可能ではない、というテーゼです（van Inwagen 1983: 3）。時点 t における諸事物のあり方が与えられてしまえば、以後の諸事物のあり方は自然法則の問題として確定してしまうという場合、そしてその場合に限り、僕たちは世界が決定論によって支配されている、と言うことができるようになります（Hoefer 2016）。別の仕方で述べれば、決定論とは、自然法則と結びついた遠い過去についての事実が、唯一の未来しか存在しないことを含意する、というテーゼです（McKenna and Pereboom

2016: 19)。僕の想定では、両立論者としてのあなたは、決定論のテーゼを受け容れているか、あるいは、僕たちが論じているような種類の自由意志と道徳的責任にとって、決定論は何ら脅威ではないと考えているかのいずれかでしょう。[32]

僕は先ほど、「僕たちを動機づける個々の理由の中には、心理的気質や好き嫌い、あるいはその他の、僕たちを今の僕たちとして作り上げた構成的諸要因が含まれていて、これら自体は、究極的には、僕たちのコントロールのおよばない諸要因の産物なのです」と述べました。「それがどうした？」があなたの応答でした。あなたは続けて、自律性、自己コントロール、道徳的適格性（コンピテンシー）について本当に重要なことが何であるかを述べました。言うまでもなく、これは標準的な両立論者の戦略です。両立論者の人々は、因果的決定の不在ではなく、むしろ、僕たちの行為が意志的で、制約や強制から自由であり、適切な原因によって引き起こされることこそが格別の重要性をもつのだ、という点を強調します。両立論にもさまざまな説があり、自由意志の要件としてそれぞれ異なった説明を挙げますが、諸理由への応答能力、自己コントロール、当人が反省的に是認するであろう事柄と行為との結びつきなどを要件として特定する立場が広く支持されています。しかしながら、両立論的な立場が自由意志を存続させられるかどうかの議論に入る前に、僕はまず、正確なところ決定論は人間の行為に対して何を含意しているのか、そして、あなたはそれらの含意を受け容れているのかどうかについて、明らかにできればと思います。

例えばあなたは、もしも決定論が真理であれば、すべての人間の行動は、物理的宇宙における他のすべての事物のふるまいと同じく、自然法則に従って先行諸条件によって因果的に決定されてい

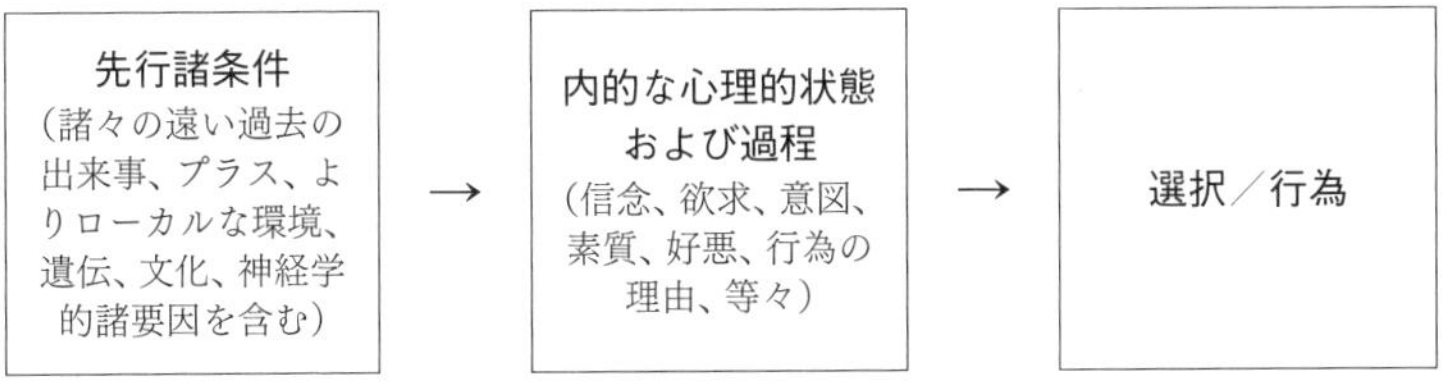

先行諸条件 （諸々の遠い過去の出来事、プラス、よりローカルな環境、遺伝、文化、神経学的諸要因を含む）	→	内的な心理的状態および過程 （信念、欲求、意図、素質、好悪、行為の理由、等々）	→	選択／行為

図1

ることになる、ということを受け容れているでしょうか？　そしてあなたは決定論が、正確に同一の状況が揃っているところでは、行為者の**別のようにもなしうるという能力**を排除ないし除外してしまうことも受け容れているでしょうか？　例として、日常的な場面を考えてみましょう。今朝僕はシャワーを浴び、それからクローゼットに向かい、扉を開けて中を見て、しばらく（それほど長くない時間）熟慮して、（たくさん持っている）黒のボタンダウンのシャツを着ていこうと決めました。もしも決定論が真理であれば、僕の選択は、**正確にその状況が成り立っており**、つまり、その選択の瞬間に至るまでの間、宇宙のすべてが正確に同じままである限り、僕ができた**唯一**の選択であった、ということになります。なぜなら、決定論によれば、僕たちの選択と行為は、究極的には僕たちのコントロールのおよばない諸要因にさかのぼる出来事の決定論的な連鎖の（つまり、遠い過去の出来事と自然法則の）、固定された帰結であるからです。それゆえ、もしも決定論が真理であるなら、いかなる所与の意志的行為についても、僕たちのあり方は、図1のようなものに帰着する、ということです――図の説明をしておけば、無数の先行諸条件が、僕たちそれぞれに固有の内的な心理状態および過程のまとまりを設定し、それらの状態と過程が、今度はその先の僕たちの選択と行為を決定する、ということになります。

この図によれば、ある特定の瞬間、例えば時点ｔに至るまでの間、この宇宙におけるすべてが正確に同じままである限り、行為者の選択は、それらの状況が正確にそのようにある中では、**別のようにはなしえなかった**という仕方で、因果的に決定されたものであるはずだ、ということになります。

言うまでもありませんが、一定の両立論者の人々はこれまで、**なしうる** *can*、**力** *power*、**能力** *ability*、といった用語は、**条件法的**、ないし**仮定法的**な分析をされるべきだ、と論じてきました。このような両立論者の人々が断固支持するところでは、ある行為者が何かを**なしうる**（つまり、それをする**力**ないし**能力**をもつ）と僕たちが言うとき、僕たちが意味しているのは、**仮に**その行為者がそれをすることを望む（つまり、そういう欲求をもつ、あるいはそれを選択をする）**としたら**、その場合それをする**だろう**、ということなのだというのです。このアプローチによれば、「あなたは別のようにもなしえた」と言うことは、もしも（事実とは異なり）過去（ないし自然法則）が何らかの点で異なっていたならば、その場合あなたは別のようにもなしえただろう、という反事実的な主張に相当することになるでしょう。しかしながら、〈僕には別のようにもなしえた〉は、〈もしも僕が別のことを望んでいたら（あるいは、別の選択をしていたら）、その場合僕は別のようにもなしえただろう〉、を意味する、というこの分析には問題があります。その分析は、明白な疑問を招き寄せることにしかならないのです。つまりそこから、〈いったい僕には、実際とは異なったことを望む（あるいは選択する）自由、ないし能力があるのだろうか？〉という疑問が生じるのです。したがって、この両立論の論証が有効に働くためには、**別のようにも望みうる能力**そのものが決定論と両立できることを示さねばならないことになるでしょう。そしてこのとき条件法アプローチは、〔無限〕後退をもたらさざるをえなくなります。さらにこの分析は、別のようにもなしうる無条件的な能力を存続させることにも失敗しています――つまり依然としてそこでの行為者は、自然法則と先行諸条件が定まっており、正確に同一の状況が揃っているところで別のようにもなしうる能力を欠いていることになるのです。それゆえ、「別のようにもなしうる能力」の条件法分析による理解とは、「行うかもしれないが、〔実際には〕行うことができず、それゆえ行うはずのない、ちょっとしたことを行えるかもしれない」というだけの能力であるように思われるでしょう。[33]

「別のようにもなしうる能力」が自由意志の必要条件かどうか、という問いはいったん脇に置きましょう。まして、自由意志の両立論的擁護の検討に立ち入るのも、今はまだにしておきましょう。ここで僕が知りたいのはただ、僕が今述べた決定論のまとめ方、および、決定論が人間の行為に対してもつ意味合いに、あなたが同意してくれるかどうか、ということだけです。あなたは、もしも決定論が真理であれば、すべての人間のふるまいは、物理的宇宙における他のすべての事物のふるまいと同じく、自然法則に従って、先行諸条件により因果的に決定されていることになることを受け容れているでしょうか？ そしてまたあなたは、決定論が、先ほどの無条件的な意味で解された、行為者の別のようにもなしうるという能力を排除ないし除外してしまうこともまた受け容れているでしょうか？

デネット 標準的な決定論の定義の、見事に明晰な要約だ、グレッグ。それに、締めくくりの質問では、適切な区別を正確に行ってくれた。それでは質問に回答させてもらおう。あなたの言う通り、僕は「もしも決定論が真理であれば、すべての人間の行動ふるまいは、物理的宇宙における他のすべての事物のふるまいと同じく、自然法則に従って、先行諸条件により因果的に決定されていることになる」ことを認める。（そして僕は決定論に対するいかなる抵抗感もない。つまり僕は、人間の行動があなたの言うような先行諸条件によって決定されていないと希望できる理由を何も認めていない。）しかし僕は、決定論が、行為者の**別のようにもなしうる能力**を排除ないし除外してしまうという、あなたの二番目の主張は受け容れ**ない**。あなたはそれに「先ほどの無条件的な意味で解された」と付け加える。だが、僕が何十年か前に論じた通り、この但し書きは途方もない誤りなんだ——そしてこれについては、この討議の中でもっと色々と言うつもりだ。およそあなたが、何かが何かを行う**能力**に興味があるとして、その何かが「正確に同じ状況で」何を行うのかに興味が向かうことなど、**決してない**はずだ。この点は、もっと話が進んだところで明確にしよう。それと、付け加えさせてもらうと、「一定の両立論者の人々」が、「別のようにもなしえた」を、欲求に関する条件文に関連づけて解釈している、という点についての考察は的を得ていると僕は思うのだが、これは、彼らもまた重要な点を見逃していることを示しているのだとも、僕は思っている。もしもあなたが「別のようにもなしえた」のこのような読み（それはごくごく標準的な読みだが、それでも人を誤りに導くものだ）にこだわるというなら、その場合、あなたの言う通り自由意志が幻想だということになるばかりか、生きるということも幻想だということになる——つまり、**本当**に生きているものなど何も存在しないのだ、ということに。僕としては、こういう帰結が出てくる議論は帰謬法の一種だと見ているのだが、とはいえこのへんは、各自の趣味の問題だ。

カルーゾー　単刀直入で率直な回答に感謝します、ダン。この回答はいいスタート地点になってくれます。あなたと僕は、人間の行為について決定論がどんな含意をもつのかについて、おおむね一致しているように思えます——違うのはただ、あなたが、〈別のようにもなしうる能力〉とは〈**正確に同じ状況で**、別のようにもなしうる能力〉として理解されるべきだ、という点を否定していることだけだと。（ただし僕はここで、〈もしも決定論が真理であったら、僕たちはそのような能力を欠くことになる〉という点にあなたが同意していると想定しているのですが、これはいいでしょうか？）あなたには後ほど、ご自身の立場をもっと詳しく説明してもらいたいと思っていますが、とはいえ、僕が両立論を退ける主な理由は、〈別のようにもなしうる能力〉に依拠するものではないし、そういう能力が自由意志の必要条件である、と前提するものでもない、ということを知ったら、あなたは驚くかもしれません。つまり、実のところ、両立論に反対するための僕の主要な論証は、行為者の行為の因果的な歴史に的を絞るものであって、他行為可能性[34]に的を絞るものではないのです[35]。第二の論戦では、その論証の内の二つ、つまり**操り師による論証**と**不運による論証**をはっきりと打ち出し、詳しく議論したいと思っています。とはいえここでは、決定論が自由意志と〈相応しさ〉を基礎とする道徳的責任に対する脅威となるとなぜ僕が考えるか、その大まかな理由をいくつか挙げたいと思います。

　第一に、今から述べる非両立論の論証について考えてみて下さい。これは、〈他行為可能性〉や〈別のようにもなしうる能力〉に関する考察とは独立の論証で、アメリカの哲学者、ノートルダム大学の哲学教授、ピーター・ヴァン・インワーゲンによるものです。彼の言うところでは、もしも決定論が真理であるなら、ある人が現在遂行しているいかなる行為Aに対しても、それと自然法則によって連結されている、遠い過去における何らかの世界状態Pが存在することになる。しかるに、そのような遠い過去にある世界状態Pに対する責任のある者など誰もおらず、また、PからAを導く自然法則に対する責任のある者など誰もいないのであるから、現在遂行されているいかなる行為Aに対する責任のある者など誰もいない、ということが帰結する（van Inwagen 1993: 182-183）。

この論証は、僕が決定論に関して抱いている、非両立論的な直観の一つをうまく捉えています（他に、Pereboom 2001: 34も参照）。ここで僕が訴えたい問題は、もしも決定論が真理であるなら、その場合、誰一人として、たとえ部分的にであってもそれに対し（自由意志に重要な関連性をもつ意味において）責任があるとはいえず、それどころか責任があったとすらいえないような条件が存在しており、そしてそれらの条件が、行為者の行為を**結果的にもたらす現実の因果系列**を決定しているのだ、ということにあります。このような理由で僕は、友人であり〔自由意志〕懐疑論者の仲間であるデーク・ペレブームと共に、決定論に関する次のような非両立論的直観を支持するのです——すなわち、「ある行為が、道徳的責任のために要求される意味で自由であるのは、その行為が、行為者のコントロールのおよばない因果的諸要因にさかのぼる決定論的過程によって産出されたものでない場合に限る」（Pereboom 2001: 34）、という。

第二に、自由意志に関する、いわゆる**民俗的直観**[36]が告げるところでは、一般の人々（哲学者の好む言い方では「世人 folk」）は、自分の選択は決定されていない、と考えています。実験哲学者[37]であるショーン・ニコルズの説明では、「これは単に彼らが、自分の選択が決定されているという信念をもっていない、というだけのことではない。むしろ彼らは積極的に、自分の選択は決定されざるものだと考えているのであり、そしてこの信念が、彼らの自由意志に関する思考に関与している」（Nichols 2012: 203）。例えば、決定論的な宇宙の記述を呈示されると、ほとんどの実験参加者は、この宇宙の中では人々は自由意志を持たない、と語ります（例えば Nichols and Knobe 2007 を参照）。より詳しく言えば、ある古典的な研究において、実験参加者には、（A）決定論的な宇宙と、（B）人間の選択以外のすべてが決定されている宇宙という、二つの宇宙の記述が与えられます。そこで実験参加者に、「僕たちが住む宇宙に似ているのはどちらの宇宙ですか？」という質問がされます。返答者の九〇パーセント超が、宇宙（B）――すなわち非決定論的な宇宙――が最も僕たちの宇宙に似ている、と答えたのです（Nichols and Knobe 2007: 669）。これ以外の経験的〔実証的〕発見が示すところでは、人々には、自分たちが非決定論的な自由意志をもっていると**信じる**傾向があるというだけではなく、人々の選択と意思決定の**経験**[38]は、自分たちはその種の非決定論的（ないしリバタリアン的）自由を有している、というものだということです（Deery et al. 2013 を参照）。そして、たとえ人々が一見両立論的な直観を表明している**ように見える**場合でも、人々のこういった態度は、人々は自由意志と道徳的責任についての判断を下す際、呈示された決定論的なシナリオの中に非決定論的な形而上学を持ち込む、という事実によっておおむね説明される、という証拠が出されています（Nadelhoffer et al. 2019 を参照）。

それゆえここには、人々の日常的な思考は、少なくとも**部分的または全般的に**、非決定論的であることを示す証拠の収束[39]があるのです。(原注1) これは、日常的な自由意志概念は決定論と両立可能なものではない（あるいは少なくとも、人々の直観は不明瞭で混乱している）、と考えるべき理由を提供するものです。それゆえ、たとえ世の人々が日々の暮らしの中で、僕たちの日常的な〈相応しい報い〉の実践が正当化されていると考えているとしても、それは彼らの、非決定論は真理であるという虚偽の前提のゆえなのだということになります。

これらの経験的〔実証的〕発見を踏まえ、僕は四つの質問をあなたに問いかけます。第一に、非決定論的自由意志を信じがちだという幅広く認められる民俗的傾向を、あなたはどう説明しますか？ 第二に、あなたはなぜ、両立論的な自由意志概念を、世の人が気にかけるような概念だと考えるのでしょうか？ 第三に、その概念が世の人が気にかける概念ではないとしたとき、僕たちはなぜ、その概念こそが自由意志論争において重要となる唯一の概念なのだと考えるべきなのでしょう？ 最後に、あなたには、自分の所説が**修正主義的**なものであること、すなわち、人々が日常的に信じている自由意志概念とは異なった概念の擁護を目指すものであることを容認しようという意向があるでしょうか？

自由意志に関して、僕にはこれ以外の関心事もありますが、多分、ここでいったんあなたに答えていただくべき頃合いでしょう。

デネット 四つの質問について、詳しくは後の討議に回すとして、ここでは簡単に答えていこう。

第一に、非決定論的自由意志を信じがちだという幅広く認められる民俗的傾向は、**誤解**の産物だ。僕は、僕らをこんな奇妙な状態に導いてきた想像力の誤りを、この後指摘するつもりでいる。例えば決定論は、あなたが選択することを**妨げたりはしない**し、新しい本のページをめくったり、今よりも衝動的でなくなったり、決めたことを考え直したり、自分の誤りから学んだり、次はもっとうまくやろうと決心し、実際に成功したりすることを**妨げたりもしない**——あるいは、自由意志についてどう考えればよいかのアドバイスを受け容れることを、決定論は**妨げたりしないんだ**！　もしこれがあなたにとって初耳だとしたら、あなたはこれまで決定論について誤解してきたのだし、そのお仲間は大勢いる。第二に、僕は、僕の両立論的な自由意志概念は世の人が気にかける概念だと思っている。というのも、その概念は**インフレを起こして**いないからだ。[40]人々が何か本当に重要な事柄を考えるとき——そして自由意志とは本当に重要な事柄だ——、人々は、その事柄が何なのか、あるいは何でなければならないのかについての自分の見解を、大げさなものにしがちだ——彼らはただの力を欲しがっているのではなく、スーパーパワーを欲しがっている、あるいは、自分はそれを欲しがっていると考えているということだ。第三に、僕がなぜ、僕自身の自由意志についての概念こそが唯一望むに値する種類の自由意志だと考えるかといえば、僕はもう何十年もの間、非常に聡明な人々に対して、僕の自由意志概念以外の何らかの自由意志概念をなぜ誰かが気にかけね

（原注1）　Nichols 2004, 2012; Nichols and Knobe 2007; Feltz and Cokley 2009; Feltz, Perez, and Harris 2012; Deery et al. 2013; Knobe 2014; Nadelhoffer et al. 2019; Rose and Nichols 2013; Sarkissian et al. 2010

ばならないのか、その理由を教えてくれませんかと尋ねてきたのに、いまだにまともな答えが一度も返ってきたことがないからだ。例えば、なぜ誰かが「反・因果的な事柄」や〔因果的に〕厳密に決定されていない決断を行う能力を欲しがらねばならないのか？　腕を羽ばたかせて空を飛ぶ能力を欲しがる理由とか、別の銀河に旅行できる能力、ないし、時間旅行をする能力――どんな旅になるんだろう！――を欲しがる理由、あるいは、すぐに家に帰れる能力や、後悔している行為をなかったことにできる能力を欲しがる理由ならば、僕にも簡単に想像がつく。しかし、選択に関する非決定論にどんな魅力があるのかについては、擁護論を聞かせてもらう必要がいまだにある――後ほど、擁護論らしきものについては議論するが、それは（僕から見れば）せいぜい、それを探し求めることは迷信的な行いだ、ということを証明するだけのものだ。ほとんどの人々は、インフレ化した自由意志概念だけが考えるに値する唯一の概念だと、ただ単に想定しているだけだ――「どんな代用品も受け容れてならない！　デネットの**おとり商法**には用心しろ！」とね。第四に、僕の見解が**修正主義的**なものだということ、すなわち、人々が日常的に信じている自由意志概念とは異なった概念の擁護を目指すものであることを「容認する」というのは、その意向があるどころか、もう熱烈にそうしたいと思っている。日常的な「直観」を真理の試金石として当てにするという退歩的なやり方は、現代哲学の多くにたえずつきまとっている妙な弱点の一つだ。

カルーゾー　率直な応答と、自由意志についてのあなたの所説が**修正主義的**、ないし**改革主義的**なものであることを認めて下さったことに、再度感謝します。はっきりさせておくと、僕はあなたの所説が、伝統的な自由意志概念を修正ないし改革しようと求める所説であるがゆえに、あなたの見解を退けるということはしません。僕は、自由意志についての修正主義的な見解が適正な立場であることを認めています。その代わり僕はあなたの所説を、それが〈基礎的な相応しさ〉の意味で解された道徳的責任のために要求されるような種類のコントロール（すなわち自由意志）を存続させることに失敗しているがゆえに、退けます。つまり僕は、この後で打ち出す予定の論証において、〈もしもある行為が、その行為者のコントロールのおよばない因果的諸要因にさかのぼる決定論的な過程の産物であるとしたら、その行為者に、相応しさに基礎を置くという意味での道徳的責任――つまり、行為者が賞賛と非難、罰と賞に正しく相応しい存在であるために要求されるような意味での道徳的責任――があると見なすことは間違ったものとなる〉ということを示したいと思っています。しかし僕たちは、もはやぐずぐずと先延ばしせず、ただちに論証に入るべきかもしれません。どうでしょうか。

デネット　そうとも。お互い、論証に進もう。

論戦二

もっと深い議論へ

——それぞれの立場を支持する論証

カルーゾー ダン、前回論戦を切り上げた地点に戻る前に、まずは、論戦で取り上げられた論点をいくつか明確にしておきたいと思っています。第一に僕は、非難と刑罰を根拠づけるために用いられる**〈相応しい報い〉のシステムなしでも、**僕たちは安定した、安全な、正しい社会を手にすることができる、と強く主張します。あなたはそれに同意していません。あなたは、秩序を維持し、個人の自律を尊重し、悪事を行った人物を罰するために、何らかの〈相応しい報い〉のシステムが必要だと考えるのです。ただしあなたはまた、**基礎的な相応しさ**にもとづく道徳的責任という、僕が否定する種類の道徳的責任は「哲学者が夢想するキメラ」だとも主張します。ところで、〈相応しさ〉にもとづく道徳的責任については、デーク・ペレブームによる有益な定義があるので、それを引きましょう。

ある行為者に、ある行為に対して、この意味での道徳的責任があるとは、その行為が道徳的不正であると理解された場合に彼女は非難に相応しく、その行為が道徳的模範にかなっていると理解された場合に彼女は賞賛に相応しい、という仕方でその行為が彼女に属する、ということを意味する。ここで争点となる〈相応しさ〉が基礎的であるとは、その行為者は、その行為を遂行したというただそのことだけが理由で非難ないし賞賛に相応しいとされるのであって、例えば、単なる帰結主義的、ないし契約説的な考慮によってそうだとされるわけではない、ということを意味する（Pereboom 2014: 2）[1]。

僕は、この定義は直観的で明瞭なものだと思います。僕はまたこの定義が、自由意志論争の中心に位置する、哲学的かつ実践的な重要性をもち続けてきた主題を、正確に捉えるものだとも思っています。この定義の美点の一つは、どの陣営に属する論者にも同意可能な、中立的定義を提供していることです——すなわちこの定義は、両立論者、リバタリアン、自由意志懐疑論者すべてが採用するかもしれないさまざまな自由意志概念を、出発点で除外してしまうことをしません。つまりそれは自由意志を〈基礎的な相応しさにもとづく道徳的責任が成り立つために必要な、行為へのコントロール〉として定義しており、それによって伝統的な問いのすべては手つかずに残されるのです[2]。ここでもしあなたが、両立論的自由意志は〈基礎的な相応しさ〉にもとづく道徳的責任に十分ではない、という点で僕に同意していることがはっきりすれば、それこそ両立論の難点となるでしょう！

デネット　グレッグ、あなたがペレブームの定義を「直観的、かつ明瞭」だと見なし、「自由意志論争の中心に位置する、哲学的かつ実践的な重要性をもち続けてきた主題を、正確に捉えるもの」だと思っている、という事実は、僕らの主要な不一致点にうまい具合に焦点を合わせている。僕の見るところ、デークが提起する定義は哲学における**ムシロ法**（ラザリング）の古典的な実例だ（「ムシロ法」の定義と説明は Dennett 2013a: ch.9 を参照[3]）。それは結果的に、**基礎的な**相応しさそれ自体が「帰結主義的、ないし契約説的な考慮」**に依存する**かもしれないという見込みを、「定義によって」排除しているんだ。なるほど、ペレブームは色々の従属的な種類の〈相応しさ〉を定義によって排除して、僕らの注目を**基礎的な相応しさ**に向けようと**意図している**のだ、とあなたは言うかもしれない。だが、それに答えて言わせてもらえば、そういうやり方は、〈相応しさ〉が〈相応しさ〉だといわれる限度内で基礎的であるような、何らかの種類の〈相応しさ〉が、まさに間接的な「帰結主義的、ないし契約説的な」考慮によって根拠づけられるという可能性を、そしてそれによって、そのような種類の〈相応しさ〉が、〈相応しさ〉についての僕らの確信の根拠となりうるという可能性を、探らないまま放置することになる。僕の目には、ペレブームは僕が考えているよりも純粋かつ絶対主義的な定義を掲げることによって、何の重要性もない鬼火（ウィル・オブ・ウィスプ）を創造しているように映る。

ペレブームの言う「基礎的な相応しさにもとづく道徳的責任」が科学と両立できない、ということは、喜んで認める。もっと言えば、彼の言うそれは、たしかに由緒ある哲学的系譜に由来しているとはいえ、僕の見る限りでは端的に不整合な概念だ。だが、僕らが真剣に受けとめるべき道徳的責任を僕らみんなに与えてくれるような、——強い意味で——尊重すべき種類の、**まことに**基礎的な〈相応しさ〉は存在する。あなたはペレブームの定義が「両立論者、リバタリアン、自由意志懐疑論者すべてが**採用しうる**さまざまな自由意志概念を出発点で除外してしまうようなことをしていません」と言う。しかし実のところその定義は、僕のこの概念を除外してしまっている。

カルーゾー ペレブームの定義が、あなたと僕の間の主要な不一致点にうまい具合に焦点を合わせている、という点には同意します。あなたはこの定義を、あなた自身が考えるような、帰結主義的で契約説的な〈相応しさ〉の概念を除外してしまうから、という理由で退けます。けれど僕は、まさにこの定義がそのような概念を除外する**からこそ**、それを採用するのです。僕が強く主張したいのは、**非・帰結主義的な道徳的責任と〈相応しさ〉の概念**こそ、伝統的な〔自由意志〕論争の中心に位置する、哲学的かつ実践的な重要性をもち続けてきた主題を最善の仕方で捉えている、ということです――それゆえに、そのような概念に僕たちの注目を向ける定義は有益なのです。この定義の理解にもとづけば**自由意志**とは、ある行為者が遂行、ないし遂行に失敗した意思決定または行為への応答としての、一定種類の、**基礎的に相応しいとされる**判断、態度、処遇――例えば、怨恨、憤慨、義憤、応報的刑罰など――を正当化するためにはその行為者が所有していなければならない種類の、力あるいは能力である、ということになります。そこで正当化される反応は、純粋に過去指向的な根拠によって正当化されるものとされており――それゆえに**基礎的**と呼ばれるのですが――、帰結主義的、ないしは未来指向的な考察――例えば未来における〔人々の〕保護、未来における和解、未来における道徳的性格形成――に訴えることはしないものとされます。

僕がこのような自由意志と道徳的責任の概念を支持するのには、二つの理由があります。一つは、もし仮にそこでの争点が〈悪行を行った人々への、何らかの道徳的抗議を起こせるような、適切な未来指向的理由が存在するかどうか？〉に尽きるのだとしたら、一体、実質的に争われている問題が何であるのかが理解しがたくなる、ということです。僕は、この論争の参加者のほとんど全員（つまりリバタリアン、両立論者、自由意志懐疑論者の——目の前の対話相手を除く——ほとんど全員）が、この論争〔自由意志論争〕にはそれを超えた何かが存在する、と考えていると想定しています。じっさい、自由意志懐疑論者は、一定の形態の未来指向的な責任〔の概念〕が、自由意志と〈基礎的な相応しさ〉にもとづく道徳的責任を退ける立場と完全に整合的であることに同意できるのです。したがって、あなたが関心をもっている種類の道徳的責任が、自由意志懐疑論者にも受け容れ可能なものであるとしたら、その限り、あなたの流儀の両立論は、あらゆる実質的な点で自由意志懐疑論と区別のつかないものである以上、退けられるべきである、ということになります。僕はあなたの見方はあなた自身が認めるよりもずっと自由意志懐疑論者の見方に近いと考えるのですが、それはこの理由によります。

もちろん、僕たちの見方の間には、一つの明白な違いがあります。それは、僕は自由意志懐疑論者として、あなたが保持したいと望むさまざまな概念を退ける、というところです。例えば僕は、人々がその行為について賞賛されたり、非難されたり、罰せられたり、報賞を与えられたりすることに対して正しく相応しい、という考え方を退けますが、あなたは相応しさという概念を辞書に残したいと望んでいます。ところで、僕がなぜ自由意志を〈基礎的な相応しさにもとづく道徳的責任が成り立つために必要な、行為へのコントロール〉に関連づけて定義するのか、その第二の理由は、今述べたことによるものです。僕が強く主張するのは、伝統的に理解されてきた相応しい報いの概念は、応報的な報いおよび、道徳的責任の基礎的な概念とあまりにも緊密に絡まりあったものであるため、これらの基礎から切り離し、それ自体で有益な概念として利用することができなくなってしまっている、ということです。つまり、**正しい報い**と結びついた、強力な義務論的かつ応報主義的含意を考慮すると、あなたのような帰結主義者が、**正しい報い**という語りをそもそも使い続けることすらすべきなのかどうか、僕にはよく分からなくなるのです。あなたが擁護しているように見えるのは、〈相応しい報い〉のシステムの**実践的必要性**であって、悪事を行った人物がその行為ゆえに非難され罰されることが本有的に善いことだ、という立場ではない。しかし、「正しい報い」の概念には、〈悪事を行った人物が、その悪事の度合いに応じた度合いで苦しみを受けることは、**それがどのような未来指向的な利益をもたらすことになるのかとは関わりなく**、本有的に善いことだ〉ということが強く含意されています。[4]「正しい報い」のこうした正規的な理解を踏まえ、またそれが、多種多様な応報的な態度、判断、処遇の正当化のためにどれほど用いられてきたかを踏まえるなら、あなたがその言葉を用いるのは非常に混乱を招きやすく、あなたが本来は存続させるつもりのないはずのものを存続させようと企てているという、誤った印象を与えるものになっているのです。

以上、ひと通り話を終えたところでいったん中断し、僕たちが、非常に重大な点に同意していることを認めておくことが重要だと思います——すなわち、〈基礎的な相応しさ〉に要求される種類の自由意志とは、僕たちの、科学が描き出すような自然的世界の理解とは**両立不可能**である（すなわち、調停することができない）、という点に、僕たちは同意している、ということです。もしもこれが正しければ、僕たちは本物の前進をしていることになります。僕たちは、リバタリアンの人々が提起するさまざまな自由意志説がはなから使い物にならないものである、ということに同意しているだけではなく、両立論的なコントロールが〈基礎的な相応しさ〉にもとづく道徳的責任を存続させるためには十分なものではない、という点にも同意しているようにも思われます。僕はこれを、普通ならば懐疑論者の勝利だと見なすでしょう。というのも、僕たちが疑問視し、否定することに最大の関心を向けている種類の自由意志とは、〈基礎的な相応しさ〉にもとづく道徳的責任のために要求される種類のそれなのですから、「〈相応しさ〉」が〈相応しさ〉だといわれうる限度内で基礎的であるような、何らかの種類の〈相応しさ〉が帰結主義的な考慮によって根拠づけられることがありうるかもしれない、というあなたの指摘が事実正しいとしても、それは空虚な勝利にとどまるでしょう。それゆえ僕たちは、両立論的な所説が〈基礎的な相応しさ〉にもとづく道徳的責任を存続させることに失敗している、という点で僕たちが同意していることをまずは認め、その上で、過去指向的な〈相応しさ〉および道徳的責任を、未来指向的〔帰結主義的〕に根拠づけようというあなたの試みについての議論に入っていくのが最善ではないかと思います。

デネット　グレッグ、あなたは「『正しい報い』の概念には、〈悪事を行った人物が、その悪事の度合いに応じた度合いで苦しみを受けることは、**それがどのような未来指向的な利益をもたらすことになるのかとは関わりなく**〔デネット注――強調は原文のまま〕、**本有的に善い**〔デネット注――強調はデネットによる〕ことだ〉ということが**強く含意されて**〔デネット注――強調はデネットによる〕」いる、と言う。ウェブ上の辞書を何件か、ちょっと調べてみたところ、どれもおおむね、「正しい報い」という語句の意味は「なされた犯罪の重さに応じた、公正で適切な罰」を意味するという点では一致している。これこそ、僕が「正しい報い」で意味しているものだ。辞書の中には、これに加えて、「量刑という形での応報〔—的懲罰〕」という定義を加えることも**時には**あり、僕が思うに、これは、哲学者たち——あなたやデークがまさにその例だ——が、〈正しく相応しい刑罰〉という観念に、〈罪人を罰することは「本有的に善い」〉という観念を「正規的（カノニカル）な」観念として押しつけることに固執してきたことによるんだ。[5] 僕は、（多くの哲学者のおかげで）〈正しい報い〉の観念が「応報的」報いの観念と、たちの悪い仕方で「絡まり合って」いる、という点であなたに同意する。だけど僕は、こういうひどい事態は、本有的ではない側面に根拠づけられた、「公正で適切な**刑罰**」としての〈正しい報い〉という概念が擁護可能なものかどうかを探究することによって、修復することができると思っている——この探究は、〈正しい報い〉という僕らの伝統的な概念を革命的なやり方で改訂することではなく、むしろ、その概念が、人々がそれを自覚しているかどうかとは別に、それが常に有する理拠（ラショナル）[6]をそれとして捉えることに相当する。「僕たちは、リバタリアンの人々が提起するさまざまな自由意志説がはなから使い物にならないものであるということに同意しているというだけではなく、両立論的なコントロールが〈基礎的な相応しさ〉にもとづく道徳的責任を存続させるためには十分なものではない、という点にも同意して」いる、というのはまったくもってその通りだ。その概念がよくない哲学である、という点に、僕らは揃って同意している。（デークは、その概念〔すなわち基礎的な相応しさにもとづく道徳的責任〕を玉座から引きずり下ろすために、それの定義を与えているわけだ。）

カルーゾー　今度もまた、両立論的なコントロールが〈基礎的な相応しさ〉にもとづく道徳的責任を存続させることに失敗している、という点で僕たち二人が一致していることが分かり、うれしく思います。とはいえ僕はまた、道徳的責任の〈基礎的な相応しさ〉にもとづく概念が「不整合的」であるというあなたの主張に異論を唱えたいとも思っています。なぜ「不整合的」だと考えるのでしょう？　これは根拠のない攻撃です。例えばイマヌエル・カントは、有名な島の例を使い、見事な手際で、〈基礎的な相応しさ〉という直観を引き出すと共に、それがなぜ実践的に重要であるかを説明しています。カントはまず、「全成員の合意によって」社会契約を解消した、ある島の社会を想像しようといいます。その島では万人がばらばらとなり「別れて世界中に散らばろうと決める」ことになったというのです。しかしこの島の監獄には、一人の殺人犯が残されています。ここでカントは問いかけます。果たして私たちは、島を去る前に、この殺人犯のような人々に正しい報いを与えることを正当化されるだろうか、と。これは本質的に、〈基礎的な相応しさ〉についての問いです。というのも、カントのこの例はたくみな手際で、あらゆる帰結主義的、ないし契約説的な考慮を除外しているからです。カント自身のこれに対する回答を引いておきます。

たとえ市民社会[7]がその全成員の合意によって解体することになろうとも（たとえば島に住んでいる人民が別れて世界中に散らばろうと決める）、そのまえに、監獄に繋がれた最後の殺人犯が死刑に処されなければならない。そうすれば、だれもがその行いに値する報いを受けることになり、この処刑を貫徹しなかったゆえに、その人民が人殺し呼ばわりされることはない。なぜなら、処刑しなければ、正義に対するこのような公的な侵害の共犯者と見なされるからである（Kant 1797: PartII[8]、強調は引用者による）〔邦訳一八一頁〕。

あなたが、僕と同様に死刑に反対していることは承知していますし、それゆえここで述べられたような根拠のみからカントに同意するはずがないことも承知しています。とはいえそれは、このカントの例が、〈基礎的な相応しさ〉についての整合的な直観を引き出すということを何ら否定するものではありません。実際僕はこれまで長い間、講義や対話の中でカントの例を用いてきたのですが、これは、この例が契約説的な考慮と帰結主義的な考慮を議論に関連させないようにしておいた上で、ほとんどすべての人に、そこに含まれている〈相応しさ〉の直観を理解できるようにしているからです。

デネット　ふむ。僕はカントのこのやけに有名な例が、整合的な直観を引き出すというところを否定するよ。カントは自分が提起する主張を説明しようとして、「そうすれば、……この処刑を貫徹しなかったゆえに、その人民が人殺し呼ばわりされることはない。なぜなら、処刑しなければ、正義に対するこのような公的な侵害の共犯者と見なされるからである」と言うわけだが、この言葉はまるで、人々の、自分たちの評判を守ろうとする願望がいかに強いか、という観点から、彼が推奨する提案を正当化しようとしているように僕には見える。カントは哀れな殺人犯を、その目的のための手段として利用しているが――これは帰結主義的な理由づけだという点で、特定の事実に関してのみ過去指向的な、僕の刑罰の擁護論と大して違わない――、僕のそれは**法への尊重の念**という、安全で幸福な国家にとって実践上必要不可欠な特徴を存続させる、という理由づけだ。ところが、カントは「市民社会〔国家〕が解散していると取り決めているのだから、僕と同じ理由づけは利用できない。したがってカントは「自分の手を汚さずにおく」という理由（これはたしかに帰結主義的で、なおかつ利己主義的な理由づけだ）と痛ましいまでに類似したところに退行する羽目になっているように見える。そして、この殺人犯の運命など、島を出てしまった人々の誰であれ知るところでないとしたら、それらの人々が正義の公然たる違反者と**見なされる**ことは――当の彼ら自身によってでなければ！――ないはずだ。それゆえ、カントはこの点でも、人々に、自分の手を汚さないように、という以外の何らの理由も与えずに、殺人犯を処刑して自分の手をきれいにせよと言っているように思える。言っておくと、カントの例が、基礎的な道徳的〈相応しさ〉という観念をたくみに例解している、という点ではもちろんあなたに同意する。だから僕は、あなたがその例を出してくれてよかったと思っている。

カルーゾー　ダン、カントの例の色々な側面について述べてもらいましたが、それは全部、さっさと脇にのけてしまってよいので、一つの核心的な問いかけに焦点を合わせて下さい。いったい、悪事を行った人物（例えば殺人犯）を罰することは、その人物が見捨てられた島に残される唯一の他者であり、なおかつ処罰による未来指向的な契約説的で帰結主義的な利益が何も存在しない場合でも、正当化されるのでしょうか？

デネット　その問いなら、僕の答えはノーだろう。

カルーゾー　まことに結構です。僕にとって重要な点に僕たちが同意しているというのはうれしいことです！　そして今のお答えは、〈基礎的な相応しさ〉という概念には不整合な点などなにもない、ということを明らかにするものです——たとえ、その概念が自由意志論争において重要であることを否定したいとあなたが望んでいるとしても、この点は変わりません。思うに、〈基礎的な相応しさ〉の概念に対してあなたが抱いている困惑の本当の出どころは、あなたが伝統的な（あるいは、典型的な）両立論者ではない、ということにあるのです。

デネット　その通り。僕は色々な点で、伝統的な両立論者ではない。むしろ僕は、僕自身のブランドの両立論——これは、二冊の本とたくさんの論文で読むことができる——を、もう四〇年近くにわたり擁護し続けてきた。

カルーゾー　あなたが両立論を擁護し続けてきたというのはまったくそのとおりです。とはいえ、大部分の伝統的両立論者とは異なり、あなたは、非帰結主義的な〈相応しい報い〉の擁護に取り組もうとはして**いません**。むしろあなたは、〈正しい報い〉の帰結主義的な擁護を提起し、〈相応しい報い〉（賞賛と非難、賞と罰）の**システム全体**が、それがもたらす「未来指向的な利益」によって正当化される、と主張しますが、ただしそれはシステムを正当化しているということであって、そのとき、個別的な非難や罰の事例において生じる特定の利益なり利益の欠如なりについてのケースバイケースの考慮は除外されねばならない、とも言います（主流派の両立論者の中で同様の見方をとる他の論者として僕が知っているのは、唯一マニュエル・ヴァーガス（Vargas 2007, 2013）のみです）。したがってあなたの見方によれば、賞賛と非難、賞と罰を正当化するのは、「相応しい報いのシステム」を採用することによる帰結主義的な利益であることになる。ところが、同じくらいに重要なのは、あなたが、僕たちがひとたびそのシステムの中に入れば、非難と罰の判断は依然として過去指向的な、**相応しさ**の概念に根拠づけられたものであり続ける、とも主張していることです。このように、あなたの両立論は、非常に独特な種（スピーシーズ）を構成しており、それを考えれば、僕たちの話が噛み合わなくなってしまうのも自然な成り行きなのです。でも僕は、そうならないようにしたいと思っています。

デネット それは僕も同じだ。そしてあなたは今、僕の立場の素晴らしい要約を述べてくれた。感謝したい。

カルーゾー 仮に僕たちの不一致点が単に用語の問題に過ぎないものだったとしたら、それは残念なことでしょう。しかしあなたは、自己コントロールを「僕たちの〈真の報い（相応しさ）〉のための閾値」として扱うべきだとも言う。そして僕の想定では、このときあなたは、**真に相応しい**非難および刑罰を根拠づけるためには、両立論的な自己コントロール（すなわち、決定論と両立する、非リバタリアン的な種類のコントロール）で十分だ、と考えているのです。僕のこの想定は、刑罰に相応しい罪人についてのあなたのコメントに由来しています。

デネット　そうとも、グレッグ。あなたの言うとおりで合っている。

カルーゾー　同じ想定は、約束を破った人々への非難についてのあなたの言葉からも出てくるように思えます。あなたはこう述べていました「自律的な人々を、**彼らがなしたこと**に責任のある存在だと見なすことは正しい。なぜなら僕らの誰もが、自律的な人々を当てにすることができる、という事実を頼りにしているのだから。……だからこそ僕らは、こういう人々が詐欺などのカモにされたり、泥酔したりしたことについて、彼ら自身を非難することができる。僕らが彼らを非難するとき、僕らがしているのは、彼らを単に診断したり、分類したりすることではない。僕らは彼らが、色々な負の帰結に**相応しい**と見なしているのだ」。ここであなたは、適格(コンピテント)な行為者がそれと知りつつ（かつまた何の弁解もなく）約束を破れば、その行為者は非難と罰に**相応しい**、と考えています。それゆえあなたは、（間違っていたら修正してほしいのですが）自由意志を〈**ある種の**相応しさにもとづく道徳的責任のために必要な、行為へのコントロール〉であると見ていることにならざるをえません。これは、「基礎的な相応しさ」にもとづく道徳的責任ではないかもしれませんが、しかし、それのごく近い類似物ではあります。

デネット　これまたあなたの言うとおりだ。ここで進化論的な背景について、ちょっと付け加えさせてほしい（詳細は『自由は進化する』第九章を参照）。僕たちは、祖先から遺伝子を通じて受け継いだ、完全にできあがった形での**応報への本能**といったものをもっているわけではない。とはいえ、哺乳類、とりわけ社会性の哺乳類（これについては特にForber and Smead, 2018, and Henrich and Muthukrishna, 2020を参照）が、自分に抵抗する個体と遭遇したときに、色々な否定的な反応（怒りや仕返し）をもたらすような強力な生得的基盤が存在するという証拠は豊富にある。これはつまり「ズルをするやつの検出」というパターンがそこにはある、ということだ——そこには、**相互の信用**（ただし、その者が属する集団や家族〔氏族〕のメンバー間に限られる）が含まれるし、信用の**裏切り**も含まれる——こういう裏切りは、ひどい場合には村八分[9]や、**罰**を招くのが通例だ。こういったものはせいぜい前・道徳的な性向といったものだが、文化進化のおかげで手綱をつけられて、デイヴィッド・ヒュームが**自然的徳**と呼んだものから、道徳的徳へと転じられるようになる。「なぜなら、自然がこの点で（道徳的区別を行えるように）われわれを助けるのでなければ、為政者が「名誉である」とか「不名誉である」、「称賛すべき」とか「非難すべき」について語っても無駄であろう。こうした語は、まったく理解でき……ないであろう」(Hume 1739: 500)〔邦訳五四頁、強調の形式を変更した〕。人類の文化が、おおむねは合意されている道徳を採用してきたこと、そして子孫たちを、その道徳への尊重の念を抱くように育ててきたことには、**望ましい**（帰結主義的）**理由**がある。この理由は**自由浮遊性の理拠**（フリーフローティングラショナルズ）[10]として存在していて（このような、背後で働く理由についての説明は、僕の『心の進化を解明する』(Dennett 2017)を参照）[11]、この理由が人々の反応的態度の基盤となっている[12]。人々はその理由を深く反省する必要はないし、さらにいえばそれを顧慮する必要すらない——人々はただ、人間本性の一部として反応的態度をとればよいだけだ。だがそれでもそれらは、適切なデザイン上の特徴[13]なのであって、なぜならそれらは進化的な過去において望ましい帰結をもたらしたからだ。現代では時代も知識も変わっていて、僕らはこういう、まさに自然的な反応の抑制や方向転換を僕ら自身で試みたいかどうかを決断できるようになっているし、また事実、このほんの数百年のあいだで、こういった反応を正当化しようと目論む応報主義のイデオロギーをおおむね放棄することで、それらの反応を緩和するようになってきた。しかしそれでも、〈**ある一定種類の自由意志をもつ人々を責任ある存在だと見なし**、それによりそのような人々が違反行為をした場合には、それゆえにその人々を非難し、罰する〉というポリシーの維持を裏づけるための適切な言い分は、今なお〔有効な形で〕存在しているんだ。

カルーゾー　僕も、〈相応しさ〉に訴える道徳的責任への**信念**が、僕たちの進化的な過去により形成されてきた、一連の反応的な態度、感情、衝動を基盤としていてもおかしくない、という点ではあなたに同意します。しかし、たとえこれらの反応が過去において重要な進化的機能に役立っていたのだとしても、そのことは、それらの反応が**正当化される**とか、あるいは、それらの態度や感情の標的となる人々が、そのような態度や感情を向けられるに**相応しい**、ということを意味しません。僕たちがひどい扱いを受けたり、誰かがひどい扱いを受けている様子を見たりするとき、僕たちが強い、そして即座に行動を駆り立てるような報復衝動を感じるというのは、疑いもないことです。僕のよき友であるブルース・ウォーラー[14]によれば、このような報復の感情は実のところ僕たちの、道徳的責任に対する強く、しかし頑迷な信念の主要な源泉だとされています。

道徳的責任に対する私たちのコミットメントの最も深い根源は、理性ではなく、むしろ強力な感情の中にある。道徳的責任への頑迷な信念は多様な源泉に由来している。しかしその最も基礎的な源泉は、酒場の喧嘩や、田舎の抗争、あるいは逆上し、お互いに一歩も引かない状態で死に至る闘争を続けるラットの中で働く微妙な心の働き、すなわち、私たちが加害を受けたときに生じる、報復への欲求にある（Waller 2015: 39）。

ニール・レヴィも次のような指摘を行っています。

人類は懲罰的な生物種である。恐らく、私たちが社会性の動物であり、他者たちと共に共通の目標に向けて協働することを要求される存在であるがゆえに、私たちは、私たちを利用して自らの利益を得る者がいたら、その者を罰しようと強く傾くことになる。「ただ乗り」をする人々、つまり、許されていないはずの利益を得る人々は排斥されるか、罰金、あるいはさらに厳しい罰を科されることになる。悪行は、その悪行が私たちに向けられた場合であれ、他者に向けられた場合であれ、私たちの中に強い感情を呼び起こす。私たちの憤慨や怨恨は、めまいのするほど多様な懲罰的実践――村八分、烙印、斬首、四つ裂き、罰金、その他非常に多くの実践――の原動力となってきた。細部は地域や時代に応じて多様だが、それでも刑罰とは、人類に普遍的なものであり、なぜならそれは私たちの進化的な利害に適っているからである。しかしながら、このような進化由来の衝動は、現代社会においては犯罪者をいかに扱うべきかの指針としては、粗（クルード）い指針だといえる（Levy 2016）。

たしかに粗暴（クルード）です！[15] 実際、僕たちがラットやチンパンジーと共有している、報復感情というものに注意深く反省を向ければ、その感情が慎重な反省に打ち勝ち、非道で、（僕の見地からすれば）正当化されざる実践とポリシーに僕たちをのめり込ませている場合が多く見つかるでしょう。

僕は、報復欲求と結びついた感情的反応が**自然な**ものであることを認めますが、同時に、そういった反応が**正当化されている**、という主張には異議を唱えます。怨恨、憤慨、非難、それに義憤といった反応的態度は危害をもたらしうるものであるため、それらの態度を向けられた行為者がそれらを向けられるのに**相応しい**としたら、その場合にのみ正当化されます。したがって、次のように言うことができます。〈ある行為者に自らの行為に対する**説明能力＝責任能力（アカウンタブル）がある**[16]とは、その行為者が、自分が行ったことに対する賞賛ないし非難に相応しい場合である――すなわち、その行為者が、自ら遂行、あるいは遂行に失敗した意思決定あるいは行為への応答としてなされる、〈相応しさ〉に基礎を置く、一定種類の判断、態度、処遇に相応しい、という場合である〉と。しかるに、**仮に**自由意志懐疑論者が正しいとすれば――これは、あなたの同意を今後も得られるかどうか危ぶんでいる論点ですが――、その場合行為者は〈相応しさ〉に基礎を置く意味において、道徳的責任を有する存在では決してありえず、またそれゆえ、怨恨、憤慨、義憤の表現には、**信念的不合理性**が含まれることになるのです（少なくともそれらの表現に〈それの標的となる人物は、それの受容者たるに**相**

応しい〉という信念が伴っている限りで、そう言えます）。〔カルーゾー注――「信念的 doxastic」とはギリシャ語の doxa に由来する言葉で、これは「信念」を意味する。〕[17]

もちろんここで「しかし、これらの反応的態度を僕らが放棄することなど、**本当に**可能なのか？ そして、仮にそれが可能だとして、それは望ましいことなのか？」という問いかけがなされる可能性はあるかもしれません。この問いかけに対して、僕はまず、怨恨や憤慨という反応的態度と結びついた義憤というものは、僕たちの人間関係や社会的なポリシーを瓦解させてしまうことがしばしばある、と答えるでしょう。僕が強く主張したいのは、これらの反応的態度は、僕たちに採用可能なそれ以外の態度――例えば痛みを感じる、ショックや失望をおぼえる、といった――と比較すると、人間関係におけるコミュニケーション様式として、最善だとはとても言えない場合がしばしばある、ということです（より詳しくは、デーク・ペレブーム『自由意志なしで生きる』を参照）。また、これらの反応的態度を放棄することが**可能**なのかどうか、という問いかけに応じるために、僕はまず**幅の狭い**感情的応答と、**幅の広い**応答を区別します（これは、ショーン・ニコルズ（Nichols 2007）から借りてきた区別です）。幅の狭い感情的応答とは、状況に対する局所的かつ即時的な感情的反応です。また幅の広い応答とは、即時的ではなく、合理的な反省を含みうるような反応です。僕は、自由意志懐疑論者が、怨恨や憤慨の表出が不合理であると断固主張しつつ、**なおかつ**、僕らの影響力のおよばない怨恨や憤慨には一定のタイプと程度があってもよいと**それでもなお認める**、というのは完全に整合的なことだと信じています。例えば、もし僕の妻と娘に何らかの深刻な道徳的悪行がなされたとしたら、僕は、何らかの程度で幅の狭い、即時的な怨恨を抱く自分を抑えきれるかどうか疑問です。しかしそれにも関わらず僕たちは、幅の広い応答の事例において、怨恨や憤慨を減退させ、場合によっては消滅させるか、あるいは少なくとも、怨恨や憤慨がもつ、加害的な反応やポリシーを**正当化する**と考えられうるどんな力も退けるという意味においてそれを否認する、ということを**現に**行っています。そしてこのような幅の広い感情的応答は、それが公共的な政策(ポリシー)——例えば法的な刑罰の正当化など——となる場合に何よりも重要なものとなるのであり、それゆえ僕は自由意志と道徳的責任に反対する哲学的論証が、僕たちの実践と反応を変えていくだろうとじっさいに信じているのです。

したがって、僕たちの反応的な感情、態度、衝動の進化論的な説明(アカウント)は、それ自体では、行為者に、自分の行為に対する、適切な哲学的意味で解された**説明能力(アカウンタブル)=責任能力がある**ということを明らかにするものではない、というのが僕の中心的な論点です。こういった反応が、たとえ自然的ではあっても、しかし哲学的に正当化されざるものだということが事実である見込みも十分ありうるのです。僕たちは、個々の人々が賞賛と非難、賞と罰に真に相応しいのかどうかを決定するために、自由意志に賛成する哲学的論証と反対する哲学的論証を、まだまだ吟味していく必要があります。

デネット　グレッグ、今回もまた、あなたの言っていることには同意できる部分がたくさんある。「進化由来の衝動」は「たしかに粗暴」だ——だからこそ、ヒュームが指摘したように、僕らはそれを洗練させるために制度と規範をデザインする必要があるのだし、僕らはそれを行ってきた。そしてその過程には二種類ある。一つは**文化進化**で、この過程は人間の理解力を必要としないが、それでも僕らの遺伝子に基礎をもつ衝動を洗練し、方向を向け直すための色々な善い理由[18]をどうにか工面してくれる力がある（最新の概観としてはHenrich and Muthukrishna 2020を参照）。第二の過程は人間による反省的な評価の過程——一言で言えば、哲学、政治科学、法律学など——で、この過程は、見直され、手綱をつけられ、方向づけを与えられた態度やポリシーを、単に「自然的な」ものとしてではなく、むしろそれと同じくらいに**正しい**ものとして**正当化**することを、何より志すものだ。あなたは、「こういった反応が、たとえ自然的ではあっても、しかし哲学的に正当化されざるものだということが事実である見込みも十分ありうるのです」と言う。その通り、**その見込みもある**。しかし、あなたはまだ事実そのとおりであるという理由づけを何も差し出していない。そして僕はまさにその見込みが成り立つことを否定しているのだ。

自由意志懐疑論のためのいくつかの論証

カルーゾー　ならば恐らく、今こそ僕の自由意志懐疑論の論証を、余すことなく語り出すときでしょう。自由意志懐疑論を支持するための僕自身の理由づけは、決定論の真理性には依存していません——僕は公式には、普遍的決定論というテーゼに対しては不可知論者なのです。その代わりに僕は、〈相応しさ〉に基礎を置く道徳的責任が、行為者のコントロールのおよばない諸要因による因果的決定とも、最も説得力のあるリバタリアニズムの諸バージョン[19]に要求されるような種類の、行為における非決定性とも、**そのいずれとも**両立不可能である、と主張します。言い換えれば、僕たちは**そのいずれについても**自由意志を欠いている、と僕は主張するのです。僕の立場と対立する、さまざまなリバタリアン的所説および両立論的所説はすべて、〈相応しさに基礎を置く道徳的責任が成り立つために必要とされる、行為へのコントロール〉〔として解された自由意志〕を存続させることに失敗しているので、懐疑論の立場だけが存立し続ける唯一の立場として残る、というのが僕の論証です。僕のこの立場は、自由意志は決定論とも非決定論とも両立しない、というものなので、僕はデーク・ペレブームにならい、この立場を伝統的な**ハード決定論**と区別するため、**ハード非両立論**という名で呼びます。

それではまず、自由意志についてのリバタリアン的諸説への反対論を述べますが、最初に、リバタリアンの説に二つの種類を区別することにします。一つは、(a) 諸行為はもっぱら出来事を原因として引き起こされるのであり、諸行為がもたらされる際に働く、適切な出来事によってもたらされるあるタイプの非決定性が、自由意志と道徳的責任にとって決定的に必要な要件であると見なされる、と主張する立場です。[20] そしてもう一つは、(b) 一種独特の（スイ・ゲネリス）行為者または因果性に訴える立場で、この立場によれば、一つの実体であって、単なる出来事の集合体ではないようなものとしての**行為者**が、〔「自由な諸行為」としての〕さまざまな出来事を因果的に引き起こし、しかもその際、何かにそうするように因果的に決定されなくともそれをなしうる力をもっている、ということになります。一つ目の見方は**出来事因果的リバタリアニズム**として知られていますが、この見方に対しては、こういう風に考える場合、行為者には、ある決断が〔出来事として〕生起するかしないかを**決着**

させることができないままであるため、〈道徳的責任が成り立つために必要とされる行為へのコントロール〉（つまり自由意志）を行為者がもつことができないことになる、という異論を僕は唱えます（Pereboom 2014 参照）。

例えばファラという女性がいて、（a）明朝開かれる重要な会議に出席するか、（b）病欠の電話を入れ、明日一日だけ街を訪れる友人と過ごすか、どちらの行為を選ぶかの深刻な板挟み状態に陥っているとしましょう。彼女には（a）を実行すべきしかるべき理由も、（b）を実行すべきしかるべき理由もある。彼女が最終的にどちらに決めたとしても、僕たちはその行為が「意図的に是認された」ものであり、彼女には「そうする理由があった」と言うことができます。というのもその行為は、彼女の一般的な希望、目的、目標、意図と整合的なものであるはずだからです。しかしながら、この行為者による因果的系列の中に、もしも真正な非決定性が含まれているとしたら、彼女がどちらの行為を最終的に遂行するのかは、実際のところ運の問題だということになるでしょう。およそ行為者には、真正の非決定な出来事に対するコントロールがない、という点を鮮明にするため、神様がいて、そこでの非決定的な出来事が生じる前の適当な時点まで歴史を巻き戻し、その後歴史を再度展開するに任せたらどうなるかを考えてみましょう。そこで生じる一連の出来事は真正の非決定的な出来事である以上、このリプレイは、最初に展開したのとまったく同じようには展開**しない**はずです。かつまた行為者の行為（ないしその存在のありよう）は、非決定的な可能性の中のどれが実現するのかを確実に定めることができません。したがって、この系列からの帰結（この場合で言えば行為者の意思決定）は運の問題だということになります。そして〔自由意志〕懐疑論者の論証によれば、この種の運は責任を切り崩すものなのです。

二番目の見方は行為者因果的リバタリアニズムとして知られるものですが、これに対して僕は、たしかにこの見方は理論上、必要とされている行為へのコントロールを供給することができるとしても、この世界についての最良の物理学的理論と調停させることは不可能である――なぜならこの立場は、一つの実体であって単なる出来事の集合体ではないものとして解された行為者が、さまざまな出来事を原因として引き起こし、しかもその際、何かにそうするように因果的に決定されなくともそれができる、という疑わしい因果性の概念を必要としているのだから――という論証によって異論を唱えます。行為者因果的リバタリアンの人々は、「自由な」行為を原因として引き起こすのは行為者自身であり、ただしそこで、行為者自身は先行する出来事や条件による因果的決定は受けていないのだ、と主張します。この見方の有力な擁護者であるロデリック・チザムは、自己決定という この概念を、次のような仕方で記述しています。

私たちが責任ある存在であるとしたら、また、私が今行っている議論〔カルーゾー注――行為者因果の議論〕が真理であるとしたら、私たちにはある特権、人によっては神だけに認めるような特権が、備わっていることになる。すなわち、私たちの誰もが、本当の意味で行為するときには、不動の第一動者である、という特権が。私たちは何かをなすことで、ある出来事を生じさせる原因として働くのであり、かつ、何かをなしている私たち以外の何ものも、何びとも、その出来事を生じさせる原因として働いてはいないのだ（Chisholm 1982: 32）。

僕とあなたは共に、このような見方を、僕たちの、科学が描き出すような自然的世界の理解と調停することができない、という点に同意しているものと僕は考えます。それを引き起こす原因をもたない原因（あるいは不動の第一動者）という概念[21]はじっさい、魔術的な概念――僕たちの自然主義的世界のどこにも居場所のない概念――なのです。[22]

デネット　これまで考案されてきたあらゆる形態のリバタリアニズムが「曖昧でパニック状態に陥った形而上学」（これは以前P・F・ストローソンが使っていた表現だ[23]）であって、どれ一つとして、異議の余地のない科学研究によって僕たちがすでに手に入れている知識と調和する見込みがないという点で、グレッグ、あなたに同意する。僕は『自由は進化する』の第四章「リバタリアニズムの言い分を聞く」全体をこのトピックにあて、ロバート・ケインの〈非決定論的な自由意志〉というリバタリアン的モデルを描いてみようという果敢な試みにもっぱら的を絞り、考察を行った（彼のモデルは、僕がこれまでに出会った中で最良のものだ）。ケインのモデルには色々と興味深い特徴があるが、とはいえ、その特徴のどれ一つとして、非決定論を必要とするものではないんだ！　つまりそれらの特徴が実際に必要としているのは、サイコロを振ったりコインを投げたりすることで得られるランダム性であって、量子力学的な意味で非決定論的なものではない、ということだ。

カルーゾー　リバタリアン的自由意志の概念は退けられて当然であるという点で僕たち二人の合意

ができました。なので、僕たち二人の不一致点の核心に向かわせてもらいます。核心とはつまり両立論についてです。両立論に異議を唱えるため、僕は二つの別の論証を提起します。一つ目として、僕は、僕らの行動が自分たちのコントロールのおよばない自然的諸要因によって因果的に決定されているという場合と、僕らの行動が操り師[24]によって因果的に決定されている、ということの間に、ここで重要な関連性をもつ差異はない、と主張します。この論証の背景には、もしもある行為者がある特定の仕方で他の行為者――例えば、当の行為者の脳を操作する神経科学者のチーム――により因果的に決定されているとしたら、たとえその行為者が、両立論者たちが提起する、道徳的責任が成り立つための目ぼしい条件をすべて満たしているとしても、その行為者がその行為に対する道徳的責任を有するというのは直観に反する、という基本的な考え方があります。

例えば、神経科学者のチームが一人の行為者、エリザベスと名づけますが、彼女を、脳内に埋め込んだ装置によって操り、親しい知人であるドナルドを殺害させる、と想像して下さい。神経科学者たちは彼女が、自己利益的な理由から、彼女の二一歳の誕生日に、リモートコントロールを通じて、彼女の様々な望み、欲求、信念、意図などを直接に引き起こすことによって、彼女がドナルドを殺害するように操るのです。（ここで、エリザベスの脳を直接に操る代わりに、もっと遠回りなやり方で操る、という想像もできるでしょう。つまり、神経科学者のチームが、彼女の出生時から彼女をプログラムし始めており、そのプログラムにより、彼女はしばしば、ただし必ずではなしに、利己主義的な推理をするようになり、やがて彼女の二一歳の誕生日、彼女の利己心はとりわけ強力になり、神経科学者たちが意図した帰結として、ドナルドを殺害しようという結末に至る利己主義的な熟慮過程に取り組むよう、彼女は因果的に決定されることになる、というわけです。）僕たちはまた、ドナルドを殺害しようというエリザベスの決断が、両立論者が提起する〔道徳的責任が成り立つための〕ここで重要な関連性をもつ条件をすべて満たしていることを、逐一明らかにすることもできます。例えば僕たちは、エリザベスのその決断がデイヴィッド・ヒュームによる条件を満たしている、すなわち〈その決断は彼女の性格から外れてはいない〉、と言うことができます。というのも、彼女について、自己利益的な理由が重きをなす——道徳的な観点から考察すると、過大な重みをもつ——ということが一般的に成り立っているからです。加えて、彼女の行為を動機づけた欲求は、そうは言っても彼女にとって抗えないようなものではなく、そしてこの意味において彼女はその行為へと強制されていたわけではありません。彼女の行為はまた、ハリー・フランクファートが提起した両立論的な条件をも満たしています——つまり、エリザベスのドナルドを殺そうという欲求（つまり彼女の意志）は、適当な仕方で彼女の二階の欲求[25]に一致した欲求、すなわち彼女が、有効な〔二階の〕欲求をそれに対して抱くであろうような、そのような〔一階の〕欲求です。これはつまり、彼女はドナルドを殺そうと意志し、なおかつ、そのような意志をもつことを望んでいる、ということです。加えてまた、彼女の行為は、ジョン・マーティン・フィッシャーとマーク・ラヴィッツァが擁護している、諸理由−応答可能性条件をも満たしています——すなわち、エリザベスの欲求は、彼女自身が抱く理由に対する彼女なりの合理的な考慮によって修正されうるのであり、仮に彼女が、ドナルドを殺害することからもたらされる、彼女にとってのよくない帰結が、実際の彼女が予期しているよりも過酷なものになると信じるようになったとしたら、その場合彼女は、ドナルドを殺害しようとは決断しないことになるだろう、ということです。最後に、彼女の行為はまた、ジェイ・ウォレスが提出した、これと関係する条件をも満たします――すなわち、エリザベスは自分の行為を、道徳的な諸理由によって把握し、適用し、規制する一般的な能力をもっている、という条件を満たしています。例えば、道徳的行為に対立するような結論をもたらす利己主義的な理由が弱い場合、彼女は通常、利己主義的な理由ではなく道徳的な理由によって行為するのです。

たとえ僕たちが、エリザベスの内的な心理状態に因果的な効力があり、自分の望むことを行い、自分自身の行動を自ら是認し、諸理由に対して穏当な応答を行うことができると想定し、その他、自己コントロールに対する両立論者の諸条件を、人が追加したいと望むだけ追加し、彼女がそれを満たしたとしても、彼女には、〈相応しさ〉に基礎を置く意味での、その犯罪行為に対する道徳的責任がないだろう、というのが直観にかなっています。続いてこの論証は次のように主張します。すなわち、この種の操り師の事例は、いくつかの、ここで重要な関連性をもつ点で、通常の決定論的な事例における行為者と類似しているがゆえに――つまり、どちらの事例においても、行為者の内的な心理状態、行為への諸理由、そしてそこから生じる選択と行為が、行為者のコントロールのおよばない諸要因によって決定されているという点では類似しているがゆえに――僕たちは、操り師の事例における行為者には道徳的責任があるといえないならば、通常の決定論的な状況における行為者にもまた道徳的責任があるとはいえないと結論せざるをえない、と。（同様の操り師論証はこれまで、アル・ミーリー〔メレ〕（Mele 1995, 2006）、デーク・ペレブーム（Pereboom 1995, 2001, 2008, 2014）、リチャード・テイラー（Taylor 1963/1992）、ローゼン（Rosen 2002）、パトリック・トッド（Todd 2011, 2013）、その他大勢の論者によって詳しく展開されています。）

僕が両立論を退ける第二の理由については、第一の論戦ですでに議論しています。僕は、この宇宙の因果的な構造〔つまりそれが決定論的であるか否か〕とは関わりなく、運というものが至るところに行きわたっていることによって、ここで重要な関連性をもつ意味で〔つまり〈相応しさ〉にもとづく意味で〕解された自由意志と道徳的責任の概念は切り崩されてしまうと主張します。僕はニール・レヴィにならって（彼の卓抜な著書『ハードな運』*Hard Luck* を参照）、およそ行為とは、**現在の運**（行為するそのときの運）に服するか、さもなければ**構成的運**（ある人が何者であり、どのような性格特性と性向を備えているかに関わる運）に服するか、あるいはその両方に服するものだ、と主張します。構成的運とは、一つの問題です。というのも、僕たちの遺伝子、両親、仲間、その他すべての環境的影響が、僕たちが何者であるかを作り上げることに寄与しており、かつまた、僕たちはそれらをコントロールできない以上、人が何者であるかというのは、少なくとも大部分は運の問題である、ということになるように思われるのだからです。そして、〈僕たちがどのように行為するのか〉というのは、部分的には〈僕たちが何者であるのか〉の関数なのですから、構成的運というものが存在するということは、僕たちがどのような行為を遂行するのかということが、運に依存するものだ、ということを帰結します。他方で、現在の運もまた一つの問題です。というのもそれは、リバタリアンが提起するような、何らかの純然たる非決定論が、行為を直接に導く因果連鎖の中に存在しているかもしれない、ということを含意すると共に、何らかの周囲環境ないし状況の影響が、行為者のコントロール外の仕方で行為者の選択や行為におよびうる、ということもまた含意するからです。ある行為者の意思決定は、行為者のコントロール外にある周囲環境の要因が、行為がなされるのと同時か、あるいはそれにごく近い時点で、意思決定に対して重大な影響を与えるならば、現在の運の産物である、と僕たちは言うことができます。このような周囲環境の要因には、行為者の気分、たまたま思い浮かんだ理由、行為者がその理由に与える重み、環境の状況依存的特徴、等々が含まれうるでしょう。僕たちが行う道徳的に重大な行為はすべて構成的運に左右されているか、現在の運に左右されているか、あるいはその両方なのですから、このような運は、**相応しい報いのシステム**を根拠づけるために必要であるような種類の道徳的責任を切り崩すものである、というのが僕の論証です——というのも、そのような運は、責任というレベルでなされるコントロールを切り崩すのだからです。

両立論を反駁するための、この二つの比較的一般的な論証に加えて、最後にもう一つ、あなたの、過去指向的な報いに未来指向的な正当化を与えるという、よりユニークな趣向をこらした両立論を退ける理由があります。僕はあなたの所説が、あなたが存続させたいと望んでいるような実践——とりわけ、過酷かつ意図的な加害を引き起こすものとしての、法的刑罰という実践——を正当化するにしては、あまりにも道具主義的でありすぎはしないか、という懸念を抱いています。あまりに道具主義的でありすぎないか、というのはつまり、あなたの説によれば、行為者を〈相応しさ〉という意味での道徳的責任を有する者と見なす、という僕たちの実践が保持されるべきであるのは、僕たちがこの意味で事実道徳的責任を有しているからではなく、むしろ、そのようにすることによって、他の実践と比較して最善の帰結を得られるだろうからだ、ということになるように思われます。例えば今しがた素描した操り師論証の事例についてです。あなたは、自然的な決定論を突きつけられた上で、なおかつ〈相応しい報い〉を存続させるため、さまざまな帰結主義的理由づけを提起するでしょうが、僕が想像するに、それらの理由づけは、この事例のエリザベスを——その悪事ゆえに彼女は非難と罰に相応しいはずだ、という意味で——道徳的責任ある存在と見なすことを支持するための理由づけと、まさに同じものであることでしょう。しかし、だとしても僕は、それが不公正であり不正義である、と論ずるでしょう。というのも、彼女は自分の行為のゆえに向けられる非難と罰に**真に相応しい**わけではないからです。そしてそれは、ドナルドを殺そうという彼女の決断が、彼女のコントロールのおよばない諸要因の産物だった、ということのゆえなのです。僕はまた、自然的決定論の事例においても同じことを言うでしょう。それゆえ僕は、二つの別な問いを区別するのが有益だと考えています。すなわち、(1)〈決定論を想定したとき、行為者は賞賛と非難、罰と賞に**真に相応しい**存在であるために必要とされるような行為へのコントロールを**現実に**なしえるものなのか?〉という問い、および、(2)〈決定論を想定したとき、こうした適切な〈相応しさ〉の意味で解された道徳的責任を行為者が有していると見なすことには、**実践的な利益がある**のか?〉という問いです。僕が懸念しているのは、あなたはこの二つの問いを混同し、二番目の問いのために一番目の問いを犠牲にしているのではないか、ということです。残念なことですが、そのようなことをした場合、真正な〈相応しさ〉、公正性、正義をめぐる重要な問いは、道具的な価値と効用についての問いに変じられてしまうことになるのです。

操り師論証についての討議

デネット ううむ。言わねばならないことはたくさんある。三つの論証を一つひとつ論じていくのが一番だと僕は思う。最初に操られた殺人者エリザベスの例から始めよう。まずはお見事と言いたい、グレッグ。あなたは、凶悪な神経外科医がいて、その人物が誰かを操る、という事例に訴える文献全体を、たった二段落の明瞭な文章に集約し、主要な引用文をそこに収めて、この長く続く論争のための手頃な標的を僕に与えてくれた。このタイプの直観ポンプには、共通する一つの特徴がある。この特徴が議論されることはめったにないし、あなたもまたそれを見落としている――つまり、**いったいエリザベスは、操り師たちのしていることを知っているのかどうか？** というところだ！ 僕は、これこそこのタイプの事例すべての鍵となる特徴だと思っているのに、あなたはそれを、聞き手である僕らに向けて言わないんだ。もしも彼女がそのことを知っているなら、つまりもしも、あなたが僕らに説明してくれた彼女の不幸な過去についての情報のすべてが彼女に与えられていたのだとしたら、その場合、次のいずれかになるだろう。

(1) 彼女は、合理的思考のための基礎的な能力（これは、ジェイ・ウォレスの言う「一般能力」条件に相当すると僕は推定する）を破壊されてはおらず、それゆえ、彼女の個人史に生じたすべてを再考し、それでも自分がそれを是認するかどうかを**彼女自身**で決めることができる。彼女は自分の行為の道筋を変えることも、その道筋に沿って「彼女自身の自由意志から」先に進もうと決めることもできる。

あるいは、

(2) 彼女はこの操りによって何らかの仕方、何らかの度合いで能力を奪われており、ものごとを反省する力を、この問題に対処するために用いることを阻まれてしまっている。

一番目の事例においては、彼女は自分自身の自由意志から行為している(この思考実験の状況は非常に明瞭に提起されていて、もしも今述べた点を考慮に入れるなら、当然そうならねばならない、と想定される)。また二番目の事例においては、彼女の責任は、少なく見積もっても緩和されているといえるし、恐らくは責任を完全に解除されているはずだ――というのも彼女は、その殺人に対する責任を現に有する他の行為者によって無能力化されているのだから。

これは脱線した論点などではなく、凶悪な神経外科医が出てくるフランクファート(Frankfurt 1969)の問題や、その子孫に当たるたくさんの問題に立ち向かう哲学者たちが、奇妙にも見落としてきた論点だ。幾人かの哲学者と科学者たちが、誰かに向けて**その誰かが何を選択するのかの予言を告げる**者は、予言というものに対する認識論的な保証を破壊する、と指摘してから、六〇年以上の時が経っている。(原注2) 人は同時に予言を行う者にならずには、操り師となることができない。そしてそれゆえ、およそ、操るターゲットにその存在と活動が知られている操り師は、結局のところ、ターゲットとの相互作用ゆえに、ターゲットの選択**に対するコントロールを失っている**ことになる。この種の事柄を**知り**、その知識にもとづいて**行為する**、という能力が僕らにはあり、この能力が、自分にコントロールをおよぼそうとするかもしれない何らかの存在に立ち向かうことを可能にしてくれる。エリザベスに操りの事実に関する情報が知らされていたとすれば、彼女は警官を呼んで彼らを逮捕させ（こういう場合、そうするものではないかな？）、彼女を操る装置を即座に取り外すように求めるだろうし、そうでなければ彼女の認知能力は何らかの仕方で損なわれているに違いない。考えることができる人々を操ることは、秘密主義に依存している。僕の直観ポンプは〈知識〉というダイヤル[26]を回したわけだが、そこから今述べた帰結が引き出されるというわけだ。

僕が体重を落としたいと思っているとしよう。うまくやせられないので、親切な神経外科医にお金を出して、念のための安全策として脳内に装置を埋め込んでもらうことにする。僕がうっかりドーナツやカップケーキに手をのばすと（ここのところはもっとずっと詳しく設定できる）、その神経外科医と、彼女の二四時間年中無休体制のチームがボタンを押し、僕が誘惑に負けるのを食い止めることになっているわけだ。この事例はフランクファートの事例、フィッシャーの事例、ラヴィッツァの事例そっくりだが、僕の事例の場合、操りについての知識が僕にはある、という点が異なっている。

（原注2）ポパー（Popper 1951）およびマッケイ（MacKay 1960）によるバージョンは『自由の余地』（Dennett 1984a: 112）〔邦訳注第3章（17）31―32頁〕で論じた。

僕は**このことをすべて知っており**、実のところすべては僕自身が生じさせた結果なので、僕がドーナツを食べないとしたら、そのとき僕は、一種の補装具によって**増強された**自由意志によって行為していることになる。さらに僕が、自分に装置が埋め込まれていることを知っている、というただそのことだけによって、いつのまにかに僕の意志の弱さ、つまりアクラシアが治癒していた、としてみよう。つまり、結局彼女とそのチームは、一度もボタンを押していなかった、ということが分かったのだ（これは、フランクファートの事例とまさに同じ結果だ）。それでも僕は、支払った額に見合う有益なものを手に入れたことになる。たとえ僕が治癒しなかった場合も、僕は、自分が望まない（ことを望んでいる）選択を避ける手助けを得ることになる。僕の事例はあなたのエリザベスの事例、およびあなたが引き合いに出したすべての例の条件をすべて満たし、それと対立する直観を引き出すものだ。僕は、自分が注文した操りを必要とするかどうかを拒むか拒まないかに対して、**責任がたしかにある。**（納得しない人もいるかもしれない。しかしそういう人も、この事例で〈僕は操作されていたがゆえに、責任がない〉というのが明白とはほど遠いというのは認めざるをえないのであり、これは他の例がポンプとして引き出すと想定されている直観だ。）

　また別の直観ポンプも紹介しよう。これは、自由意志における知識の役割についての、いくぶん違う論点を明らかにしてくれるものだ（これは、二〇一二年のエラスムス講義「スピンドクター[27]も時には正しい」(Dennett 2012) から引いている)。

事例一　僕は自分の主治医をよく見知っていて、信頼している。その主治医が僕に、コレステロールを下げる一番よい方法なので、朝食にブラン・ブロブスというシリアルフード[28]を食べるように、とアドバイスをする。この医師からの視覚聴覚体験に促され、僕はスーパーに行きブラン・ブロブスを一箱買う。

事例二　あるときスーパーに来た僕は、新しいシリアルフードを買おうと決める。ブラン・ブロブスという商品を見つけ、聞いたことがなかったので、棚から一箱取り出し、箱に書かれた、ブラン・ブロブスの栄養価とピリッとする味覚についての（黄色の蛍光色でハイライトされた）情報を注意深く読む。ラベルを見れば、誠実さに定評のあるシリアルフード会社の製品であると分かったので、僕は書かれた情報を信じようと決める。かくして僕はブラン・ブロブスを一箱買う。

事例三　あるときスーパーに来た僕は、棚の中の魅力的なキャメロン・ディアスの写真を添えられたブラン・ブロブスに目を留め、ブラン・ブロブスを一箱買う。

事例四　スーパーで僕はブラン・ブロブスに歩み寄っている。その箱から発信された電波を受信するマイクロチップが僕の脳に埋め込まれ、僕の脳の側坐核[29]の働きを歪めているのだ。かくして僕は、ブラン・ブロブスを一箱買う。

どの事例でも、周囲環境とそこでの状況のさまざまな特徴が原因として僕に働きかけ、ブラン・ブロブスを一箱買う結果を引き起している。さらに、どの事例でも、他の行為者が僕の選択に影響を加えようと試みている。だが、最初の二つの事例は公然と僕の合理性の使用を求め、購入を是認できる（またはできない）理由を僕に与えているのに対し、その後の二つの事例は僕の合理性を効果的に迂回している。事例三についていえば、もしこれが真底うぶで温室育ちの人間に対して向けられているとしたら、深刻な操りの事例になるかもしれない。しかし僕は森林の中の赤ん坊ではない。僕は企業というものが商品を売るためにセックスアピールを利用するやり口を知り尽くしている。とはいえ僕は長年キャメロン・ディアスという、美しいだけでなく知性的でもある人物のファンなので、一種のお宝としてこの商品を購入するのだ（もしもブラン・ブロブスにカール・セーガンかデイヴィッド・アッテンボローの写真が掲げてあったら、[30]半ダースは購入したことだろう）。事例三と事例四の主要な相違点は、事例四では僕に、自分を操作しようとする試みが一切知られていない、という点にある。

将来、この種のマイクロチップを用いた説得を企む者がはびこる時代が来たとしたら、僕らはそれへの対策として、秘密の操り装置を検出し、それを無効化する装置を買いに行き、合理的行為者としての水準を維持できるようにしようとするだろう。説得を企む者たちとそのターゲット、ないし犠牲者と目された人々との間の軍拡競争は何千年も続いてきた。民話には、無邪気な人物が甘言を弄する人々の弁舌に乗せられてしまう物語がふんだんに出てくる。この種の民話は、僕らが子どもたちに伝え、子どもたちがこの種の弁舌から巧みに身を守れるようになるための、防衛術の一部だ。僕らは子どもたちに操り人形にはなってほしくないと思っているのだから。仮に哲学者および神経科学者たちが、〈そんなものは役に立たない。なぜなら私たちはもうすでに操り人形として、環境によるコントロールを受けているのだから〉と言うとしたら、彼らは大きな、そして潜在的に有害な誤りを犯している。

あなたは反両立論のための第一の論証から一つの結論を引き出した。この結論が依拠している色々な例はどれも、操り師が背景に潜んでいて介入を仕掛けるという場合と、他のさまざまな因果的履歴が背景で働いてきた、という場合との間に「ここで重要な関連性をもつ差異」がまったくないことを示そうとしている。しかるに僕の反例は、その二つの場合の間には大きな、ここで重要な関連性をもつ差異が実際に存在している、ということを示している。僕の見方からすると、自由意志とは**何よりまず**、自己コントロール的な存在となり、それにより、自分を操り、自分のコントロールを乗っ取り、自分の自律性を破壊する他の行為者たちの努力を検出できるようになるための能力だということになる。実際のところ（哲学者たちの空想的な思考実験を除けば）、人間をコントロールするというのは非常に難しいことだ。仮にもしそういうコントロールが日常茶飯の事柄として可能だとしたら、僕らは——少なくとも、僕らの中の、他の行為者たちに操られている人々は——自由意志をもたない、ということになるだろう。だが、ありがたいことに、僕らはその種の行為者によってコントロールされてはいないし、「僕らの過去に」よって——それが良好な過去であれ、悪質な過去であれ——コントロールされてもいない。過去というものは行為者ではないのであり、つまりは、コントロールを目指し、それを補助するためにフィードバックを結集させることができる存在ではない、ということだ。

カルーゾー　ありがとうございます、ダン。大変有益な例です。でも僕はあなたの例が、両立論に反対する操り師論証を解決、ないし反駁するものにはなっていないと、いくつかの理由から考えています。第一に、いわゆるフランクファート式の事例にいくつかの区別を立てることが重要です――この事例は、ハリー・フランクファート（Frankfurt 1969）が初めてこの種の研究文献中に導入したのでこう呼ばれており、僕が提起したのと同じ種類の操り師の事例を指しています。フランクファート式事例は〈**他行為可能性の原理**は人が道徳的責任を有するための必要条件ではない〉ということを示す意図をもって考案されていますが、他方で僕が提起した操り師の事例は、**源泉の非両立論**の論証を目指すものです――源泉の非両立論とは、〈決定論は、行為者が行為に対し、行為または行為へのコントロールの正しい仕方での**適切な源泉**になる、ということとは両立しない〉と主張する立場です。

フランクファートの有名な論証、あるいは、さまざまな論者が作り出した**フランクファート式**の事例になじみのない読者の方のために、短い要約を付しておくのが有益かもしれません。文献を見るとフランクファート式の例のさまざまなバージョンが無数に見つかります。そこで典型的に登場するのは神経科学者（あるいはコントロールを企む者）で、彼らはある行為者に、その神経科学者自身が望むことを（大抵は行為者の脳に直接的なコントロールをおよぼすことによって）何でもさせることができるのですが、コントロールする側が望む行為を、行為者自身が行うことが見込まれる場合には、神経科学者はあえて介入をしないのです。一つ例を挙げます。ある行為者が何らかの行為をなそうと考慮しているとします（例えば投票所で候補者Aに投票する、などです）。ところが神経科学者は、その結果が生じないのではないかと心配しています（神経科学者としては、その行為者が候補者Aに投票することを望んでおり、必要とあらばその結果を確実に生じさせるために脳への介入を行うつもりでいます）。ここで、もしもその行為者が、神経科学者の望む行為（すなわちAへの投票）を行わないはずである、あるいは、行わないかもしれない、という兆候を見せたら、神経科学者は介入を行うでしょう。しかし現実の成り行きとしては、神経科学者は何も手を出さずじまいになります。というのも、行為者は神経科学者が望む行為を自分自身で行ったからです。ここから示唆される思想は、たとえ行為者にとって、その行為者が実際に行った行為が不可避の行為だったのだとしても、直観的に、その行為者には自らの行為に対する道徳的責任がある、ということです。現代の両立論者の多くは、この事例が、**別のようにもなしうる能力**が道徳的責任にとっての必要条件では**ない**、ということを示すものだと見なしています。

僕は、フランクファートとその支持者たちが、**他行為可能性原理**——ある人物は、実際に行ったのとは別のようにもなしえたという場合に限り、自分の行為に対する道徳的責任を有する、という原理——の論駁に成功した、という点に納得していませんが、とはいえ〔不思議の国に通じる〕ウサギの巣穴は避けて通るのがよいだろうと思っています。僕がフランクファート式の事例に言及したのはただ、**これらの事例が、僕が提起した操り師の事例とは異なった種類に属している**、という指摘をするためです。フランクファートの事例は、**現実の**操りを一切含んでいません。そこで神経科学者は一度も介入せずに終わるからです。他方でエリザベスの例は直接的な操りを含んでいます。

というのもそこでの神経科学者のチームは、ドナルド殺害というエリザベスの意思決定に至る因果の連鎖の、最も手前の地点で実際に介入を行っているからです。この事例が示そうとしているのは、〈もしもある行為者が他の行為者（この場合は神経科学者のチーム）によって特定の仕方で因果的に決定されているならば、たとえそこで、両立論者が提起する道徳的責任のための有名な条件すべてが満たされていたとしても、その行為者には道徳的責任がない、というのが直観にかなっている〉ということです。ここからこの論証は、次の主張に進みます――すなわち、この操り師の事例は、いくつかのここで重要な関連性をもつ点において、通常の決定論的な事例に類似しているのだから、僕たちは〈もしも操り師の事例において行為者に道徳的責任がないのであれば、行為者は通常の決定論的な事例においてもまた道徳的責任がないということになる〉と結論せざるをえない、という主張です。さて僕は、あなたが、この最後の主張に対するいくつかの応答を用意しているということを知っています。すぐ後でそれを取り上げると約束しましょう。ただ、ここで一点、要注意事項となる事実を指摘しておきたいと思っています。あなたが挙げたダイエットの例――神経科学者があなたの脳に装置を埋め込み、そのスイッチを押すとあなたはドーナツやカップケーキを食べることから遠ざけられるが、あなたは自分自身で食欲に抵抗することに成功したので、神経科学者は「一度もボタンを押していなかった」、という例――は、操り師の事例よりもフランクファート式の事例によく似ている、という事実です。それゆえに、あなたの例は僕が念頭に置いている種類の例とは類似性が少ないのです。

論点を明確化できたので、あなたの主要な応答を取り上げさせてもらいます。僕の理解が正しければ、あなたが支持する立場はこうです。すなわち、**もしもエリザベスが操り師たちの行為について知っていたならば**、彼女には実際、ドナルド殺害の意思決定を行ったことに対する道徳的責任があることになる（操り師たちは「ものごとを反省する力を、この問題に対処するために用いること」を阻んではいなかった、と想定されているのだから）、という立場です。しかし僕は、この応答は奇妙なものだと思っていて、その理由は三つあります。第一に、操り師の事例というのは、典型的な場合、**行為者は自分が操られていることに気づいていない、と想定する**ものです。僕がエリザベスの例を最初に語ったときに、この点を明確にしていなかったのだとしたら、それは明確にすべき点だったでしょう。それゆえ僕の考えでは、僕たちは、少なくとも最初のところでは、エリザベスは操りに気づいていなかった、という想定の下でこの論証を考察すべきなのです。さてこうして僕たちが、エリザベスは操り師たちの行為に気づいて**いない**、と想定する場合、エリザベスの道徳的責任に関するあなたの回答は変化するでしょうか？　もし変化するとしたら、そこから、〈エリザベスは、たとえすべての、ここで重要な関連性をもつ両立論者の条件を満たしているにも関わらず、道徳的責任を有するわけではなくなる〉ことが帰結しないでしょうか？――そしてこれは、これらの両立論者の条件が、個別にであれ、総体としてであれ、自由意志の十分条件にはならない、ということを示すものではないでしょうか？

もしかするとあなたは、この結論を回避するために、道徳的責任は、ある種の気づきないし知識という条件を要する、と端的に主張するかもしれません――つまり、行為者はすべての自分の過去についての情報、**あるいは**、自分の推理と意思決定に影響を与えうる（凶悪な？）因果的諸要因についての、ここで重要な関連性をもつ情報すべてに気づいている必要がある、という条件です。しかしながら、このような条件は、追加の問題を無数に招き寄せます。例えば僕たちが、この種の重要な関連性をもつ情報すべてに気づくことなど、果たして可能なことなのでしょうか？　またこのとき、僕たちはどんな情報を「ここで重要な関連性をもつ」と見なすべきなのでしょうか？　さらに言えば、僕らが気づけばよいのは、操り師の行いだけなのでしょうか？　それとも、推理と意思決定に影響する他の因果的諸要因にも気づいている必要があるのでしょうか？　もしあなたが、操り師の行いだけに気づけばよい、と答えるとしたら、それは論点先取にならないでしょうか（というのも、そう答える場合、〔操り師の行い以外の〕他の決定論的な諸要因は自由意志を脅かさない、と想定することになるのですから）？　その種の条件を僕なりに検討できるようになるためには、あなたが必要だとしている気づきあるいは知識がどのような種類のものなのか、完全かつ明確に語ってもらうことを求めたいと思います。僕としては、あなたが言ってもいないことを言ったと称したり、わら人形をこしらえたりすることは望みません。なので、僕がもっと詳しい返答を行う前に、詳細をあなたから提供してもらおうと思います。

デネット　僕の主張は単純だ。もしもエリザベスが、操り師である行為者たちによって自分が何らかの仕方で調整されてきたことを知らなかったとしたら、その場合、彼女は自分が行うすべてのことについて責任がなく、責任があるのは操り師である行為者たちだ、ということだ。なぜなら彼女は彼らがコントロールする操り人形にすぎない存在なのだからね。

カルーゾー　オーケーです。ならばあなたは、〈もしエリザベスが気づいていなければ、彼女は例のここで重要な関連性をもつ意味において〔つまり、正しい報いを可能ならしめるという意味において〕責任がない〉という点で僕に同意しているわけです。まことに結構！　僕が本当に示したいと希望してきたことは、それに尽きるのですから。とはいえ、あなたは知識と気づきの重要性を強調するので、僕は自分の論点をもっと先まで進めようと思っています。つまり僕は、エリザベスが操り師たちの行為について知っていたと、たとえ僕たちが想定したとしても、それが自動的に、僕の反両立論のための第一の論証を切り崩すことにはならない、と切り返すつもりでいました。例えばこう想像してみましょう。先ほどと同じく、神経科学者のチームがエリザベスの脳に装置を埋め込んだとする。しかし今回の改訂版では、エリザベスは神経科学者たちが、彼らの望むとおりに彼女を操ることができることに気づいている、とする。例えば、エリザベスは神経科学者のチームにだまされ、にせの名目で装置の脳への埋め込みをさせるように仕向けられた、という想像ができるでしょう――つまり彼らは彼女に、これは医療目的の処置なのです、と語った、などです。ところが手術が終わると、神経外科医たちは真相を明かし、今や私たちはいつでも好きなときに君の脳を直接コントロールできるようになったのだと語ります。不運にもエリザベスは自分がいつ外的にコントロールされており、いつコントロールを受けていないのかを知りません。エリザベスの二一歳の誕生日、神経科学者のチームは装置の引き金を引き、その結果エリザベスは強烈な利己主義的推理を行い、それがドナルドを殺害しようという彼女の意思決定を、決定論的な仕方でもたらすことになります。先ほどの例と同じく、僕たちはドナルドを殺害しようというエリザベスの意思決定が、両立論者が提起する、ここでの重要な関連性をもつ諸条件すべてを満たすことを個別に確かめることができます（例えば、彼女の意思決定は彼女の性格から外れてはいない、彼女は諸理由に対して穏当な応答を行うことができる、彼女はドナルドを殺害するという自分の意思決定を是認している、彼女には自分の道徳的推理にもとづく行為を把握し、応用し、統御する能力がある、等々）。この改訂版の事例において、エリザベスに道徳的責任はあるでしょうか？　僕の強力な直観によれば、彼女には道徳的責任はありません。もしもこの直観が正しければ、（そして、あなたはこの結論に異議を唱えるかもしれませんが）その場合エリザベスが神経科学者たちのチームに気づいている、という事実は、例の重要な関連性をもつ意味において、彼女を責任ある存在にするには十分ではない、ということになります。

さて、あなたとしては、僕が今述べた例では、**正しい種類の気づき**が見落とされている、と応ずるかもしれません。しかしこの場合僕は、あなたが、道徳的責任がどのような種類の気づきを要求すると考えているのか、改めてはっきり語るよう求めたいと思います。エリザベスが、脳内の装置がいつ動作したのかについても知っている必要がある、と要求すべき理由が、僕には見当たりません。実のところ僕の例は、広告代理店や企業などによる現実生活上の操り師の事例の、より正確な描写になっています。この種の事例において、僕たちは、さまざまな商品の購入（その他）をするように僕たちを操る試みを外的行為者たちが行っていることに、**一般的には**気づいていますが、しかし、個々の操り行為の**トークンとしての**[31]実例に逐一気づくことは決してありません。現実世界での僕たちは、人々が常時脳をハッキングしようとするたくらみにさらされている、という一般的な知識を携えて生きていかなくてはなりません。しかしながら、ある行為者が道徳的責任を有するためには、その操りのたくらみ各々にすべて気づいていなければならない、と断固要求するとしたら、その要求は非現実的です。

最後に、たとえ僕があなたの言い分をすべて容認したとしても――例えば、たとえ僕たちが、エリザベスは神経科学者のチームについて知っており、**なおかつ**、彼らが彼女の二一歳の誕生日に介入を行った、と想像したとしても――このことそれ自体により、なぜエリザベスが、ドナルド殺害の意思決定に対する道徳的責任があるということになるのか、僕には分かりません。この筋書きは、神経科学者のチームが外的にエリザベスを操り、彼女がドナルドを殺害するという自分の意思決定に直面してもなお、この意思決定を「是認」し、それに対する「所有者性（オーナーシップ）」を獲得することになるような、そういった**追加の情報の考慮を行わせる**、という筋書きと整合的ですが、この筋書きは主要な両立論者たちの条件をやはり満たしているのです。今述べたような操りの事例について、エリザベスはドナルドを殺害するという意思決定に対する道徳的責任を――少なくとも、僕たちが論議し合っている意味で（エリザベスが非難と刑罰に正しく相応しいとされるために必要な意味で）解されたそれを――認めるべきではない、という僕の直観を共有する人は多いと思います。[32] そして、エリザベスの利己主義的な推理の過程と、彼女の高階の是認および承認は、彼女のコントロールのおよばない諸要因――つまり神経科学者たちの操り行為――の産物である、ということが、僕のこの結論の理由となるでしょう。しかるに、これは両立論者にとっての問題をもたらします。というのもこの場合、ここで述べられた操り師の事例と、通常の決定論の事例との間に、ここで重要な関連性をもつ差異が一切存在しないことになるからです――というのも、どちらの事例でも、ある行為者の内的な心理状態、推理、高階の是認と承認が、その行為者のコントロールのおよばない諸要因によって因果的に決定されているのだからです。それゆえ僕たちは両立論を退けるべきだ、と僕は強く主張します。なぜなら、操り師の事例において行為者が道徳的責任を有することがないとしたら、通常の因果的決定論の事例においても行為者は道徳的責任を有することがない、ということになるからです。（ところで僕は、あなたがこの条件文の前提部分を退けようとすることを知っています。しかし僕のこの論証は単に、それを退けるためにあなたが述べた理由づけは説得に失敗している、ということを示しているにすぎません。僕の論証が正しければ、僕たちは操り師論証の結論を受け容れるべきなのです。）

とはいえあなたに利用可能な、さらなる戦術はあります。操り師の事例における行為者には道徳的責任がない、という直観を攻撃する代わりに、エリザベスに道徳的責任はないことを認め、その上で、操り師の事例と、自然的決定論の事例の間に区別を求めればいいのです。この場合あなたの側からは、〈操られた行為者は自由ではなく、道徳的責任もないが、操られてはいないが因果的に決定されている行為者は自由であり道徳的責任がある〉となぜ言えるのかを説明するはずの、ここで重要な関連性をもつ差異は存在する、という論証を行うことができるでしょう。実際、あなたは「過去というものは行為者ではないのであり、つまりは、コントロールを目指し、それを補助するためにフィードバックを結集させることができる存在ではない」と述べたとき、まさにこれを示唆しているように思われます。つまりここであなたは、操り師の事例では意図的な操り師である外的行為者が存在し、他方で自然的決定論の事例においてはその種の行為者は一切含まれていない、という点こそがここで重要な関連性をもつ差異なのだ、と示唆しているように思われるのです。しかしながら、この戦術への応答として、僕として言いたいことが二点あります。第一に、これをここで重要な関連性をもつ差異だと想定するのは論点先取だということです。非両立論者であれば、（両立論者によって）行為者の「自由な」活動を駆り立てていると想定されている行為者の内部状態が、他の行為者によって喚起されたものであろうと、完全に非人格的な諸力によって喚起されたものであろうと、それはここで重要な関連性をまったくもたない、とあくまで主張するでしょう。もしも両立論者の主張通り、自由意志と道徳的責任が、僕たちのコントロールのおよばない諸要因による僕たちの行為への決定と両立するはずだというなら、その諸要因が人格的なものか非人格的なものかは問題であるはずがないのです。

第二に、たしかに、現在提起されているほとんどすべての操り師の事例には、意図的な操り師としてふるまう外的行為者が含まれているわけですが、一切の外的行為者を回避する、これまでにない操り師の事例も考案可能です。例えば次の事例を想像してみて下さい。

脳内の装置が故障する事例

エリザベス*の脳内に、彼女を操る目的ではなく、医療目的で装置が埋め込まれている、と想像して下さい（例えば、パーキンソン病による発作や身震いをコントロールするための装置だと）。正常に働けば、この装置はエリザベス*が行う推理に影響を与えることはありません。ある日この装置が故障し、そこから、エリザベス*の中にドナルドを殺害しようという意思決定を決定論的に生み出す利己主義的な過程の引き金を引く、という結果が出来します。しかもこの過程は両立論者たちが提起する有名な条件をすべて満たす仕方で進むとします（例えば、彼女の意思決定は彼女の性格から外れてはいない、彼女は諸理由に対して穏当な応答を行うことができる、彼女はドナルドを殺害するという自分の意思決定を是認している、彼女には自分の道徳的推理にもとづく行為を把握し、応用し、統御する能力がある、等々）。ここで得られるのは、*エリザベスの脳に埋め込まれた装置の故障による偶発的な操りの事例です。（この事例の色々なバージョンは容易に想像できます。例えば、キーボード上を猫が歩いた結果、埋め込まれた装置が遠隔操作され、装置の引き金が引かれた、などです。）

ここに挙げた事例は、操られて犯罪を行うように決定された行為者がいるが、**意図的な操り師としてふるまう外的行為者はいない**、という例を示しています。そしてこの場合、両立論者が〈装置が意図的に埋め込まれたのだから、この事例は成り立たない〉と反論しても効果はありません。なぜなら、装置が（医療目的で）意図的に埋め込まれたという事実が、主要な哲学的論点を切り崩す余地はまったくないからです――つまり装置の故障とその結果としての操りは、意図的な操り師たちとしてふるまう外的行為者がもたらした結果**ではない**のです。それゆえ〈外的行為者による意図的な操りがその場でなされている〉という点は、ここで重要な関連性をもつ差異ではありえないことになります。

デネット　あなたは、哲学者たちのさまざまな「戦術」を素晴らしい手際で分類してくれた、とまずは改めて言わせてほしい。あなたが分類した多様な「戦術」は、フランクファート式の事例（そこで**現在進行中**の操りはなされておらず、出てくるのは単に、装置の埋め込みによる過去の**密かな**操りだけだ）と、現在進行中の操りが現になされている事例の両方にわたっている。そしてあなたはその上で、この種の文献中で哲学者が進める典型的な過程をうまい具合に例示している。それはつまり、さらに多くの**直観ポンプ**を作製する、という過程だ（Dennett 2013a）。言い換えればこれは、提示した例を改訂し、刈り込み、補強して、最終的にすべての抜け穴をふさぎ、彼らの見解の究極の基準を満たすものにしていく、という過程だ。そしてその究極の基準とは、彼らの**直観**なんだ。（でも、この直観はどこから来るのだろう？ 哲学者たちはなぜその直観をもっているのだろう？ その直観はどんな根拠で、何によって説明されるのだろう？ 僕はこのあと、それを説明してみるつもりだ。）そしてこの過程を経てあなたは、先ほど僕が、これこそ絶えず見落とされてきた、と指摘しておいた問題に直面することになった——つまり、いったいここでエリザベス[33]は何について知っており、またその知識はこの事例においてどのような結果をもたらすのか、という問題だ。

まずは、僕がなぜこれが哲学論争における決定的な誤りだと考えるのか、その背景について幾分の説明をすることから始めさせてほしい。（僕は、操り師の事例と通常の〔決定論的な〕決定の事例の間に差異があると、**ただ想定している**わけではない。僕は、その差異を支持するための論証をしているのだ。この論証についてはこれからもっと詳しく述べよう。）石、山、潮の満干は行為者ではない。バクテリア、木、狼、チンパンジー、それに人間は行為者だ。**すべての生き物は**、何らかの種類の行為者なんだ。彼らがどういう点で非行為者から区別されるかといえば、一つには、彼らが（自然選択によって）さまざまな

有能性[34]を装備している、ということがある——彼らに装備された**有能性**は、彼らに雨あられと降り注ぐ外的刺激の集中砲火から**情報**を収集し、その**情報を利用する**ことで生き残りのチャンスを増大させている、ということだ。さまざまな生物の中でもただ一つ、ホモ・サピエンスという種だけが言語をもち、この言語が**彼らの自己コントロールのための有能性を、何桁分も増加させている。**人類が達成できる通常のレベルの有能性を名指すために、僕らは**理解力**という名称を用いている（詳しい議論は『心の進化を解明する』（Dennett 2017）を参照）。化学者が実験室で研究対象の素材をテストにかけるとき、テストの内容を（素材に聞かれぬように）小声でささやく必要などはないし、心理学者がミバエやチンパンジーやイルカによる実験を行うとき、被験者のいる前で実験の相談をしないように用心する必要もない——つまり、実験で被験者にどういう操作[35]を行う計画であるとか、実験で従属変数についてどういう結果が発見できそうだとか、そういう相談を差し控える必要などはない。ところが、人間が被験者である場合、彼らには細心の配慮をもって対する必要がある。そうすることで、被験者の人々が受けることに同意した操作のどの点が着目されているのかについて、当の被験者を「ナイーブ」で情報なしの状態にしておく必要があるんだ。なぜだろう？　その理由は僕が先に述べたとおりだ——つまり、人間の被験者に操作または予想についての情報を与えてしまうとき、被験者は**もはや統制**（コントロール）**下**[36]**に置かれているとはいえなくなる**から、ということだ。なぜだろう？　その理由は、被験者が実験者に協力する理由やしない理由について反省することがありうるから、というだけでなく、第三の助言者やその他の、（実験者が全知全能の神でない限りは）実験者がコントロールをおよぼせず、実験者が一切あずかり知らぬ情報源に頼ることもありうるから、ということにある。

　これは、決定論とは何の関わりもない。むしろこれは、適正な活動のできる人間の行為者の「定義」に明確に含まれている事柄だ。ここで「定義」をカギ括弧にくくったのは、ある特定の人間が自分がやっていることを**理解している**のかどうか、あるいは、責任ある存在と見なされる**のに十分なほどに**有能（コンピテント）＝適格であるのかどうか、という点がはっきりしない、境界のあいまいな事例が当然ながら多数存在しているからだ。そしてこれは、ダーウィン的な漸進主義[37]が哲学的論証にモンキーレンチ[38]を投げ込む、無数の事例の一つにすぎない――つまりあなたが僕に断固要求しているたぐいの「ここで重要な関連性をもつ諸要因」の完全なリストを定義しようという試みは、哺乳類をすべての反例を列挙するやり方で定義しようとする企て[39]と同じくらいに見込みがないものだ。それゆえ僕は、ここで重要な関連性をもつすべての条件のリストを挙げる代わりに、そのようなリストを生成させることができる原理を述べることにしたということだ。

　実際のところ、人間の行為者たるもの、政治的自由の見返りとして、みずからの自律性を保護する義務を負うというのは、社会契約の一部だ――つまり例えば、自由に移動する権利、グループを結成する権利[40]、さまざまな計画に取り組むために必要とされる安全と安定を求める権利、といった政治的自由を得る見返りとして、自らのコントロールを奪い、**行為者の責任を破壊する**人形使いや操り師になりうる人々[41]への警戒を怠らないことで、自らの自律性を保護する義務を負う、ということだ。この自律性を保護する義務は通常、人が育成されていくという過程に支えられて実現する――その過程はつまり、両親、仲間、教師、それ以外の社会の成員、その社会の書物や娯楽などによって提供される道徳教育の過程だ。この道徳教育が適正なレベルに達したまさにそのときに、チンと鳴って知らせてくれるベルなど存在しない。だから僕らは人為的なベルを鳴らすための法をもたねばならない——例えば、合意の上でセックスをする自由、自動車を運転する自由、アルコール飲料を買う自由、投票する自由、等々を得るための最低年齢を設定する、といった仕方で。これらの年齢設定は恣意的なものだが、とはいえ僕らが人間の有能性（コンピテンス）のあり方についてより多くを学んだ場合は、政治的な説得活動や政治行動を通じて変更することができるものだ。老齢が訪れた人々については、僕らは、心を痛め、不本意ながらも、操り師になりうる人々から自他を保護できるほどの有能性をもはやもたない人々を**降格**させる。注意すべきは、こういう法（および、その背後にある、語られざる道徳的な規律と規範）を支えている理拠（ラショナル）の中でも取り除きがたい問題として、**理解力の問題**がある、ということだ。僕らは責任ある存在として生まれてくるわけではないし、生涯全体にわたって責任ある存在であり続けるわけでもない。むしろ、僕らはひとたび責任ある存在になると、それ以後は自分の責任を保護すべき責任があると**見なされるようになる**んだ。

さて、もしエリザベスが自分のいる状況を理解しているとしたら、そしてもし操りのせいで認知の力を削減されていないとしたら、そして、もし操りの影響の範囲や見込みについての知識があるとしたら、そしてそれでももし、彼女が生じてきた衝動に抵抗し**なかった**としたら、彼女は、自ら悪行に加担しているのであり、刑罰に相応しい、ということになる。（もしそうでなければ、操り師たちが殺人者であって、罰せられるべきだということになる。）彼女には十分な知識があり、行為を選択し、彼女をコントロールしている他の行為者が不在なのだから。しかも彼女の意思決定は「彼女のコントロールのおよばない諸要因に負っている」わけではなかった。僕のこの主張は問題の核心をつくものだから、もう少し詳しく述べておきたい。最初の討議で、僕はリッキー・スキャッグスの曲「僕には風をコントロールできない。でも帆の調整はできる」を引用した。彼はそこで、たしかに、彼の苦境に関わりのある、彼にはコントロールしようのない要因はたくさんあるとはいえ、彼は――それ以外の、やはり彼のコントロールのおよばない諸要因のおかげで――自分が航行させているヨットを実際にコントロールしているんだ。多分彼はヨットの操縦を学んだことがあるので（これについて疑う余地はある――というのもベテランのヨット乗りなら、ここではほぼ間違いなく「帆をトリムすることはできる」と言うはずだから）[42]、彼にはこの状況下でのコントロールを可能にする有能性があった、ということだ。たとえ、彼が有能なヨット乗りになったことが、彼のコントロールのおよばない周囲環境のおかげであったと僕らが認めるとしても、彼はやはり――彼にとって幸運なことに――その周囲環境のおかげで、帆をトリムし、ヨットをコントロールすることができたんだ。同様に、もしもエリザベスが認知的な点で無傷で、自分への操りについて十分な知識をもっていたとすれば、彼女は嘘偽りなくこう言うことができるはずだ。「私には、操り師のたくらみはコントロールできない。でも、操り師のたくらみを予期して阻止することはできる。そして、もし彼らが私をコントロールしていると思っているなら、彼らのほうが妄想を抱いている」と。僕らが十分に遠くまでさかのぼるとき、彼女の自己コントロールの能力が彼女のコントロールのおよばない周囲状況に由来していることが分かる、というのは事実だが、あなたや他の自由意志懐疑論者たちは、この事実を重要視しすぎている。僕はこの事実が、現在の彼女が自分をコントロールできていないということを示すわけ**ではないし**、凶悪な神経外科医たちが彼女をコントロールできるということも示しはしない、と主張する。仮に神経外科医たちが実際上全知全能の存在であるのでもなければ、彼らに彼女をコントロールすることなどできない。

論戦一で僕は、これまで哲学者たちは総じて、因果性とコントロールの区別を認め損ねてきた、と述べておいた。あなたが何かの問題についての検討を、美しい夕陽に気をとられておろそかにしてしまうことと、あなたが何かの問題についての検討を、美しい夕陽のユーチューブ動画に気をとられておろそかにしてしまうことの違いが、どれほど重要か分かるだろうか？　後者は**コントロールする存在**、人形使いになりうる存在を原因として引き起こされている。一方、前者はたまたまの出来事がたまたま生じただけのことだ。僕らにはじっさい、何かに（例えば夕陽、人混みの騒音、自分自身の白昼夢などに）うっかり気をとられないようにする能力を改善し維持していく責任があるが、とはいえ僕らは、行為者たちが、意図的で執拗な努力によって、僕らの注意を奪い、それによって（何らかの度合いで）僕らをコントロールしようとしてくる場合には、とりわけ用心して身を守るべきだと気がついている。さらに言えば、彼らの努力が功を奏した場合、彼らこそが責任を認められる適切な存在になる。僕らの責任は転嫁されるということだ！　自分の自動車事故を夕陽のせいにして夕陽を非難してはいけないが、自分の車の（運転中、ときおりチラ見していた）カーナビが突然、ほぼ誰でも気を取られてしまうようなポルノ動画を数秒間映したせいで事故が起きたとしたら、それをカーナビの製造会社のせいにしてその会社を非難し、道徳的責任の大部分をその会社に転嫁するのも、もっともなことだ。（そしてグレッグ、あなたの、脳内の装置が故障するという例について言えば、エリザベスが責任を免除されるだろう、というのはたしかにそのとおりだが、しかし、装置の製造者が責任を免れるわけではない。故障が意図的なものだとすれば彼らは犯罪者なのだし、故障が設計の不備によるものだとすれば、彼らは装置の不具合に対する賠償責任[43]を負うことになろう——恐らくそれは、犯罪に相当する注意怠慢だとされることになるだろう。)

僕は先ほど、道徳的責任のある存在として生まれてくる人など誰もいない、と主張しておいたので、この点に関してよく提起される論証を、少しの間大急ぎで検討させてほしい。この論証を最も最近提起したのはゲイレン・ストローソンで、彼はそれを「絶対的な自由意志と道徳的責任」を反駁するための〈基礎論証〉呼んでいる（Strawson 2010）。この論証は次のように進む。

（1）人が——その人が置かれた状況の中で——その人が現に行っていることを行っているのは、その時のその人がまさにそのような存在のあり方をしているがゆえにである。

（2）それゆえ、もしも人が、この先自分が行っていることに対する究極の責任を有する、ということになるならば、その人には、自分の存在のあり方——すくなくとも一定の心的側面における それ——に対する究極の責任を有するのでなければならないことになる。

（3）しかるに人は、どのような側面においてであれ、自分の存在のあり方に対する究極の責任を有することができない。

（4）ゆえに、人はその人が現に行っていることを行っている、ということに対する究極の責任を有することができない。

この中で重要な戦術を担っているのは（3）だ。いったいなぜ〈どのような側面においてであれ、自分の存在のあり方に対する究極の責任を有することができない〉ことになるんだろう？　これに答えるために、この論証の拡張版を考察してみよう。

（a）人の存在のあり方が、最初は、遺伝的に受け継いだものと人生初期の経験の産物である、というのは否定できない。

（b）人がそれに対する責任（道徳的責任であれ、それ以外であれ）を有することが何をどうしようとも不可能であるような事柄が存在する、ということも否定できない。

（c）ところが人は、その人が、遺伝的に受け継いだものと人生初期の経験の産物としてすでにその人がそのようである存在のあり方を変えようと試みたとしても、そのことによって、その人の存在のあり方に対する真の、あるいは究極の道徳的責任を獲得する望みをもつことはできない。

（d）なぜできないのだろう？　その理由は、人が自分自身を変えようと試みるときのその特定のやり方も、自分を変えようとした結果得られる成功の度合いも、共に、遺伝的に受け継いだものと、それ以前の経験の産物として、その人がすでにどのような存在のあり方をしているのかによって決定されているからである。

（e）そしてその人が、ある一定の初期の変化をもたらした後に、成し遂げることができるかもしれない変化もすべて、やはり、その人が遺伝的に受け継いだものとそれ以前の経験により、その初期の変化を通じて、決定されたものとなるはずである。

この論証のどこに誤りがあるだろう？　ストローソンは、ペレブームやその他多くの哲学者たちと同じく、**究極の**、ないし、**絶対的な**責任、という概念にあくまでも固執している。あなたや他の人々が、「基礎的、ないし究極の」責任なるものを放棄し、部分的、ないし**準**・責任というものに考察を向けるならば（この用語は、僕が『思考の技法』の中で擁護したものだ）[44]、万事は収まるべき場所に収まる。僕らが成長していくとき、最初は誰でも、まさにストローソンの言うように、あらゆるものに対する一切の責任を――準・責任すらも――もってはいない。あるのは運だけだ。しかし僕らが成熟し、有能性（コンピテンス）＝適格性を増していくにつれて、僕らは（通常ならば）自分の行動の**何らかの**側面に対する責任をもつもの**と見なされる**ようになる。このような仕方で責任ある者と**見なされる**ことに対して、僕らに（いまだ）責任はないが――両親には責任が認められるかもしれないとしても――、僕らはその責任をもつ者へと成長していくだろう。例えば、一時間だけ赤ん坊の弟ないし妹の子守を頼まれた一三歳の少年を考えてみるといい。

あなたが責任ある存在へと成長していくにつれて、あなた**自身の行為**（それに対する準・責任があなたにある行為）は、因果的背景――あなたという存在を作り上げる研究開発[45]――の中でますます大きくなっていく。あなたは、自己原因という想像上の存在でも、絶対的自己創造者などでもないが、その種の存在の近傍に位置する何者かではある――すなわちあなたは、**部分的に**自家製（セルフ・メイド）であるような人格的存在（パーソン）、すなわち、相当程度の――実践、実践、実践あるのみの――行為および反省を、かつてあなただった子どもにつぎ込むことで、今ある大人のあなたへ洗練させ、改善していった人格的存在ではある。あなたが設計し、組み立て、リモコン操縦で飛ばした模型飛行機が誰かを傷つけた場合、僕らはその責任があなたにあると見なすが、それとまったく同じように、あなたがコントロールのやり方を学んできたあなた自身の身体を用い、より直接的に誰かを傷つけた場合、僕らはその責任があなたにあると見なすことになる。あなたは**絶対的な意味で**あなた自身の作者ではない。しかしあなたは、あなたの中にある数多くの色々な熱望、企図、態度、性格特性、性向、それに弱点、といったものと並ぶ、単なる共著者を超えた存在だ。あなたにはまた、自分自身の改善に――自分なりの見地から――より多くの配慮を行って**こなかった**ことに対する責任もある。僕が約束の時間にあなたと会うのを忘れてしまったら、**僕を非難してほしい**――なぜなら僕は、アラームをセットしたらいい、というあなたのアドバイスを聞き入れなかったのだから。人が言う通り、それは僕の非だ。だが、僕には「別のようにはなしえなかった」としたら、なぜ僕を非難するのか？　このあいだサラ・ヒラディカヴァという僕の学生が、論文にこんなタイトルを付けていたよ――「私には別のようにはなしえなかった。でも私は、次の機会には、きっと別のようにするはずだ」。人の自己創出は、大人への通過儀礼を経たところで終わるわけではないということだ。

言うまでもなく、一定の不運な人々はこのように自己を成熟させていく過程を進めることがうまくできず、そしてそれは、彼らのコントロールのおよばない理由によっている。もしも彼らが本当に欠陥を抱えているなら、僕らは彼らを一切、道徳的責任のある存在とは見なさないだろう。そして認めよう[46]、彼らの多くは、彼らには一切責任のない、悲惨な子ども時代を送ってきた。だが思い起こすに値することがある。いくつかの事例では——もしかすると、ほとんどの事例で——他ならぬ、彼らが耐え忍んできた苦難と不正と攻撃そのものが、彼らの自己コントロールと責任の成就を**促進した**、ということだ。両親に見捨てられ、何年もの間自分の妹や弟たちの面倒を見てきた一四歳の少女の方が、優しく配慮深い両親に加えて、子馬を与えられ、聡明な家事手伝い（オペア）[47]を付けられている一五歳の少女よりも、大きな責任感と信頼性をもって子守をできる見込みは大きい。

僕としては、哲学者たちがこのような重要な差異を〈もしも決定論が真実ならば、何人たりとも、何ものに対しても、責任をもたないことになる〉という一般的な形而上学主張の下にもみ消してしまいたいと望むことが、信じられない。僕はこの結論を、他でもない〈究極の責任〉なる観念に対する、帰謬法による論駁だと見ている。この帰謬法は、デイヴィッド・サンフォードの〈哺乳類は存在しない〉という滑稽な証明と相並ぶものだ。この証明はこういう風に進む。どんな哺乳類の母親も哺乳類である（これは、本質的な事柄であり、あるいは、定義から帰結する）。しかるに、これまで存在してきた哺乳類の数は無限ではない。ゆえに〔母親が哺乳類でない哺乳類が少なくとも一匹はいる以上、前提と矛盾するため〕哺乳類は一切存在しないことになる（この証明は『解明される意識』（Dennett 1991）やその他の場所で論じた[48]）。これらは哲学では古くからある陳腐な論証の、芸のない（見当外れの）応用で、この論証はソリテス、つまり**砂山**[49]のパラドクスと呼ばれる。こういう論証だ。砂一粒が砂山を作ることはなく、また砂山でないものに砂粒を一粒足しても、それを砂山に変えることはないので、砂二粒は砂山ではなく……（これを飽きるまで繰り返す）。

グレッグ、あなたが別の脱出口を探し回る手間を、省かせてもらいたい。エリザベスが、彼女が発見した人形使いたちについて反省するには**忙しすぎた**としたらどうだろう？　あるいは、彼女が大失態をやらかし、この新たな発見の重要性の適切な評価に、単純に失敗していたとしたらどうだろう？　あるいは……。現実世界に、これと似た事例が数多くあるのはおなじみの事実だ。先ほどあなたは、「ある行為者が道徳的責任を有するためには、その操りのたくらみ各々にすべて気づいていなければならない、と断固要求するとしたら、その要求は非現実的です」と言った。じっさいそのとおりだろう。だが、人々にその種のたくらみを阻止し、その種の問題に関する最善の情報に留意できるように、**自分なりの全力を奮うこと**を断固要求する、というのは非現実的なことではない。二〇二〇年の一月、諜報機関がもたらしたコロナウィルスの報告の含意を無視するという**無知による責め**を、誰が受けるのだろう？　こうした問いに回答できるような、形而上学的な、あるいは神経生理学的な事実の集合体といったものは存在しない。僕らがどの程度、お互いに相手を責任ある存在**と見なす**ことを望むのかというのは、むしろ僕らの決断――究極的には政治的決断――の問題だ。かつての大統領たちは、偶発事故、予期の失敗、そこで重要な関連性をもつ要因に関する無知に対する自らの責任を認め、それを堂々と宣言してきた（「私は知っているべきだった」）。道徳的責任は古びた概念だ、という考え方に、僕らは慣れきってしまってはならない。

カルーゾー　ダン、応答すべきことはたくさんあります。多分、少数の特定の論点だけを絞り込んで述べていくのが一番でしょう。まず、あなたなりの事柄の枠づけによれば、エリザベスの例のような操り師の事例は、行為に関する、ここで重要な関連性をもつ両立論者たちのどの条件も、決して満たすことができません。というのもあなたは、エリザベスが装置の埋め込みと神経科学者たちの凶悪な活動に気づいていなければならず、**なおかつ**、そのような情報はエリザベスへの操りの行為を無効化する〔そして、それが成り立っていなければ〔操りに気づいていなければ〕彼女は両立論者が考えるようなコントロールを欠くことになる〕と断固主張しているからです。うむ。非常に都合のよい話です。もちろんあなたが、たとえ哲学者たちが使おうとする仮説的な意味においてすら、操り師の事例が可能な事例であることを認めようとしないなら、その場合僕たちは、自然的な決定論の事例についての僕たちの直観を明確化する助けとなる直観ポンプとして、この種の例に訴えるということができなくなるわけですが。しかし僕は、この種の「思考実験」の肝要な点は、事実についての一定の取り決めを作り出せることにあると思っています。この取り決めはエリザベスの例の場合、〈エリザベスは自由意志と道徳的責任に対する、ここで重要な関連性をもつ両立論者たちによる条件をすべて満たしている〉という点が明言されていることでなされており、僕が改訂版の事例を提起したのも、それがどうやって可能になるかを説明するためでした。残念ながら〔人が自分自身への操りを知っている場合はどうなるか？という〕知識に関する議論全体が、核心的問題から目をそらせるものになってしまったと僕は思います。仮に僕たちが、通常の決定論の前提のもとで、自分の行動に対する神経科学的、ないし物理的な因果的影響のメカニズムについて知っていて、それに対抗する作用をおよぼせる能力をもっていたならば、そのような影響を受けているにも関わらず、自分の行為に責任をもつ、という余地が僕たちには開かれているということになるでしょう。**しかし現実生活にお**

いて、僕たちは神経科学的、物理的な影響について知っているわけでもなければ、その影響に対抗する作用をおよぼす能力をもっているわけでもありません。エリザベスの事例が元々の形——つまり彼女は自分がどのように操られているかを知らず、操りに対抗する作用をおよぼす能力ももたない、という——で組み立てられていたのは、まさにこれが理由です。その結果、エリザベスの事例と、通常の決定論の事例は、ここで重要な関連性をもつ仕方で類似している、ということになり、そして前者の事例におけるエリザベスの責任の欠如は、後者の事例にそのまま受け継がれることになるわけです。通常の決定論の事例において、僕たちは自分がどのように因果的決定を受けているのかに気づいていないわけですが、あなたはそれによって、この事例でも行為者には〈相応しさ〉という意味における道徳的責任はない、ということに同意して下さるでしょうか？

デネット　まったく同意できない。今あなたが太字で強調した一文は、端的に虚偽なる文だ。現実生活において僕ら責任ある大人は、神経科学的、物理的な影響に対抗する作用をおよぼす能力を**じっさいに有している**し、そういった影響に目を光らせ、僕らについている操り糸を他の人々から守るための理にかなった手段を講ずる、という義務を、やはり**じっさいに有している**。（これは、ブラン・ブロブスの直観ポンプに込められた重要な論点の一つだ。）したがって僕が言っていることは単なる都合のよい話などではなく、真実だ。僕が思うに、あなたやその他の操り師を想像する人々は、自分自身の例を十分注意深く考察していない。僕が考察してきた限りで言えば、行為者と非行為者の間には途方もない差異があるし、大人の人間とすべての子どもおよび動物たちの間には、——たとえどれほど利口な子どもや動物であっても——また別の途方もない差異がある。標準的な大人の人間たちは、理解力をもち、そのことによって、彼らの行動を予測し、コントロールしようとするたくらみを〔理解力が〕**彼らに告げ知らせる**、という可能性に開かれている。そして彼らがそれを知れば、それによって彼らは——操り師たちが、狙った犠牲者の認知的技量を何らかの仕方でかいくぐるのでない限り——自分を操り師から**コントロール不可能な状態**に置くことになる。そしてあなたが「日常的な決定論的な事例」と呼ぶ事例（操り師を含まない事例）においては、自分が密かな操りを受けているわけではない、という日常的であたりまえの自信をもち、その自信が正当である、というのはごく正常なことだ。彼らの過去の全歴史は、ごく切り詰めた、情報に乏しい意味において、彼らが今現在のような彼らとして存在していることの「原因」ではあっても、彼らが**今現在**、自分が責任ある存在であること——彼らが、自らをそのような者と見なす、自己をコントロールできている人々であるということ——に対して彼らに責任がないことを示す、などということはまったくないんだ。

カルーゾー　ダン、僕たちがときに「神経科学的、物理的な影響に対抗する作用をおよぼす」ことができる、というあなたの言い分には同意できるところもあります。とはいえあなたは、（決定論の前提のもとでは）それらに対抗するために僕たちが有している能力**それ自体が因果的に決定されたもの**であるはずだ、ということも**また**認めねばなりません。僕がチョコレート中毒で、家にチョコがあると僕は決まってそれを食べる結果に行き着く、としてみましょう。このとき、チョコレートに対する僕の欲求は、さまざまな神経科学的、物理的な影響に帰される、といえます（その影響とは例えば、チョコレートの中毒性の成分が僕の脳内の化学的組成におよぼす影響のあり方、僕がテレビで見るさまざまなチョコレートのコマーシャル、等です）。ところがある日、僕は〔チョコレートへの依存を断つために〕チョコホリックス・アノニマス[50]に入会しようと決心します。チョコホリックスの会合に何度も参加した結果、僕はチョコレートへの欲求に抵抗する能力を身につけるに至ります。あなたの見解によると、僕は自己コントロールを成功裏に行使できたことで、賞賛や非難に値するという意味で道徳的責任を有するということになる。しかし僕としては、たしかにこの事例には、僕のチョコレート中毒が無抑制なままになっている事例にはなかったような、ある程度の自己コントロールが存在しているとしても、しかし、その自己コントロールは、〈相応しさ〉にもとづく賞賛や非難の判断を根拠づけるのに十分なものではない、と論じようと思っています。ここで僕が知りたいと思うのは、**チョコレートへの欲求を抑えたいという二階の欲求はどこから来たのか？**というところです。両立論者たちは決定論と自由意志を調停しようというのですから、その前提である決定論を依然として認めています。それゆえ彼らは、その欲求それ自体が僕のコントロールのおよばない諸要因によって決定されているということを認めざるをえないでしょう――諸要因とは例えば、医師からの度重なる忠告や、体重に対する妻の言葉や、新聞で読んだ記事などからの累積的な影響、といったものです。それゆえ〔決定論的に〕決定された行為者は、操られた行為者と同じように〈相応しさに基礎を置く道徳的責任のために必要とされる、行為へのコントロール〉を欠いている、と僕は言うわけですが、このとき僕が言っているのは、彼らは、自分が究極的に、どのように熟慮し、どのように行為するのかを決定する近接的な諸原因と遠隔的な諸原因を直接コントロールする手立てがまったくない、ということなのです。彼らに、あなたが言う意味での自己コントロールの力があることを僕は否定していません。その代わり、あなたの言う意味で解された自己コントロールは、行為者が自分の行為に対する賞賛や非難、賞や罰に**相応しい**かどうかを決定しようとする場合、それはここで重要な関連性をもつ意味で解されたものにはならない、というのが僕の論証です（なお、このときの「相応しい」は基礎的な意味でも、基礎的ではない意味でも理解できます）。操り師論証と運による論証（これについては、最後にぜひとも立ち戻るつもりでいます）は、それがなぜかを示すことを意図するものです。

第二に、あなたは「行為者と非行為者の間には途方もない差異がある」という主張に進みます。これには完全に同意します。しかし操り師論証について言えば、僕のような非両立論者としては断固主張したいことがあります。行為者の「自由な」と推定された行為は、内的な心理状態によって因果的に決定されているわけですが、ではその内的な心理状態それ自体が、他の行為者によって因果的に決定されるのか、それとも完全に非人格的な諸力によって因果的に決定されるのか、というのは、ここで重要な関連性をもつものではまったくない事柄だ、ということです。先ほど述べたように、「もしも両立論者の主張通り、自由意志と道徳的責任が、僕たちのコントロールのおよばない諸要因による僕たちの行為への決定と両立するはずだというなら、その諸要因が人格的なものか非人格的なものかは問題であるはずがない」のです。この区別はここで重要な関連性をもつ差異**に他ならない**、と断固主張する態度は論点先取になるでしょう。加えて僕は〈脳内の装置が故障する事例〉を、犯罪行為をなすように決定されていながらも、**意図的な操りをたくらむ外的行為者が不**

在である、という事態の例として挙げました。あなたはこの事例に対して「エリザベスが責任を免除されるだろう、というのはたしかにそのとおりだ」と、同意する応答をしています。しかし、あなた（や他の両立論者の人々）がこれを認めるのは問題含みだと、僕は思っています。というのもこの事例は、エリザベスが両立論者の提起する、ここで重要な関連性をもつ条件をすべて満たすことを意図して設定されているからです。つまりあなたは、この状況でエリザベスに道徳的責任がない、と認めることにより、それらの両立論者による条件が——それを個々別々に見ようと、全体で見ようと——道徳的責任にとって十分な条件ではない、ということを認める結果になっているのです。

デネット ここに僕らの根本的な不一致があるんだ、グレッグ。あなたは、僕の言う意味での自己コントロールの力をもつ行為者がいることには同意する一方、僕の言う意味で解された自己コントロールは「行為者が……賞賛や非難……に相応しいかどうかを決定しようとする場合にはここで重要な関連性をもつ意味で解されたものにはならない」という論証を打ち出す。僕は、「僕の」意味での道徳的に重要な関連性を支持するための事例を用意したのだった——それは、コントロール理論に根ざし、またより重要なことに、僕らが自分と他者の行動を評価する際に行っている意思決定や区別に根ざしている。僕のドローンがあなたの車のフロントガラスを割り、それによってあなたがコントロールを失い、歩行者を死なせてしまったとしたら、あなたに道徳的責任はないが、僕にはある——ただし、僕もまた僕のコントロールのおよばない状況のせいで、ドローンへのコントロールを失っていたら、その限りではない（それはドローンの製造業者の過失だ）。僕らは自分がコントロールしている事柄に対して責任があり、通常そういう事柄には自分の身体による行為が含まれる。そして僕らはその行為の結果に対して正しく割り当てられた賞賛や非難（および賞や罰）に自分が正しく相応しいことを知っている。この原理は決定論やその否定から独立している。僕は、自己コントロールが**あなたの言う**意味で解されたところを見たことがない。だからそれが〈相応しい報い〉の問題においてより根本的な役割を果たすのかどうか、判断できない。

カルーゾー あなたは、あなたの言う意味での自己コントロールの「道徳的に重要な関連性を支持するための事例を用意した」のかもしれませんが、その事例は**成功して**いない、というのが僕の論証だったのです。つまり僕は先ほどこの点を示すため、操られた行為者は、あなたの言う意味でのコントロールの条件を満たしうるとしても、すべての重要性がそこにかかっている、〈相応しさ〉の意味で解された道徳的責任を有することにはやはりならないのだ、ということを論証したのです。実際あなたは、少なくとも、エリザベスが操りに気づいていない事例と、〈脳内の装置が故障する事例〉においては、この点を十分に認めているように思われます。あなたの応答の主眼は、もしもエリザベスが神経科学者たちの凶悪な活動に気づかされていたら、彼女は操りを受け付けなくなるか、さもなければ、あなたの言う両立論者の意味で解されるコントロールの条件を満たすに至らないことになるか、そのいずれかだ、とあくまで主張するというものでした。でも僕は今でも、この応答が成功していると確信できていません。それがなぜかを説明させて下さい。

あなたの議論は、最初から八百長が仕掛けられたゲームのように思えるのですが、たとえ僕がそのゲームに乗った場合ですら、エリザベスが操りに気づいたという、ただそれだけのことが問題を解決するという結論は、まったく明らかだとはいえません。あなたはこう述べます。「さて、もしエリザベスが操りのせいで認知の力を削減されていないとしたら、[51]そして、もし操りの影響の範囲や見込みについての知識があるとしたら、そしてそれでももし彼女が生じてきた衝動に抵抗しなかったとしたら、彼女は、自ら悪行に加担しているのであり、刑罰に相応しい、ということになる」。僕はこの応答に満足できないのですが、その理由は、外的な操り師のチームによって引き金を引かれた強力な利己主義的推理に抵抗しよう、ないし、抵抗すまい、というエリザベスの欲求ないし意思決定のまさにその出所を、あなたの応答が脇にのけている（あるいは、ここでは重要な関連性をもたないと見なしている）、ということにあります。先ほどコメントしたように、たとえエリザベスが、外的な操り師たちが何を意のままにできるのかについて気づいていたとしても、このシナリオは「神経科学者のチームが外的にエリザベスを操り、彼女がドナルドを殺害するという自分の意思決定に直面してもなお、この意志決定を『是認』し、それに対する『所有者性（オーナーシップ）』を獲得することになるような、そういった追加の情報の考慮を行わせる、という筋書きと整合的ですが、この筋書きは主要な両立論者たちの条件をやはり満たしているのです」。例えば、神経科学者のチームはエリザベスの中に、二つの別々の状態への引き金を引くのだ、と想像してみましょう。二つの状態とは、（1）利己主義的な推理の過程と、（2）神経科学者たちの行為一般に対する無関心な態度です。そして、この二つの介入が組み合わさるとき、決定論的な仕方で、ドナルドを殺害しようというエリザベスの決断が帰結する、と想像しましょう。さらに僕たちは、このような外的な操りの結果としてのエリザベスの無関心（つまり、神経科学者たちに関する情報への興味や懸念の欠如）および、やはり外的に操られた結果としての、ドナルド殺害へ向かう利己主義的な推理が、いずれも引き続き、有名な両立論者たちの条件をすべて満たす、と想像できます（例えば、彼女の意思決定は彼女の性格から外れてはいない、彼女は諸理由に対する穏当な応答を行うことができる、彼女はドナルドを殺害するという自分の意思決定を是認している、彼女は神経科学者たちに関する情報を、自分がそうしているように考量しようという〔つまりこの場合は「気にかけないことにしよう」という〕自分の意思決定を是認している、彼女には自分の道徳的推理にもとづく行為を把握し、応用し、統御する能力がある、等々）。この例においては、〈エリザベスは神経科学者たちの活動についての情報を得ていなければならない〉というあなたの要求は満たされつつも、（そこでの操りの活動の性質からして）エリザベスにはドナルド殺害の意思決定に対する**責任がない**[52]、というのが直観に適っている――僕としてはそう論じたい――ということになっています。

さて僕は、あなたがこの結論に抵抗したいと思っていること、そして、**この事例においてすらも**、エリザベスには自由意志と道徳的責任のために必要な、行為へのコントロールの力がある、と断固主張したいと思っていることを知っています。しかしながら、あなたがこう言おうとするのは、これまでとは異なる一連の直観に促された理由にもとづいているのだと僕は思っています。あなたの推理の順序についての僕の考えが正しければ、あなたはまず、行為者は〈相応しさ〉という意味で自由で、道徳的責任ある存在で**なければならない**という確信を――もしも僕たちがこの信念を放棄したら、社会は適切に機能できなくなるから、という理由で――出発点にしています。ここからあなたは〈もしもエリザベスのような操られた行為者が、自然的な決定論の事例において（まさにあなたのような両立論者によれば）満たされる必要のある条件と同じ諸条件を満たしているのだとしたら、その操られた行為者もまた、〈相応しさ〉という意味において自由であり道徳的責任ある存在でなければならない〉という論証に進みます。一方、僕がエリザベスのような例から出発するのは、ある行為者の内的な心理状態が自分のコントロールのおよばない諸要因（例えば外的な操り師のチーム）によって因果的に決定されていることが明らかであるような状況の直観を明確化するためです。そして、こうしてそれを明確化した上で、その直観を自然的な決定論の事例にも拡張するのです。このように僕たちの出発点が違っていることを考えれば、僕たちが違う結論に至るのも驚くことではありません。それでも、僕はあなたの推理の順序は論点先取を犯すものだと考える方に傾いています。というのも、あなたの推理は僕たちの通常の道徳的責任の実践を所与と見なすことから出発し（それはきっと、あなたがその実践を本質的に欠かせないものと認めているからだと推定できますが）、その上でこの（僕の友ブルース・ウォーラーの言い方を借りれば）道徳的責任のシステムへの頑迷な信念を利用して、僕たちの思考を、エリザベスの例のような操り師の事例に向けようとするのです。僕としては読者のみなさんに、どちらの形式の推理がより説得力があるか、決めてもらおうと思います。

デネット　あなたは、あなたの事例についての僕の分析が「外的な操り師のチームによって引き金を引かれた強力な利己主義的推理に**抵抗**しよう、ないし、**抵抗**すまい、というエリザベスの欲求ないし意思決定のまさにその**出所**を、あなたの応答が脇にのけている（あるいは、ここでは重要な関連性をもたないと見なしている）」と主張する。僕としては、あなたの応答の中の、あなたが強調したのとは違う二つの語、つまり「出所」の前の「**まさにその**」と「**引き金を引かれた**」を強調したい。あなたはどうして、操り師たちの行為が、エリザベスの抵抗しよう、ないし、抵抗すまい、という意思決定の、無数に多くの出所の内のほんの一つにすぎないわけではなく、**まさにその**出所なのだ、と考えるようになったんだろう？　例えば操り師たちが、彼らと対立する助言者からエリザベスを遠ざけることができるならば、彼女の合理的能力を無力化できるだろう。また恐らく操り師たちには、エリザベスの思考が進んでいく軌道を開始させる（「引き金を引く」）ことができるのだろう（銃弾を発射するように）。だが、ひとたび放たれた銃弾は、**もはやそれを発射した人物のコントロール下にはない**。それは弾道ミサイルとしてふるまうのであって、誘導ミサイルとしてふるまうわけではない[53]。発射した人物には、軌道を調整できるようになるための、風や標的の運動等々からのフィードバックは利用できない。そしてエリザベスの事例では、これと同じ**コントロール不能性**が何桁分も増大する（彼女に思考し続けることが許されている限りは。そして、思考という活動には何千もの自由度があることを踏まえるならば）。今しがたあなたは、操られた**無関心**という想定を、まるでそれが彼女の自己コントロールの毀損の一種ではないかのように、エリザベスの事例に付け加えたが、取り決め上、それは彼女の自由な思考の水準を切り下げるものとなるはずだ。ここでのエリザベスは、誰かを殺そうという選択に直面しながら、深刻なまでにそれに無関心で、十分な思慮深さをもって事柄の利害をあえて検討してみようという気にならないまでになっている――加えて、そんな恐ろしい意思決定を前にした自分自身の無関心さに驚きをおぼえず、操り師たちの活動をあえて調べてみようという気も起きないほどになっている。もしもこんな人物がいたら、操り師たちは彼女を決定的な仕方で無力化してしまっている、ということになるだろう。それゆえこの、あなたが提示した最新バージョンのエリザベスの事例は、ことのほか有益だ。なぜなら、あなたが他の凶悪な神経外科医の事例に付け加えてきた「改良」のすべては、実際のところ、——その細部を詳しく述べてしまえば——この種の考案物の不可能性をますます明らかに示すものになっているからだ。（この種の試みの可否の見込みを、ゲーム理論の観点から検討する議論としては、ライアム・クレッグの論考（Clegg 2012）を参照。）「主要な両立論者たちの諸条件をそれでも満たし」たものになるような例を組み立てる、というのがあなたの目標だ。あなたの事例がその条件を満たしていたとして、それがどうしたというのか？あなたの事例は、僕がここで詳細に擁護した条件を満たしてはいないのだから。

あなたは、一番最後に挙げた論点を述べる前にこう前置きをした。「あなたの推理の順序についての僕の考えが正しければ……」。でも、あなたの考えは正しくない。僕は、僕が支持する**非・基礎的な**（とあなたなら呼ぶだろう）〈相応しさ〉の概念が、帰結主義的な考察と直観——つまり伝統的発想——の両方を根拠としているのに対し、あなたの言う**基礎的な**〈相応しさ〉の概念はせいぜい「直観的」なものであって、伝統的発想しか根拠としていない、ということをじっさいに**論証し**ているんだ。それゆえ僕は論点先取を犯していない。一方のあなたは「エリザベスのような例から出発」し、それによって「ある行為者の内的な心理状態が自分のコントロールのおよばない諸要因（例えば外的な操り師のチーム）によって因果的に決定されていることが明らかであるような状況の直観を明確化する」、という順序で推理を進めるのだと言うが、この推理は単純な事実上の誤りを犯している、と僕は主張する。というのもそこでは「ある行為者の内的な心理状態が自分のコントロールのおよばない諸要因……によって因果的に決定されていることが明らか」ではないからだ。しかもそれは明らかでないというだけでなく、真理でもない、という場合の方が一般的だ。実のところ、あなたの「コントロールのおよばない」という言葉の使い方の中には、一つの緊張関係、さらに言えば一種の矛盾だとすら言ってもいいものが含まれている。いったい、あなたによれば、コントロールを行う者が**実際に**コントロールできているといえるものが、**ただ一つでも**あることになるんだろうか？　あなたの論証によれば凶悪な神経外科医は**実際に**エリザベスをコントロールしていることになっている。どうやったらそんなことになるんだろう？　神経外科医たちは超人なんだろうか？（僕の経験からすると、こういう人々は自尊心をふくらませる傾向がある。）

あなたはエリザベスが立たされている奇妙な窮地を利用して、先ほどあなたが提起した結論を論証しようとする。こういう結論だ。「……それゆえ僕たちは両立論を退けるべきだ……。なぜなら、操り師の事例において行為者が道徳的責任を有することがないとしたら、通常の因果的決定論の事例においても行為者は道徳的責任を有することがない、ということになるから」だと。エリザベスがまったくコントロールされていないとしても、凶悪な神経外科医たちは、彼らの過去という鉄の鎖からどうやって免れることができるんだろうか？　もしも神経外科医たちがエリザベスの思考をコントロールできるというなら、なぜエリザベス自身が自分の思考を——何らかの度合いで——コントロールできない、ということになるのか？　ヴァン・インワーゲンや他の人々による、やけに有名な〈帰結論証〉(原注3)に行き着くような結論は、僕からすると、何かをコントロールできるものなど何も、決して、存在しないということを含意しているように思われる。あなたがこの結論を採り入れようというなら、あなたの論証は単純にこういうものになるだろう――〈人々に自由意志はない。なぜなら誰一人、四肢であれ、自動車であれ、何であれ、何ひとつコントロールできないからだ〉。これは事実に反するが、ではこれがあなたの立場なのか？　違うというなら、あなたは、行為者がどういう場合に何かをコントロールするのかについての積極的な説明を僕たちに提供すべきだ。

カルーゾー　ここまでの対話の要約をさせて下さい。あなたは、両立論への反対論証である操り師論証への応答として、〈(操られた行為者としての) エリザベスは、神経外科医たちの凶悪な活動に気づいていなければならず、**なおかつ**、そのような情報はエリザベスへの操りの行為を無効化する (それが成り立っていなければ、彼女には両立論者の考えるコントロールが欠けていることになる)〉と、断固主張しました。これを受けて僕は反例をあなたに示しました。この反例では、エリザベスは神経外科医たちの活動**に気づいており、それにも関わらず、操りに服したまま**なのです。あなたはこの反例に対し、今度は、これが可能であることを否定することで応じました。あなたはこう述べます。

今しがたあなたは、操られた**無関心**という想定を、まるでそれが彼女の自己コントロールの毀損の一種ではないかのように、エリザベスの事例に付け加えたが、取り決め上、それは彼女の自由な思考の水準を切り下げるものとなるはずだ。ここでのエリザベスは、誰かを殺そうという選択に直面しながら、深刻なまでにそれに無関心で、十分な思慮深さをもって事柄の利害をあえて検討してみようという気にならないまでになっている――加えて、そんな恐ろしい意思決定を前にした自分自身の無関心に驚きをおぼえず、操り師たちの活動をあえて調べてみようという気も起きないほどになっている。もしこんな人物がいたら、操り師たちは彼女を決定的な仕方で無力化してしまっている、ということになるだろう。

これに対して、僕には応答すべきことが二つあります。第一に、一定の情報に対する一般的な無関心さ――あるいはより正確に言えば、その情報を、別の考慮事項よりも軽いものとして考量してしまおうという意思決定を行うような態度――というのは、能力が毀損されていると見られる必要はなく、また実際にそうではない場合がしばしばある、ということです。**仮にそれが能力の毀損だとすると、**そこからは〈完全に合理的な熟慮（誰がそう判断するのか僕には分かりませんが）に満たない考慮は能力の毀損と見なされるはずだ〉ということが帰結するように思われます。これがあなたの見解だなんて、ありえません！　この基準に当てはめれば、犯罪におよぶ人々には道徳的責任がないことになります。というのも、犯罪者は**正しい種類の道徳的考慮**に動機づけられることに失敗していることになるからです。（僕が思うに、これはあなたが避けたいと思っている結論です。）実のところ、誰

（原注3）〈帰結論証〉には数多くの定式化が存在するが、その基本的な考え方を述べようというなら、ヴァン・インワーゲンの次の定式化に従ってよい。〈もしも決定論が真理ならば、私たちの行為は自然法則と遠い過去の出来事からの帰結であることになる。しかるに、私たちが生まれる前に進行していた事柄を私たちは左右できない。また、自然法則がどのようなものであるのかも私たちには左右できない。ゆえに、それらからの帰結（その中には私たちの現在の行為も含まれる）を私たちは左右できない〉（van Inwagen 1983: 16）。

であれ暴力犯罪におよぶ人々は、ここで重要な関連性をもつ社会的、法的規範に対して（過度に？）無関心なのではないでしょうか？　この世界には不首尾な意思決定が満ち満ちています。僕なりの判断ではありますが、ドナルド・トランプに投票した人々は漏れなく、目の前にある利用可能な情報を考量することに失敗した人々です。ですが、だからといって、この人々はみな、能力を毀損されていたので、両立論者の考えるコントロールを欠いていたのだ、ということになるでしょうか？そうではないというなら、神経科学者たちが原因となって、エリザベスがここで重要な関連性をもつ情報について、道徳的観点から見て、最善とはとてもいえない仕方で考量するという結果が引き起こされたという事実は、それ自体としては、彼女の能力が毀損されていたとか、彼女がここで重要な関連性をもつ両立論者たちの諸条件を満たせていなかったとかいうことを、意味しないのです。

第二に、お聞きしたいのですが、あなたは、僕が示したような反例が、原理上ですら可能ではない、という主張を提起しているのでしょうか？　それとも、単にそのような操りは現実生活の状況では容易ではない、または、一般的ではない、という主張を提起しているにすぎないのでしょうか？　もし後者なら、それは納得です――申し分なく。でも、それでは僕の論証を退けることにはなりません。コントロールという問題そのものについてお聞きしたいのですが、あなたは神経科学者たちが、ドナルドを殺害するという意思決定を決定論的に帰結させる状態と過程をエリザベスの中に因果的に引き起こすとき、彼女には神経科学者たちを直接コントロールすることができなくなっている、という僕の想定を、最低限認めてもらえるでしょうか？　僕が打ち出したい論証によれば、このようにエリザベスには神経科学者たちをコントロールできる力がない、というのは、自然的な決定論の事例——僕たちの内的な心理状態が、遠い過去の出来事と自然法則からの帰結であるという事例——において僕たちにコントロールする力がない、ということと類比できる、ということになるのですが。

デネット　あるジョークを思い出してほしい。哲学者がこんなことを言うんだ「僕らはそれが**実際上**可能であることは知っている。僕らが取り組んでいるのは、それが**原理上**可能なのかどうかをはっきりさせることだ！」僕が提起しているのは、あなたの事例は哲学者たちが用いる、**整合的に概念可能**という意味において可能かもしれないが、ある重要な意味においては可能ではない、ということだ——すなわち、もしエリザベスが埋め込まれた装置とその力について知っていたら、そしてもし彼女の、反省や探究を行うための通常の人間的諸能力が毀損されていなければ（言うまでもなく、これははなはだ厳しい条件だ）、そのとき、彼女の操り師になりうる人々にとって、もはや彼女の思考をコントロールできる見込みがほとんど——そう、いかさまなしのコイン投げの結果をコントロールできる見込みを同じぐらいにしか——なくなってしまう、ということだ。彼女に対して故意に情報を隠蔽したとしたら、その場合彼女に責任はないということになる。つまりこの場合彼女は操り人形なのであって、彼女自身に過失はまったくない。彼女が、人の自律性を脅かす最新技術の情報に追いつけていないせいで、操り師たちの侵入に気づいていなかったのだとしたら、彼女が**無知によ**る**責め**を受けることはありえて、この場合ドナルドの死に対する責任を操り師たちと共有することになるが、とはいえ多分、せいぜい都合よく利用された愚か者という扱いで、共犯者だとは見なされないだろう。彼女が、自分を操ろうとするハイテク人形使いについて知りうるための、利用できそうな方法がなかった場合、あなたの直観がはっきり告げるとおり、彼女には、自分がなしたことに対する責任がない、ということになるだろう。あなたは「彼らに必要なのは、彼女の中にさまざまな理由づけの過程を因果的に引き起こすことだけ……」と言う。[54]「**だけ**」だって？　どんな点でも、彼女の正気を奪わずに？　助言を求めようという気持ちを抑圧したりはせずに？　もしかすると今度は、操り師たちのテクノロジーを動作させるために、この僕から永久機関を借り受けたい、と言いだすのではないかな。もちろん、操り師たちが密かに手を回し、例の意思決定に反対するような情報源をすべて遮断したり、理にかなった筋道の思考に対して彼女が嫌悪感を抱くように仕向けるのだとしたら、彼女はやはり操り人形だということになる。そして忘れてはいけないのは、過去というものは、発射した対象の軌道を調整するために厖大な数のフィードバックを駆使できるハイテク人形使いのチームではない、ということだ。**過去**は、彼女をコントロールなどしていない。それゆえ、あなたが「自然的」とか「日常的」とか呼ぶ決定論（操り師としてふるまう行為者なしの決定論）の事例において、彼女は操り人形ではない。

　サム・ハリスは著書『自由意志』の中で、彼なりの軽蔑的な両立論の定義を提案している。「操り人形は、自分の操り糸を愛する限り自由である」というのだ。僕はこの文章を引き、それをじっさいに自由意志の極めてすぐれた定義となるように再解釈したことがある。あなたが責任ある行為者になれるだけの幸運に恵まれているとしたら、あなたには**自分の操り糸を愛する**義務、そしてその糸を人形使いになりうる人々から守る義務がある、ということを、僕らは子どもたちに教えるの

図２　Warren Miller, *New Yorker*, 1963

だ（そして操りによって損なわれていなければ、エリザベスもそれを知っている）。昔の素晴らしい一コマ漫画が、自分の操り糸を愛する幸福な自動操り人形、という思いつきを完璧に絵にしている。

あなたはこれでもまだ納得しないかもしれない。僕は本気で、全精力を傾けて僕を操ろうとしてくる凶悪な神経科学者たちに、例えばこの僕が太刀打ちできる、などと考えているんだろうか？　もちろん、できないと思っている——もしも彼らが、操りの事実を僕に隠す手立てを講じるならば。だが、もし彼らが、僕からコントロールの力を奪うために講じる手立てについての全情報を僕と共有しているのだとしたら、**彼らが僕から明晰な思考を奪いさえしない限りは**、彼らの邪悪な行いをくじくための手立てを講ずるのは、僕にとって児戯に等しいことだと確信している。僕は妙な装置を取り外す手段を見つけ出し、彼らの支配を脱する。自由な自動式操り人形としてね。（注意してほしいのは、僕がここで哲学者が引き寄せられる誘惑に屈して、「行為者が（定義により）心的能力を奪われているというのは次のような場合であり……、かつまた、自律的な行為者が自分に降りかかる諸力のすべてを知っているとは（定義により）……」といったたぐいの形式的論証の山を登っていくつもりはない、ということだ。今問題になっているのはユークリッド幾何学ではない。曖昧な事例を数多く含む、具体的現象についての考察なのだから。）

カルーゾー 僕としては、すでに述べてきたことに何かを新たに追加すべきだという確信がもてません。ダン、それがなぜかといえば、なんといってもあなたが、操り師の事例が「ある重要な意味においては可能ではない」とあくまで主張しようとしているからです。僕は単純に、先に言ったことを繰り返そうと思います――「あなたなりの事柄の枠づけによれば、エリザベスの例のような操り師の事例は、行為に関する、ここで重要な関連性をもつ両立論者たちのあらゆる条件を決して満たすことができません。というのもあなたは、エリザベスが装置の埋め込みと神経科学者たちの凶悪な活動に気づいていなければならず、**なおかつ**、そのような情報はエリザベスへの操りの行為を無効化する（そして、それが成り立っていなければ彼女は両立論者が考えるようなコントロールを欠くことになる）と断固主張しているからです」。この主張は、操り師論証に対する、好意的解釈の原則に反する[55]対応だと僕は思います。操り師論証の事例の可能性というのは、さまざまなフランクファート式の事例やその他の哲学的思考実験の場合と大差ないものです。さらに言えば、僕はあなたに、（1）エリザベスが神経科学者たちの活動に気づいており、（2）それにも関わらず、依然として操りに服しつづけており、しかも、(3) 両立論者たちの、ここで重要な関連性をもつ諸条件すべてをそれでも満たし続けている、という点が成り立っている事例を提供しています。あなたはこのような事例が(少なくとも「ある重要な意味において」)可能であることを否定しますが、僕としてはこの論証が、両立論の直観への訴求力と整合性を判定できる直観ポンプである、と認めることを禁じるための、論点先取にならないような理由が思いつきません。とはいえ、この問題についてこれ以上議論を続けても益はないと思います。僕たちはそれぞれの言い分を申し立てるために十分すぎるほど時間を費やしました。そろそろ切り上げる時分です。多分そろそろ、両立論への僕の第二の反対論証である、運にもとづく論証に向かうべきではないかと思いますが、どうでしょう?

道具主義であるという論難についての討議

デネット あなたの第二の論証に向かう前に、第三の、僕の「道具主義」についてあなたが述べた論点を片づけておきたい。というのも、それへの僕の回答は、ちょうどここで述べるのがぴったりだからだ。「道具主義」についてあなたはこう説明した――「あまりに道具主義的でありすぎないか、というのはつまり、あなたの見解によれば、行為者を、〈相応しさ〉という意味での道徳的責任を有する者と見なす、という僕たちの実践が保持されねばならないのは、僕たちがこの意味で事実道徳的責任を有しているからではなく、むしろ、そのようにすることによって、他の実践と比較して最善の帰結を得られるだろうからだ、ということになるように思われます」と。だがそんなことはない。この説明が僕の立場をどのように誤解しているのかをはっきりさせるのは、簡単にできる。すでに言ったように、僕はあなたの「基礎的な相応しさ」という〈相応しさ〉の意味をまったく受け容れていない。だから僕はそもそも「道具主義的」ないし（こう呼ぶ人もいょうが）「虚構主義的[56]」な提案を──すなわち、僕らは**あなたの言う**意味で解された意味での責任が人々にあるかのようにいわば**装う**べきだ（そうすることでよい帰結がもたらされるだろうから）という提案を──しているわけではない。むしろ、僕らは人々を、本有的でも、絶対的でもない意味において、**現実に責任ある存在であると**見なすべきだ、ということだ──人々には**本物の**、この意味で解された責任が**あるからこそ**、僕はこの意味で解された責任を擁護するんだ。ここでもしあなたが〈人々を責任ある存在だと見なすこと〉を〈人々が**本物の**責任ある存在であること〉から区別する、という切り札を出す誘惑にかられているなら、それは「基礎的」ないし「絶対的」ないし「本有的」な責任に訴えるたぐいの、哲学的インフレ政策[57]にすぎない、という批判を僕は突きつける。ドルという通貨[58]に、本有的、ないし絶対的な価値は何ら備わっていないが、それでもそれは、はっきりと確定した事柄として、価値、しかも現実の価値を、**僕らの経済の中でそれが果たす役割のゆえに**、もっている。道徳的責任が「本有的」ならざる道徳的責任だというのもこれと同じことだ。それは社会の、変転する動的な合意に依存している──ちょうど、ドルの価値と同じ仕方で。僕らは色々な手立てを講じて、その重要性をインフレにもっていくことも、デフレにもっていくこともできる。僕の見るところ、あなたやその他の道徳懐疑論者の論証は、その自覚があるにせよないにせよ、僕が言う非・

本有的な意味で解された道徳的責任の重要性のデフレ化に手を貸すことになっている。だがそもそも僕とあなたは、本有的道徳的責任なるものは哲学者たちの誤りだ、という点に同意している、と僕は思う。だとしたら、何が問題だというのだろう？

カルーゾー　最初に言わせて下さい。僕は、〈基礎的な相応しさ〉にもとづく道徳的責任の概念が「哲学者たちの誤り」だという点に同意して**いません**。同意しないどころか、僕は、ここでも、別の場でも、常に〈基礎的な相応しさ〉にもとづく道徳的責任は、自由意志論争の中心に位置する、哲学的かつ実践的な重要性をもつ主題である、という見方をとっています。僕たちが同意して**いた**点は（間違いがあれば訂正願いますが）、「両立論的なコントロールは〈基礎的な相応しさ〉にもとづく道徳的責任を存続させるためには十分なものではない」ということでした。僕たちはこの点に同意している。ということは、〈基礎的な相応しさ〉にもとづく道徳的責任に関して言えば、僕たちは**両方とも**自由意志懐疑論者だということになる、と僕は考えています。ところが、例えば、ユダヤ・キリスト教的な神の概念に関しては無神論者である人物が、それでもなお、それ以外の仕方で概念された神を信じている、ということがありうるのとちょうど同じく、誰かが、〈基礎的な相応しさ〉のために必要な種類の自由意志についての懐疑論者でありつつ、それでもなお、僕たちは**望むに値する自由意志**をすべて存続させられるとあくまで主張する、ということもありえます。それゆえ僕は、順応の精神にのっとり、あなた自身の、非・本有的で非・基礎的な〈相応しさ〉にもとづく自由意志概念を検討し、それによって、あなたが主張するとおり「〈相応しさ〉が〈相応しさ〉だといわれうる限度内で基礎的であるような」**相応しさ**の概念を存続させていけるかどうかを見極めましょう、と提案したのでした。あなたの見解によれば、「まさに間接的な『帰結主義的、ないし契約説的』な考慮」によって、行為者が非難や刑罰に**真に相応しい**ことがありうるような〈相応しさ〉の概念を根拠づけることは可能だ、ということになります。例えば第一の論戦であなたは、僕たちは自己コントロールを「〈真に相応しい報い〉を与えるため」の「ある種の閾値」として扱うべきだ、と述べていました。僕の第三の論証は、あなたの立場はあまりにも道具主義的であるため、あなたが存続させたいと思っている〈相応しさ〉に基礎を置く道徳的責任の実践を存続させることができない、と訴えます。それによって、あなたの非・基礎的な道徳的責任の概念に異議申し立てをしよう、というのが僕のこの第三の論証の意図です。

　僕のこの論証への応答として、あなたは次の点を明確化してくれました。「僕はそもそも『道具主義的』ないし（こう呼ぶ人もいようが）『虚構主義的』な提案を――すなわち、僕らは〔カルーゾー補足――基礎的な相応しさという〕意味で解された意味での責任が人々にあるかのように、いわば**装う**べきだ（そうすることでよい帰結がもたらされるだろうから）、という提案を――しているわけではない。むしろ、僕らは人々を、本有的でも、絶対的でもない意味において、**現実に責任ある存在であると**見なすべきだ、ということ〔カルーゾー補足――が僕デネットの主張〕だ――人々には**本物の**、この意味で解された責任が**ある**からこそ、僕はこの意味で解された責任を擁護するのだ」。しかし僕にはまだ理解できないことがあり、知らんぷりを決め込むつもりもないのではっきりさせたいのですが、ある行為者に、**本物の**、そして**真の**責任がある、というあなたの見解は、どういう意味で理解すればいいのでしょう？　僕なりの最善の推測はこういうものです。まず、あなたは「相応しい報いのシステム」を採用することは帰結主義的な利益がある、と考えている（これもやはり僕には同意できない点です。というのも僕は、そのシステムなしでやる方が僕たちはもっとうまく生きられるだろうと訴えているからです）。そしてそれゆえ、**そのシステム内部の**行為者たちには、**あたかも、**過去指向的な〈相応しさ〉という意味での道徳的責任があるか**のように**扱われるべきなのだ、ということです。これこそ、あなたの言う過去指向的な〈相応しさ〉の未来指向的な正当化だということです。さて僕は、今述べた文で使った「あたかも～かのように」もついてあなたが異議を唱えるだろうことが分かっています。あなたにとっては、この種の〈相応しさ〉および道徳的責任は、およそ可能な限り本物〔現実的（リアル）〕だといえるものです。しかし僕はそれに同意していません。なんといっても、これよりも**もっと本物（リアラー）**であるような〈相応しさ〉と道徳的責任の概念が存在するからです——すなわち〈基礎的な相応しさ〉にもとづく道徳的責任の概念が。あなたの理論が存続させるような種類の道徳的責任を、あなたが「**準・責任**」と呼び始めたのは、恐らくこれが理由なのでしょう。しかしあなたが、誰かに「準・責任がある」と言うとき、その人物には監獄での生活が**準・**相応しい、と言っているに等しいのではないでしょうか？

　あなたは、次の二つの問いの間に重要な差異があることを、少なくとも認めるつもりはあるでしょうか？　すなわち、（1）決定論が成り立っているという前提において、行為者には、賞賛や非難、罰や賞に**真に相応しい**とその行為者が見なされるために必要な、行為へのコントロールが現実に備わっているのか？　および、（2）決定論が成り立っているという前提において、あなたの**準**が付く意味での道徳的責任が行為者にあると見なすことには**実践上の利益があるの**か？　この二つの問いです。あなたの言う、過去指向的な〈相応しさ〉の未来指向的な擁護とは、第一の問いではなく、第二の問いに答えようとする試みである、と僕は見なしています。さらに言えば、ひとたび僕たちが、あなたの理論がそうしようとしているように、〈相応しさ〉から、それに属していた応報主義的で非・帰結主義的な含意を切り離してしまえば、僕たちのもとに最終的に残されるのは道具主義的な〈相応しさ〉の概念です。このような概念は、〈基礎的な相応しさ〉と比較すれば色あせた概念になってしまいますし、恐らく、「**準**・相応しさ」とか「道具主義的な相応しさ」のような修飾句が相応しいのでしょう、と僕は訴えます。

デネット　僕としては、あなたは、〈相応しさ〉と経済的価値の並行関係という僕が挙げた例の力を過小評価している、と思う。推理の対称性（パリティ・オブ・リーズニング）によって（あるいは、僕の学生があるときセレンディピティ的に書いた言葉によれば、推理のパロディ（パロディ・オブ・リーズニング）によって）[59]、あなたはお金についても、こう言うことになるはずだ。「なんといっても、これよりも**もっと本物**（リアラー）であるような経済的価値の概念が存在する――すなわち『基礎的な』本有的経済的価値の概念が。ダン、恐らくあなたは、ドルは単なる**準**・価値しかもたない、と言うべきだ」と。金本位制を思わせる発想じゃないか！　僕らは成長し、かつて有益な神話だったものを脱却し、お金が価値をもつのは、社会的経済的システムとそれによって共有される実践**のみ**による、ということを受け容れるようになっていると、僕はじっさい考えている。僕らはドル紙幣や銀行の口座を**あたかも**経済的価値をもつ**かのように**取り扱っているが、このような取り扱いこそが、それらにそのような経済的価値を与えているんだ。だから、本有的経済的価値なるものは存在しない。そして同様に〈基礎的な相応しさ〉なるものも存在しないと僕は主張する。それでもやはり、お金というものは存在し、それは本当に価値あるものなのだし、本物の〈相応しさ〉は存在し、それもまた本当に価値あるものだ。

僕は同じ論点を、心の哲学におけるゾンビの存在という議論をパロディ化するために用いたことがある（Dennett 2001a「これは**本物**のお金ではいくらかな?」[60]）。それで僕の立場を明確化するために、僕はこう主張することにしたい。あなたがペレブームと共に、刑罰と〈相応しさ〉に関する議論の全体を、あなたたちが「基礎的な」相応しさと呼ぶものに関連づけて語ることにあくまでこだわっている様子は、金融政策に関するあらゆる議論を、金本位制を根拠とする**基礎的**な経済的価値の枠組み——金こそが絶対的、本有的に価値あるものだという枠組み——で論じることにこだわる、というのと類比的なのだ、と。こういう議論の仕方は、かつては尊重すべき論証だった。僕が提案しているのは、本物の道徳的〈相応しさ〉の根拠に関する、「伝統的な」イデオロギー的論証にも、これと同じ視点の適用を僕らは検討すべきだ——そして、それを採用すべきだ——ということだ。恐らく〈正しい報い〉に対する、応報主義的でカント主義的な、完全に過去指向的な見方というのは、想像力を支える松葉づえとして、つまり、人々に道徳を真面目に受け取り、「神の御前での」罪悪という概念を、真実で、本物で、基礎的な罪悪と〈相応しさ〉の概念として用いさせるための手頃な神話として、有益であったのだろう。僕は何も、仮に存在するならば**本物**であろう何かの、実用上受入可能な代替物と見なされた〈**準**・相応しさ〉に乗り換えよう、と提案しているわけではない。

僕が提起するのはむしろ、「基礎的な道徳的相応しさ」なるものを哲学的に要求する必要など決してないのであって、そんなものはせいぜい、十分熱心な忠誠心を確保するための、イデオロギーのお手軽なインフレ化ないし増強――つまり、〈全知の神が人の行いを見通すとき、人は地獄の業火に焼かれる〉といったドグマと手を結ぶことによる増強――にすぎない、という見方だ。

最後に、僕の「準」の使い方についてのあなたの推測について応答しておきたい。注意してほしいのは、僕がこの用語を導入したのは、境界線のあいまいな事例の存在（これは論ずるに値するあらゆる経験的〔実証的〕問題に見いだされる――『思考の技法』を参照）への注意喚起、また特に言えば、堆積論証を受け付けない、色々の漸進的過程への注意喚起を行うためだった、ということだ。僕は、哺乳類全般が、**準**・哺乳類にすぎないものだとは言っていない（後期の哺乳類型爬虫類はそういう存在だったとしても）。同様に僕は、標準的な成人には、彼らの行為に対する**準**・責任しかないとも言っていない――子どもや、老衰に瀕した人々には、**準**・責任しかないのだとしても。

あなたは、次の二つの問いの間にある差異を僕が認めるかどうか、という挑戦を仕掛けている。すなわち、

（1）決定論が成り立っているという前提において、行為者には、賞賛や非難、罰や賞に真に相応しいとその行為者が見なされるために必要な、行為へのコントロールが現実に備わっているのか？

（2）決定論が成り立っているという前提において、あなたの**準**が付く意味での道徳的責任が行

為者にあると見なすことには**実践上の利益があるのか？**

僕は確かに、二つの問いの間に差異があると認める。その差異は、次の二つの問いの間に見いだされる差異と同じだ。

（A）ドルには、**真の経済的価値**という性質が現実に属しているのか？

（B）ドルには**準**が付く意味での経済的価値がある、と見なす実践を採用することは、**実践上の利益があるのか？**

本有的な〈相応しさ〉とか、本有的な経済的価値といった空想は放棄すべきだ。また二番目の問いに答えるなら、もしもあなたが、自分のドルがあなたにとって単に**準**・価値があるとしかいえない、ということに同意するつもりがあるなら、その場合僕も、あなたから全財産を盗んだ人物は、長期の投獄に**準**・相応しいとしかいえない、ということに同意しよう。彼はあなたに**本物の**危害を加えてはいないんだから。違うかな？

カルーゾー　あなたの立場、およびお金との類比には困惑してしまうところがあります。というのも、それによると固定したものなど何も残らなくなってしまい、時点t_1において**自由意志をもつ**行為者が、僕たちの共有された社会慣習の変化によって、時点t_2においては**自由意志をもたない**ようになる、ということが簡単に生じうることになるのです。お金の価値が僕たちの社会的、経済的システム、および僕らが共有する実践に由来している、というのは僕もあなたに同意します。しかし南部連合で使われていたお金は、南北戦争時には価値があったのに、戦後は価値がなくなった、というのも真実なのです。同様に、もしも僕たちが**自由意志**、**相応しさ**、**道徳的責任**をお金のように取り扱うとしたら、僕たちの社会システムと実践が変化し、僕たちがこれらの概念を放棄して新たな概念を採用するようになることも可能だということになります。それが可能なのだとしたら——そしてあなたはこう認めねばならない、と思うのですが——そのとき、あなたの所説はいよいよもって徹底的な道具主義になるでしょう。社会システムと経済システムは、僕たちのローカルな必要と目的に合わせて変更可能な、人間の構築物であり、それゆえ、実際に時間の中で変化していくものです。〔あなたの見解からすると〕同じことが僕たちの道徳的責任にも成り立つはずです。

僕はこれを、あなたの見解の潜在的な問題だと見ています。その理由はこうです。多文化にわたる人類学、および道徳心理学の注意深い検討が明らかにしているのは、長い時間の中で、異なった圧力への応答として、また、異なったローカルな必要と目的に役立つために、異なった「道徳生態系」が進化してきた、ということです。**僕たちの**道徳的責任のシステムは、——そう信じさせようとする人々はいるでしょうが——社会を組織化する唯一のやり方ではありませんし、〔何らかの絶対的な意味において〕最善のやり方でもありません。そうだと考えるのは西洋的なバイアス——僕たちのＷＥＩＲＤ文化（これは西洋の Western、教養ある Educated、産業化された Industrialized、裕福な Rich、民主的な Democratic 文化を意味します）の副産物——なのでしょう。オーウェン・フラナガン（Flanagan 2017）

が説得力ある仕方で論証しているように、**道徳の可能性における多様性**がこの世には存在しています。例えば、人々を賞賛し、非難し、（ときには苛酷な仕方で）罰することを正当化しながらも、それを受ける人々がコントロール可能性の条件——これはしばしば自由意志に結び付けられています——を満たしていることを要求しない文化は、過去にも現在にも存在します。例えば**名誉の文化**は、見たところ罪のない人を、その人の親戚の行為のゆえに苛酷な仕方で罰し、場合によっては死に至らしめることを容認することがしばしばあります。（例えば、ハットフィールドAがマッコイBにひどい仕打ちをすると、マッコイBはハットフィールド家の**どのメンバーであっても**、復讐してよい相手だと見なすのです。）僕たち自身の文化のような、名誉の文化ならざる文化は、このような扱いを根本的に不公正で不正なものだと考えます。加えて言えば、名誉の文化は第三者に当たる人々が刑罰を行うことを遠ざけます——第三者が刑罰を下すのは、西洋文化では規範的なことなのにです。これはつまり、名誉の文化においては、被害者が個人的に、違反者と目される人々に罰を加える、ということが何より重要なのであって、罰を加える相手が加害者その人であることは必ずしも重要ではない、ということを意味します。名誉の文化においては、個々の人々は彼らの評判を守るため、無礼な行い、侮辱、脅しなどに対して個人的に応じることが義務づけられており、その応答は多くの場合暴力の行使という形をとるのです。例えば部族社会では多くの場合、殺人者には罰として死が与えられます。しかしながらテイムラー・ソマーズ（Sommers 2012, 2018）が記載している通り、この種の社会での「この刑罰は、殺人を犯した人物に対して与えられない場合がある。つまりその人物の代わりに、彼の家族、ないしグループ、ないし部族の別のメンバーが殺される場合がある——なぜなら、そのグループには、メンバー一人ひとりの犯罪的行動に対する、集団的責任があるからである」(Sommers 2012: 48)。このような文化的多様性は、ローカルな生態学的条件への適応からもたらされる、異なった生活形式の産物です。あなたはこういった文化的多様性をどのように説明するでしょうか？僕の見るところ、それぞれの道徳生態系が、そこに属する人々にとって、その条件下で有効に働くシステムを産み出す限りは、そのいずれも等しく道具主義的に正当化されるはずだ、ということになるように思われます。

さらに言えば、あなたのアプローチに含まれている変更可能性は、〔自由意志〕懐疑論者に潜在的な攻撃の余地を与えるものだと僕は考えています。つまり懐疑論者ならば〈僕たちが現在議論しているような哲学的論証、およびそれを含む、社会のあり方に対する視座の変化全般は、僕たちの現行の実践〔すなわち、道徳的責任と〈相応しい報い〉のシステム〕を放棄し、よりよい、より人間味のある、そしてより有効な実践を採用するという結果を引き起こしうる〉と主張するのではないでしょうか。〈相応しさ〉に関する僕たちの信念は変わりうるものだ、ということを、あなたはすでに認めています。というのもあなたは、**基礎的**な相応しさという概念が、恐らく僕たちが異なった必要と信念をもっていた過去においては直観的なものであったかもしれないとしても、(あなたの見解では) 今や時代遅れの概念になっている、と論証していたからです。**もしもあなたの論証が真実であれば**、その場合、あなたの考える非・基礎的な相応しさの概念もまた放棄されて、より有効な態度や判断や実践に取って代わられるべきだ、と社会が決定することもまた等しく可能だということになります。実際、論戦一においてあなたは、すべてを勘案した結果、僕たちが〈相応しい報い〉のシステムなしでうまくやっていけるのかどうかという問いは、今のところ経験的〔実証的〕な問いであり続けているということに同意していました。[61] それゆえ、仮に僕たちが〈相応しい報い〉のシステムなしでうまくやっていけることが明らかになったとしたら、あなたの見解によれば、僕たちが行為者を非難や賞賛、罰や賞に相応しい存在だと見なすという営みに、もはや保証は与えられないことになるでしょう。もちろんあなたはこう付け足します、「僕としては、僕らが〈相応しい報い〉のシステムなしでもうまくやれるなど、いったいどうやったら考えられるのか、見当もつかない」。しかしこれは、僕たちが現在僕たちの心をつかんでいる〈相応しい報い〉のシステムの向こう側を見通すことができない、あなたの限界と無能力のせいなのです。道徳的責任のシステムはじっさい（再度ブルース・ウォーラーの言葉を引けば）頑迷なシステムで、その向こう側へ進むことは多くの人々にとって困難なことです。しかしながら僕は、**楽天的懐疑論者**として、自由意志への信念なしで生きる（そして基礎的な〈相応しさ〉への信念も、非・基礎的な〈相応しさ〉への信念も、どちらもなしで生きる）ということは、全体としてみれば、今よりも肯定的な帰結をより多く産み出し、否定的な帰結をより少なく産み出すような実践的含意を備えていると強く主張します。

きっとあなたは同意しないでしょう。でも、何を根拠に？ 僕の楽天主義を支持する歴史的前例はたくさん存在し、あなたの悲観主義を支えるそれは非常に少ない、と僕ははっきり主張します。ここで一つの啓発的な類比となりそうなのは、かつて神への不信仰について表明された、根拠のない懸念です。かつて長きにわたり（そして恐らく今なお、一部の方面では）、もしも人々が神への信仰を失うようになったとしたら、社会の道徳的基盤は解体し、不道徳で反社会的な行動の著しい増加を目の当たりにすることになるだろう、といった論証が唱えられていました。しかし現実には、まさにその正反対であったことが明らかになりました。いくつかの研究が示してきたところでは、実際のところ、殺人と暴力犯罪の比率は、極めて宗教的な諸国の方が、より世俗的な諸国よりも高いのです。合衆国内部にも同じパターンが見られます。国勢調査のデータは、殺人の発生率が最も高い州が、最も宗教的な州であるという傾向を明らかにしています。同様の発見は殺人の発生率に限られません。あらゆる種類の暴力犯罪の発生率は、より宗教性の高い州で高くなる傾向があるのです。そして、犯罪統計を超えたところに目を向ければ、離婚、家庭内暴力、不寛容の比率についても同じ傾向が見いだされます。このように、神への不信仰がもたらすと推定されていた害悪について、人々がいかに大きな誤りを犯していたのかを考えれば、自由意志への不信がもたらすと推定されている害悪についての主張には、多大な懐疑の目を向けるべきだと僕は思います。もちろんあなたは、社会が適切に機能するために、自由意志への信は、かつての神への信仰よりももっと本質的な役割を果たしている、という論証を用意してもいいでしょう。でもあなたはその主張にどんな根拠を与えようというのでしょう？　かつて人々は同様に、神への信仰は本質的に欠かせないものだと確信していたのです。

デネット　自由意志と責任についての僕の見解によれば、「固定したものなど何も残らなくなってしまう、というのがあなたの最初の懸念だ。この懸念は正しい。でもこれは長所なのであって、バグではない。僕は道徳を（素晴らしい）社会的構築物である、と見なす見方を受け容れている。このようなものとしての道徳は、異なった状況設定の中で、道徳の多様な種を生み出してきた。世界中に存在するそれらの道徳の種は、それぞれの多様な特徴によって堅牢さと安定性を明らかに示すと同時に、絶えざる調整の過程もその中では働いている――その動的な調整過程の中で、世界中の思慮ある人々が、ある場合には心底から自分自身の文化の習俗や規範を受け容れ、またある場合には、同じ祖国の同胞やそれ以外の人々に向けて、考え方を変えていくよう熱心に説得している。こういった多様性の明白な例としては、現代における、食べるべき食物の種類、同性愛、死刑などに対して示される異なった文化の異なった態度が挙げられる。いまだに、奴隷制への強い非難を行わない文化すらわずかに存在する。この多様性のすべては、いつの日か解消する方へ向かっているんだろうか？　恐らくその方向に向かっているのだろうし、それを生じさせることに専心している人々はたくさんいる。しかし、何世紀にもわたる説得の営みや、それよりも穏やかさを欠く、さまざまな思考変革にもかかわらず、差異は残り続けるかもしれない。

僕は、どんな形態のものであるにせよ、道徳的責任、非難、そして刑罰をもたない文化を知らない。これは、それらが永遠に続き、必然的に正当化されるに違いない、ということは意味しないが、それらがあらゆる存続可能な社会の特徴である、ということを強く示唆するものだ。『自由は進化する』で論証したように（2003a: 302ff）〔邦訳四一九頁以下〕、歴史的な過程の中には、最善の実践と――ここがまさに重要だが――**理想の**実践のかたちの相互共有へと、漸進的かつ合理的な形で到着した、優れた例がいくつもある。僕らは粗野な出発点から始めながら、今や、誤差一〇〇分の一インチ以内の正確な直線の、非常に長い距離におよぶ構造物を作れるまでになった――これは僕らの誰も、理解も、測定すらもできないほどの完璧さだ。これはいやらしい文化植民地主義ではない。むしろ、明白に優れた観念の拡散だ。僕らは、ある文化の現行の習俗を尊重し、その文化内で育った人々への弱い者いじめを慎みつつも、同時に、その文化の多くの特徴を否認し、**しかもこの僕らの態度にもっともな理由を与える**ことが可能だ。さまざまな異なった見解に対する寛容の態度と、それらの見解に対する熱烈な批判は整合的なんだ。これは、ほとんどすべての熱心なヴィーガンの人々の優れた実践を見れば、明らかだ――彼らは、僕らの中の、彼らの論証によって宗旨変えをしない人々に嫌がらせをしたりはずかしめを与えたりすることよりも、そうすること〔批判を寛容と結びつけること〕がより優れている、ということを知っている。

あなたの主張には苦笑した。[62]「神への不信仰がもたらすと推定されていた害悪について、人々がいかに大きな誤りを犯していたのかを考えれば、自由意志への不信がもたらすと推定されている害悪についての主張には、多大な懐疑の目を向けるべきだと僕は思います」とあなたは言う。あなたは僕を、僕自身の立場に引っぱりこもうとしている。あなたとデークは「基礎的な道徳的相応しさ」を絶対的かつ本有的なものであって、最善の社会的ポリシーを根拠とするものではないようなものとして定義しておいて、その上で、それが科学とは両立不可能だと言う。僕はこれに心から同意する！　この種の〈相応しさ〉の概念は、宗教的なドグマによって支えられるのが常だった。だが、神の命令なるものが〔ありがたくも〕[63]退場させられてしまった以上、残り物の「直観」を除けば、その概念はどの方面からも保証されないものになった。僕もあなたも、迷信は捨て、真に重要な主題の古臭いバージョンは破棄したいと望んでいる。僕もあなたも、神とリバタリアン的自由意志のどちらも放棄したいと望んでいる。そして僕もあなたも道徳を、経験的〔実証的〕に重要な差異にもとづいて基礎づけたいと望んでいる。あなたは、〈責任〉の擁護可能な意味が一つかもっと多くあってもよい（例えば「引き受け」責任など）[64]、という点で僕に譲歩することすらしているし、そうした責任概念がおよそ安定した、安全な社会のための要件であるという見通しを真面目に検討している。あなたはただ、その責任を**道徳的責任**だと考えること、そして、人々が何らかの過ちのゆえに、その責任を問われ、その責任によって罰されるべきだと見なされることは望まない、というだけのことだ。

カルーゾー　オーケーです、ダン。あなたの論点を順々に取り上げていきましょう。あなたの道具主義的な見解によると「固定したものなど何も残らなくなって」しまうが、これは「長所なのであって、バグではない」というのがあなたの考えです。十分すぎる回答です。でもそうなるとあなたは、両立論的な自己コントロールこそ〈相応しさ〉に基礎を置く道徳的責任の必要条件である、というあなたの主張をどのように基礎づけることになるのでしょう？　先に挙げた名誉の文化の例をあなたは素通りしてしまったのですが、これをもう一度考えてみましょう。この例には一つの挑戦が込められています――つまり、名誉の文化が進化してきた道徳生態系において、人々は、**たとえ自由意志と結びついたコントロールの諸条件を満たしていなかったとしても**、非難、罰、怨恨の正当で適切な標的だと見なされうる、ということです。つまり名誉の文化においては**グループ**が、そのグループのメンバー一人一人の行為に対して、集合的に責任をもつのです。それゆえハットフィールドAがマッコイBにひどい仕打ちをしたり、加害を行ったりした場合、マッコイBはハットフィールド家の**どのメンバー**に復讐したとしても正当だとされます——なぜなら、ハットフィールド家の**すべてのメンバーに**、**集合的に責任がある**からです。プロ野球には、この種の名誉の戒律の例がいまだに認められます。例えばニューヨーク・ヤンキースの選手が逆転満塁ホームランを打ち、相手チームのピッチャーはその報復として、次の打席に立った打者の頭めがけて時速一〇〇マイル〔約一六〇キロ〕のビーンボールを投げる——この報復は、その打者が何かをやったことに対してではなく、その打者の同胞の行為に向けられたものであるわけです。このような道徳システムにおいては、〈正しい報い〉の配分は両立論者たちが提起するさまざまなコントロールの諸条件を満たすことや、悪行を自覚的かつ自発的に行った個人だけが非難に値するという制限条項**とは関わりがない**のです。もしもこうした名誉のシステムが、しばしばそれに代わって人々が進化させる、強力で安定した第三者による刑罰の制度を欠くような社会において有効に機能しているのだとしたら、このシステムもまた、道具主義的な根拠によって**等しく正当とされる**ことになるのではないでしょうか？

第二に、自由意志と道徳的責任に関するあなたの道具主義からは、時点t_1において自由意志をもつ行為者が、**その行為者の能力における何らかの変化によってではなく**、むしろ僕たちの共有された社会慣習の変化によって、時点t_2においては自由意志をもたないようになりうる、ということが帰結します。それゆえあなたの見解によれば、自由意志の問題とは、行為者の能力に関わるよりもむしろ、どのような社会構成が、すべてを勘案した結果として、社会にとって最善の結果をもたらすのかに**より一層**関わる問題である、ということになります。確かに、僕たちに共有されている社会構成は、行為者が〈相応しさ〉という意味で解された道徳的責任を有していると見なされるために、行為へのコントロールという条件を満たすことを要求しますが、**しかし、そうでなければならない、ということはないのです。**名誉の文化の例を見れば、それは明らかです。これまで存在してきた、あるいはおよそ存在しうる道徳の可能性の多様性すべてをちょっと考えてみれば、これは分かることです。それゆえあなたの道具主義は、広く指示されている見方――僕の考えでは、あなたも僕も受け容れている見方と対立しています。つまり〈**自由意志**とは、行為者の能力としての性質と解されるのが最もよく、行為者がその行為によって賞賛や非難、罰や賞を受けるのが**正しく相応しい**のはそのように解された自由意志によってである〉という見方に、あなたの道具主義は対立しているのです。あなたの見解によれば、(自己)コントロールと〈相応しさ〉の結びつきは、僕たち自身が共有する現行の社会的構築物に特有の**偶然的事実**にすぎないものになります。というのも、(一方の)自由意志と結びついた行為コントロールと、(他方の)道徳的〈相応しさ〉の間には、**何らの必然的な結びつきもありえない**のだからです。

　第三に、あなたは僕たちの道徳的責任の実践は固定したものではない、ということを認めたわけですが、これは、(先ほどのコメント内で僕が論証したように)僕のような楽天的懐疑論者の論証を許容する余地を与えたことになります――すなわち、〈相応しい報い〉のシステムを採用することから得られると見込まれる利益を否定する、という論証の余地を。すべてを勘案した結果、僕たちが自由意志と〈相応しい報い〉のシステムへの信念なしでうまくやっていけるのかどうかという問いは、今のところ未決の経験的〔実証的〕な問いであり続けているのですから、僕たちの現行の実践の集合体が、あなたが主張するとおりに帰結主義的な根拠によって正当化されるかどうかも、未決の経験的な問いであり続けていることになるのです。だから僕はあなたが、たとえあなた自身の道具立てを用いたとしても、どうやって勝利を主張できるのか分からないのです――懐疑論者の視座を選ぶことにより、よりよい結果が産み出されることも可能なのですから。そしてあなたはたしかに、この可能性を少なくとも理論上は認めていると思われるものの、必ずそこに何か否定的なコメントを付け足します。例えば「〔しかし〕僕らが〈相応しい報い〉のシステムなしでもうまくやれるなど、いったいどうやったら考えられるのか、見当もつかない」といったように。つまりあなたによれば、従来から存在してきた文化的な信念および実践は、自由意志と道徳的な〈相応しさ〉が「あらゆる存続可能な社会の特徴で」あり続けるだろうということを「強く示唆する」、ということになります。しかしなぜ、それが事実でなければならないと考えるのでしょう？　じっさいあなたは、僕たちの現行の道徳的責任のシステムが「永遠に続き、必然的に正当化されるに違いない」と結論づけるための、（とりわけあなたの理論にもとづく）根拠を僕らは手にしていない、ということを認めているのです。

さらに言えば、従来から存在してきた文化的な信念および実践が、僕たちの現行の道徳的責任のシステムを保持せねばならない、という主張の証拠になる、となぜ見なすべきなのか、その理由が僕には分かりません。あなたは「どんな形態のものであるにせよ、道徳的責任、非難、そして刑罰をもたない文化を知らない」と述べます。そしてそこから「それがあらゆる存続可能な社会の特徴であることを強く示唆する」と述べるに至るのでした。まずは、最初の文であなたは重要な言葉を欠落させている、ということに注意しましょう――つまりあなたは、相応しさの概念をまるまる取りのけているのです。自由意志懐疑論者は、自由意志否定論と整合的な道徳的責任のさまざまな形態があることを否定しません（例えば、帰属可能性や答弁可能性という意味での責任、引き受け責任、などです）。また自由意志懐疑論者は、ある種の未来指向的で、〈相応しさ〉に基礎を置かないような道徳的抗議や刑罰が保持できないものだ、という主張も否定します。僕は、〈どんな文化も相応しさに基礎を置く道徳的責任や、非難や〔刑〕罰を完全に放棄したことはなかった〉、というのがあなたの言わんとしていることだと思っています（なお、そこでの〈相応しさ〉は、基礎的な意味で解されることも、非基礎的な意味で解されることもあります）。ところが、このより強い主張が完全に正確なのかどうか、僕にははっきりしません。というのも、仏教の文化、あるいは少なくとも仏教の教えは、あなたが存続させたいと望んでいる種類の反応的道徳的態度――怨恨、憤慨、義憤、それに非難といった[65]――を総じて退けるからです（これについては、僕の「仏教・自由意志・刑罰――仏教倫理学を真剣に受け止める」（Caruso 2020）を参照してください）。とはいえ、あなたが従来から存在してきた信念と実践に尊大すぎる地位を与えている、というまさにそのことが、僕があなたの論証について抱いている本当の問題です。あなたとよく似た仕方で、〈僕たちがなぜいまだに宗教信仰をもちつづけているのか？〉を説明しようという論証を想像するのは簡単です――「僕は、どんな形態のものであるにせよ、宗教信仰をもたない文化を知らない」のだから、このことは「宗教信仰があらゆる存続可能な社会の特徴であることを強く示唆する」という具合です。あなたが僕と同じく、この種の論証を即刻退けるだろうというのはよく分かっています。しかし僕たちはこれと同じ理由からあなたの論証を退けるべきだ、と僕は思っています――変化こそが善である時もありますし、従来から存在してきた信念や実践は、時の経過の中で最善とはいえないものに変わっていくものです。

最後になりますが、あなたは、僕たちが懐疑論的な見方を支持するようになったら何が起こるのかについて、繰り返しぞっとする予測を提起してきました。例えば論戦一においてあなたは、「……ホッブズの言う〈自然状態〉――人生が不潔で、野蛮で、短いというあの状態――に人類を戻すことになる、という予測を述べました。他にも、そのような世界には「権利もなく、詐欺や窃盗や強姦や殺人からの保護を求めて権威に頼ることもできなくなる。一言で言えば、道徳がなくなってしまう」とも示唆しています。後者の点について、あなたは単純な哲学的誤りを犯している、と僕は思っているのですが、それ以外にも、あなたのこうした全般的な悲観論には根拠がないようにも思われます。僕は先ほどその理由を説明しようとして、神への不信仰についての指摘を行いました。かつて、神への不信仰が害悪をもたらすと想定していた点で人々はいかに誤っていたかを、そして、自由意志への不信が害悪をもたらすと推定している現在の〔あなたや他の人々の〕主張にも、これと同じ疑いをかけるべきなのはなぜなのかを、そこでは指摘したのでした。あなたはこの類比に「苦笑する」かもしれませんが、僕はこの態度もまたあなたの悲観論に対して大いに不利に働くものだと思います。自由意志への信念がない社会が〔ホッブズ的な〕自然状態へと崩壊してしまう、と考えるべき理由が僕には見当たりません。実のところ僕が正しいとすれば、懐疑論的な見方を支持することで、多大な利益が得られるかもしれないのです。

デネット　仮に名誉の文化が有効に機能していた文化だったとしたら、そういう文化はもっともな挑戦を突きつけるものになるはずだ。僕は名誉の文化について多くを知らないが、あなたが自分の立場を支持するために、それに依拠すべきなのかは疑わしいとは思っている。すでに指摘したことだが、さまざまな道徳は、それに先立つさまざまな社会構成から進化してきたものだ（その一部は［「道徳」ではなく］**不道徳**[66]と呼んだ方がよいものかもしれない）。そして僕は、僕らの〈相応しい報い〉と道徳的責任とを重要な特徴とする文化と「同程度に正当化される」ような名誉の文化を、あなたが一つでも見つけ出せるのかどうか、疑問に思う。野球におけるビーンボールの容認というのも立派な例だとはいいがたい（そして違反者は、現行犯でその場を押さえられたら、罰を受けて当然だ）。それに、レイプされた娘たちに名誉の死を与えるような社会規範を、僕は擁護したいとは思わない。この二〇〇〇年で、僕たちはわずかであれ、学んだものはあったんだ。加えて言えば、この種のシステムが「両立論者たちが提起するさまざまなコントロールの条件を満たすこと……**とは関わりがない**」というあなたの主張は間違いだとはっきり確信できる。仮にどこかの名誉の文化において、ハットフィールドAがマッコイBを崖から突き落とし、落ちたマッコイBがハットフィールドCに衝突してハットフィールドCが死んだ場合に、マッコイBが（コントロールを失った状態で）ハットフィールドを死なせたからという理由で、ハットフィールド一族がマッコイ一族に腹いせをすることがあると知ったら、僕は驚くだろう。たしかに名誉の文化は、責任の当事者を定める線を、**異なった仕方で**、また、**より広く**、そして——僕は言いたいが——究極的には**擁護不可能な仕方で**、引いているかもしれない。だがそれでももし、その文化に属する人々が自己コントロールという問題を一切顧慮していないとしたら、そこで成り立っているローカルな合意は、たとえエトスと呼ばれうるかもしれないとしても、道徳の名に値するものではない、と僕は言いたい。

例えば、そこに属する人々の誰か一人であれ、ごく幼い子どもと大人を、まったく同じように扱うだろうか？　子どもも三歳か四歳になる頃には、すでに自分が有するさまざまな度合いの自由に価値を認めるようになる。ＡＩ研究の創設者ジョン・マッカーシーがかつて僕に語ってくれた話がある。彼が四歳の娘のサラに用事を頼んだところ、彼女は「できるけど、やらないわ」と答えたのだそうだ。ジョンはこれぞ自由意志の卓抜な表明だと確信し、娘の言葉をヒントに「自由意志――ロボットにもあるような」という論文を書き上げた。この論文は、デザイン的構え[67]の観点から、両立論的な自由意志説を詳しく述べたものだ。「自由意志は非常に複雑なシステムを要求しない。幼い子どもも、ごく単純なコンピュータのシステムも『私にはできるが、やらない』という内的表象をもちうるし、それにもとづいて行動することもできる」というのだ。言うまでもなく、幼い子ども（あるいは比較的単純なロボット）の自由意志は、道徳的責任にとって十分なものではない。その人が責任ある存在だと申し分なく見なされるための、人によって差はあれ十分満足できるほどの段階に達した自由をコントロールできる技能を発達させていくには、長い年月にわたる道徳教育が必要だからだ。どの文化も暗黙裡にこのことを認めている、と僕は思っている。

グレッグ、あなたはこう言う。僕の見解によれば「（自己）コントロールと〈相応しさ〉の結びつきは、僕たち自身が共有する社会構成に特有の偶然的事実にすぎないものになります。というのも、（一方の）自由意志と結びついた行為コントロールと、（他方の）道徳的〈相応しさ〉の間には、何らの必然的な結びつきもありえないのだからです」と。今一度、〔行為者が何を知っているのかという〕知識の問題を明確化させるのが重要だ。誰かが、僕ら「自身が共有する現行の社会的構築物」の中にさまよい込み、その誰かはこの社会の規範を知らない、としよう。この場合、その誰かがこの社会の規範に違反したとしても、僕らはその誰かを責任ある存在(あるいは完全に責任ある存在)とは見なさないだろう。そして僕らが別の文化を訪問する時、僕らの文化との差異について事前によく知っておき、僕らの文化では許容される行為によって、そこに属する人々を不当に傷つけたり、(彼らにとっての)重大な罪悪を犯したりすることを避ける義務が僕らにはある。しかし異文化の住人であっても、僕らの規範を知っており、その上で意図的にそれに違反した場合には、その人物は僕らからの譴責[68]を受けるに相応しい(**本当の意味**で相応しい)のだし、その違反が十分に深刻なものであれば、その故意の反社会的行動に対する刑罰にも相応しいことになる。

あなたはまた、いくつかの**偶然的事実**が、**実践的必然性**(ではあっても論理的必然性ではない必然性)[69]の根拠になる、という可能性を無視している。食べることと生存の間にも論理必然的な結びつきなど何もないが、それでもその結びつきは例外なきポリシーとなっている。警戒を怠らない態度と生き続けることの間にも必然的な結びつきなどない。でもそれはやはり実践的必然だ。あなたがあくまでも「道具主義」だと呼び続けている僕の立場は、「最良の実践」と呼ばれうる、大きな、堂々たる総体の一部であって、それは何十億年にもわたる試行錯誤のテストを経て進化してきたものだ。これを別の言い方で示すために、こんな主張をしてみたい。

〔ホモ・サピエンスという、最も自律的で、コントロールが難しい種の、〕家族や小部族よりも大きなグループのための、安定した社会秩序のシステムを得たければ、**尊重されている**道徳のシステム――および、グループが非常に大きい場合には成文法――が必要となる。そして、それ〔道徳と、必要な場合の成文法〕が尊重されるためには、その規則の違反の深刻さに比例した制裁ないし罰は欠かせないし、その規則を理解し、その規則に導かれるのに十分な適格性（コンピテンス）を備えた人々と、そうでない人々との区別も欠かせない。適格な人々のみが責任ある存在だと見なされ、またその人々のみに――正しい報いとしての――負うべき罰を受け容れた見返りとして、通常の政治的自由は与えられる。

これが経験的〔実証的〕な問いであるという点では、僕はあなたに同意する。だが僕はそれが未決かどうかが、真剣に検討されるべき問いではない、と思っている。少なくとも僕たちの現在の〔社会〕構成を踏まえる限りは、真剣に検討できる問いではない、と。ひょっとすると僕らはこの先、文化的ないしは遺伝的に、あるいはその両方において、法も自由意志も必要としない種へと進化していくのかもしれない。そしてもしかすると、僕らは食事も警戒心もなしで生き続けられるようになるのかもしれない――もしかすると、僕らをボンサイの木のように面白がる行為者たちによって、巨大なヤカンの中で巧みに**培養されて**生かされていくようになるかもしれない。僕の主張を、もう少し現実的な言葉で示しておこう。まず、人間の必要性（ニーズ）が――心理的必要性も含めて――、劇的に変化することはないだろう。そしてそれを前提する限り、〔厳然たる帰結主義的観点から見て〕群を抜いて最善の社会政治的な組織形態といえるのは、平凡な人々がある条件を満たしたときに――つまり、自らが規範と法を理解し、自己コントロールの能力を備えている、ということを示せるようになったときに――完全な政治的自由、およそすべての権利および責任を有する存在へと向上するという、そうした道徳のシステムだ、ということだ。

カルーゾー　ダン、先に進む前に、大急ぎで二、三のコメントをさせて下さい。僕たちの個人主義的な〈相応しい報い〉のシステムが、名誉の文化よりも改善されたものである見込みが大きい、という点はあなたに同意します。正直なところ、僕は名誉の文化の中で暮らしたくはありません。とはいっても、名誉の文化は僕たちの文化とは異なる文脈の中で進化したものであるからには、そちらの文脈の中では有効に機能してきた、という想定も可能です。といっても僕は、名誉の文化については、それがどれほど有効なのか、またそれが僕たちの文化とどれほど異なっているのかという問題に結論を出す前に、片づけなければならないはずの問題が数多くあることを認めています。僕がこの事例を取り上げたのは、単に、あなたの道具主義的アプローチがそれにどう応ずるのかを確かめたかったからにすぎません。そしてその結果、僕なりに答えは得られたと思っています。道徳の重要性についても、あなたに同意できる部分は大いにあります。とはいえ、自由意志懐疑論者には、道徳的抗議や、未来指向的な道徳的責任の理論や、人々の行為の「善い」「悪い」に関する価値論的な道徳判断といったものを、さまざまな形態において存続させることは不可能だ、と考えるべき理由など存在しないのです。根本的な問題は、果たして、道徳および適切に機能する社会は、**相応**

しさに基礎を置く道徳的責任という、僕をはじめとする懐疑論者が否認しているものを必要とするのかどうか、ということにあります。そしてそれは必要ではない、というのが僕の考えです。

さて、僕としては、他の論点についてもあなたに応答したくて仕方がないのですが、時間が尽きてしまう前に、僕が両立論に反対するために提起した第二の論証、つまり〈運にもとづく論証〉について議論するのが一番ではないか、と思います。多分この後の論戦三で、僕たちは、道徳的責任と〈正しい報い〉のシステムに対する〔自由意志〕懐疑論からの代案が望ましいものとなるかどうかという、重要な経験的〔実証的〕問いについて論じる中で、この議論を再開できます——というのも、僕たちは今や、あなたの帰結主義的な見解がこの経験的問いにかかっていることについては合意しているのだからです。

運についての討議（再論）

デネット その進め方で申し分ない。では、あなたの第二の論証に急いで取り掛かろう。グレッグ、あなたは二種類の運を区別し、そのいずれか〔または両方〕によって、およそ誰一人として責任ある存在ではありえない、ということを示そうと試みているが、ここでもまた、〔行為者が何を知っているのかという〕知識の問題が、あなたの試みを阻止することになる。最初に言うまでもない点を確認しておけば、僕らはみな、ただ生きているというだけで目覚ましい幸運に恵まれた存在だ。およそ生命を得たすべての生物の九九パーセント以上は子を残さずに死亡してきた。しかし、僕やあなたの祖先たちのどれ一つをとっても、この圧倒的に正常な運命に服することがなかった。そしてこの事実には、注目すべき事実が付随している。つまり僕らは単に幸運な生物としてではなく、むしろ高い技能を備えた生物として進化してきたのであり、さらに言えば、単に高い技能を備えた生物ではなく、自分に生じる幸運の大部分を自ら作り出し、自分に降りかかる不運からもたらされる悪しき結果を最小限のものに組み替えるための技能を備えた生物へと進化してきた、ということだ。ところで、僕らの中にはそれほどの賢明さを欠く人々もいる。このような知的障がい（チャレンジド）をもつ人々は自由意志をもたない。[70] それは彼ら自身の**落ち度**によってではなく（彼らに自由意志をもたないことに対する**責任**はない。彼らはただ不運なだけだ）、むしろ彼らの不運な過去によって色々な弱点を付与されたがゆえに、必要な自己コントロールを欠くことになった、ということだ。明らかに自分自身のコントロールがおよばない過去の出来事のせいで自由意志をもたないことになった人々、というなら、今述べた例がよい例になる。だが、僕らの内のこれよりも幸運な人々、人間に標準的な知性を備えるように生まれ、それにより自分の状況を反省する能力をもつ人々であれば、次のことが可能だ。

（1）自分の過去に含まれている欠点（「構成的」不運）を探し出し、特定すること——この欠点の修復に取り掛かること（例えば眼鏡をかける［ことで視力を補う］、それに取り組める精神状態のときに医薬品を飲む［ことで心身の不調を改善する］、など）をしなければ、自由意志を奪われる恐れがある。

（2）「現在の」不運がもたらす〔悪しき〕結果の最小化を見据え、日常の活動と長期的な企図を計画すること。その中には、助言を求める、誘惑の多い環境を避ける、可能なら場合には親切な神経外科医を雇う、そして、**幸運であれ、不運であれ、ともかく運が決定要因に入り込みそうな状況は避ける**、といったことが含まれる。例えばロシアン・ルーレットに誘われても辞退するとか、路面凍結の恐れがある日は高速道路の利用を控える、といったようにだ。こういった点で成熟することは自由意志という有能性の一部だ。

運というのは、その性格上、自由意志論争において重要な役回りを演じるものではない。というのも**僕らはみな運については知っているから**だ——僕らがそれを知っているからこそ、何かを許容する責任、計画を立てることへの責任、誰に責任があり誰に責任がないかを判定するときに運を考慮に入れることへの責任が、僕らにあると認められうるようになる。これまで哲学者たちは、別の場合には非難されないような行為が、恐ろしい結果を招く行為になってしまい、そこでは行為者がどれほど予見しても、どれほど成熟していても、何の役にも立たない、といった事例を、手間ひまかけて考案してきた。例えば、制限速度を守って車を運転していると、予見しようのない道路の隆起に衝突し、罪のない歩行者を死なせてしまう、といった事例だ。[71] しかしながら、こういう事例について、僕らはそれが不運だったことに合意できる——じっさいそれは、不慮の殺人者という烙印を負って残りの人生を過ごしていくという、つらいめぐり合わせだ、と。そしてこの事例をちょっと変えて、この人物が隆起に衝突したとき、隆起のことを知りつつ、高速道路での幸運を賭けて、一か八かで**スピードを出した**のだとしたら、この人物はもっと重い罪で告発されてもおかしくない。同じ状況でスピードを出しながら、不運に見舞われずに家に帰り着いた人物がいたら、それは当然の運命を幸運にも回避できただけ、ということになる。人生はいつも必ず公平に進むというものではない。本来非難の余地のない行為者として進んでいく軌道に介入し、それをだめにしてしまうような不運に遭わない、という保証などは存在しない。それは僕らすべてが、自由を手に入れるために支払う対価の一つだ。こういった偶発的で無意味な悲劇をすべて退けるために僕らのポリシーに修正を加えるべきだ、という考え方は、僕が見るところ、視野の狭い極論だ。僕らは賞賛と非難というポリシーを、単なる運が果たす役割を最小化できるような形で明確な形にしていくことができる――そしてその上で不首尾な成り行きが生じた場合は、ただ歯を食いしばってこらえればいい。これ以外のあらゆるポリシーは、よくとも父権主義的お節介か、パトロン的な上から目線の発想であり[72]、悪ければ不公正なものになる。どう見ても実力のないテニス選手が、勝てる「はずがない」マッチで、コートをうろついていた亀につまずいた対戦相手に勝利したとして、僕らはその実力のない選手を勝利者だと宣言することをためらったりはしない。それは大層な運(タフ・ラック)だが、そういう成り行きだったということだ。もっと深刻な状況を考えてみよう。あなたは**至極もっともな理由から**、自分が持っている銃には弾が入っていないと想定しているとする。何らかの、ほとんど想像もつかず、悪意の余地もまったくない奇妙な偶然の連鎖により、あなたがたどってきた世界経過のどこかで、未装填の銃が、それとそっくりの装填された銃に置き換わっていた、などと、あなたは夢にも思っていない。かくしてあなたはただ無邪気にカウボーイの真似をするつもりで人を撃ち殺してしまい、犯罪者となる。決して誰かに銃を向けて引き金を引いてはいけない――弾が装填されていない、という心証の確実性[73]がある場合を除けば〔というのが常識的な判断だが、それを覆す不運も存在しうる〕[74]。

カルーゾー　ダン、僕が思うに、あなたは運というものがどれほど至るところに行きわたっているかについて、そして、純然たる運の問題として不平等と不利な条件を課された行為者たちにとって、それを克服することがいかに困難であるかについて、はなはだしい過小評価をしています。例えば、この僕が比較的安定した社会、歴史上でも比較的安定した時代、比較的支援と愛を惜しまない二人の親のもとに生まれたことは、純然たる偶然の問題です。この僕が戦争で引き裂かれた国家に生まれた、というのもたやすくありうるのです[75]。そしてその国家での僕には、次の三つの選択肢しか与えられていないのです。すなわち、（a）一三歳になったら機関銃を携えてグループAに加入し、グループBのメンバーを殺害し始める。（b）グループBに加入し、グループAのメンバーの殺害を始める。（c）中立の立場にとどまり、いずれのグループにも加入しなかった報復として、家族を目の前で虐殺させるに任せる。もしも運がこういう仕方であなたを振り回すとしたら、あなたは殺人を犯すでしょうか？　そうなるだろうと僕は思いますし、ほとんどの人はそうするだろうと思います。言うまでもなくこれは、懐疑論的な見方が〔〈相応しさ〉に基礎を置く概念以外の〕他の責任概念と不整合だということではありません――他の責任概念とは、因果的起因性、帰属可能性、答弁可能性、などです[76]。また懐疑論的な見方は、危険な犯罪者に〈〔収監等による〕無害化〉を課したり、悪しき行動に対する道徳的抗議をしたりするための、しかるべき理由が残り続けることを否定するものでもありません。むしろこの見方は、〈人々を、非難と賞賛、罰と賞に真に相応しいと見なすというのは、道徳的に見て恣意的な事柄、あるいは究極的にコントロールの及ばない事柄の産物に対する責任を人々に認めるという、根本的に不公正で不正義な営みであるはずだ〉、と断固主張するのです。

あなたは、さまざまな技能や道徳的適格性（コンピテンシー）が運への対抗策になると提案しているように思われます。しかし、論戦一で論証しておいたように、僕はそれが何の助けにもならないと思っています――というのも、行為者は一連の行為を通じてさまざまな技能や有能性を発達させていくわけですが、その一連の行為それ自体が構成的運の産物であるか（これは、それらの行為が行為者の素養に発していている場合です）、あるいは〈現在の運〉の産物であるか、あるいはその両方の産物なのだからです。例えば、僕たちが「自由意志を奪われる恐れがある」ような「自分の過去に含まれている欠点（「構成的」不運）」を特定することができる、ということすら、一つの運の問題です。僕たちが「この欠点の修復に取り掛かること」ができる、というのも構成的運と現在の運の両方の問題です。運を無効化するためにさらなる運に訴える、というやり方で運の無効化を試みるなど、いったいどうやればできるのか、僕には分かりません（Levy 2011）。

僕がこの問題をこれほどに気にかけている理由は、それが現実世界の公共的政策に対して多大な含意をもつからです。例えば犯罪行動に対する僕たちの態度を考えて下さい。刑法においても、僕たちの日常的な態度においても、犯罪行動を、人の道徳的性格に関わる何らかの失策であり、個人的な責任の問題であるものとして描き出すことはきわめて一般的です。法的な刑罰の応報主義的な正当化（およびあなたの疑似応報主義的正当化——つまり、過去指向的な〈相応しい報い〉の、未来指向的な正当化）は、例えば、免責条件が満たされていない限りで、悪事を行った人物は自己の行為に対する道徳的責任を有し、悪行の度合いに応じた刑罰を受けるのが**相応しい**、と前提します。このような正当化は、個人とその責任だけにほとんどの注意を集中させ、犯罪行動の社会的決定要因には注目しないので、応報主義的（および疑似応報主義的）司法というのは、社会構造と犯罪行動の諸原因に的を合わせた政策よりも、犯罪に対する懲罰的なアプローチを支持しがちです。この種のアプローチは、犯罪であるような悪事に責任があるのはそれを行った個人であり、刑事司法が第一に関わるのは悪事を行った人々に**正しい報い**を与えることにある、という立場を固持します。個人的責任というこのエトスを、ロナルド・レーガンほどに体現した人物はいないでしょう。彼はこう語ったことで有名です。「法が破られるたびに、法の違反者ではなく社会こそ有罪なのだという考え方を、私たちは退けねばなりません。各個人が自分の行為に責任をもつというアメリカ的指針を、今こそ回復するときです」[77]。

しかしここには問題があります。僕たちが犯罪行動について知れば知るほど、犯罪とは人に関わっているよりも、場所と状況により多く関わっているものだ、ということが明らかになっていくという問題です。実際、目を凝らして見ていけば、刑務所のシステムは生涯にわたるトラウマ、〔物資などの〕欠乏、社会的に不利な条件などで埋め尽くされていることがあなたにも分かるでしょう（ここで重要な関連性をもつデータにもとづく詳細な議論については、僕の『応報主義を退ける——自由意志・刑罰・刑事司法』をご覧ください)。これを見落としてしまうと、深刻な帰結がもたらされます。犯罪行動に多大な寄与を果たす社会的諸力——例えば貧困〔物資などの欠乏〕、住宅事情、教育の不平等、人種差別、性差別、暴力にさらされる環境、等々——について人々が考えることは非常に稀です。僕たちはむしろ、犯罪行動を一人の人物の道徳的性格に帰属させ(「彼らは単純に悪い人々だ」)、その上でそういう人物が罰に相応しいと想定するものです。そして重要な点ですが、こういう想定は一定の帰結を伴うものです。僕たちが状況的な諸力を無視することによって、誰かの「悪質さ」をその人物の本質的な性質だと考えるとき、僕たちはその人物により悪い処遇を行い、より寛大ならざる態度をとるものです。僕たちは犯罪に対して、犯罪行動の社会的な決定諸要因と構造的諸原因に的を合わせるのではなく、懲罰的な反応的態度をもって対するものなのです。僕たちには、犯罪行動について僕たちが抱く前提を根源的に変化させ、その代わりに、政策決定において、今述べた状況的な諸力や改変可能な行動に注目を向けていく必要があります。

それゆえ、僕は、応報主義(およびあなたの疑似応報主義)を退け、犯罪行動に対する、より全体論的で体系的なアプローチを採用しようと提案するのです。[78] 不運なことに、自由意志への信念がその道をふさいでいます。というのも、その信念は懲罰的態度を鼓舞し、かつまた、他者を非難し、他者を道徳的責任ある人々と見なしたいという欲求を駆り立てるからです。自由意志への信念は、犯罪行動を何よりもまず個人の責任の問題だと見なします。そして、その結果として、まさに探究を始めるべき場所で探究を終えることに帰着するのです。刑法は、自由意志をめぐる想定を含むことによって、犯罪行動に対する**時間切片アプローチ**と僕が呼んでいるものを鼓舞します。このアプローチは、時間内のある特定の瞬間（犯罪の瞬間）おいて、行為者が適格性を備えていたかどうかを問題にします――つまりその瞬間、その行為者に諸理由に対する応答可能性があったか？　罪悪に傾く心や犯罪的な意図をもっていたか？　自分の行為が邪悪で法に反するものであることを理解していたか？　等々です。そしてこれらの問いに対してイエス、イエス、イエス、イエスと答えた人々は、法的かつ道徳的に罪責ある者となり、――すべてを考慮し、いかなる免責条件が満たされているとも想定されなければ――その行為者を罰することは合法的なことになるのです。もちろん刑法が、場合によっては、先立つ状況を重要な関連性をもつものと見なすことはあります（例えば家庭内暴力の事例など）。しかしそれでも刑法が第一に焦点を合わせるのは違法行為（アクトゥス・レウス）であり、犯意（メンス・レア）であり、犯罪者の犯行時の精神状態なのです。不運にも、このような時間切片アプローチは個人が生きている周囲状況と個人が組み込まれている社会システムをその個人から捨象してしまいます。それは犯罪行動の社会的決定要因や、犯罪行動を形成した原因およびシステム、それに、個々人がいかにして特定の精神状態を獲得するに至ったか、ということに対して、僕たちの目をふさいでしまうのです。

一方、（自由意志についての）懐疑論的な見方を支持するとき、僕たちはただちに、個人の責任、非難、罰に近視眼的に目を向けることが誤りであり、逆効果であることに気がつきます。懐疑論的な見方は、人生のくじ引きがいつも公正ではないこと、僕たちは誰もが平等なスタート地点から出発するわけではないこと、個人は社会システムの中に組み込まれており、それが僕らが何者であり、何を行うかを形成していることを告げます。僕が推奨するのは、時間切片アプローチとは対照的な、

歴史的全人格アプローチです——このアプローチでは、個人は歴史と周囲状況の副産物と見なされます。このアプローチは、犯罪行動がしばしば社会的決定要因の産物であること、犯罪を減少させ、人類の福利を増加させる最善の方法とは、それらの決定要因を特定し、それにもとづいて行動を起こすことである、ということを僕らが認識するのを助けてくれます。僕は、あなたがこれに賛同してくれないと分かっていますが、とはいえ恐らく、この次の論戦において、僕の**公衆衛生・隔離モデル**について議論し、長い会話を通じてお互いの相違点を詳細に検討できるでしょう。

当面のところ、僕はただ、あなたの運に対する解決法はひどくナイーブだと思う、と言っておくだけにします。あなたは、不運な事柄に帰される「自分の過去に含まれている欠点……を探し出し、特定すること」、またその上でその「修復に取り掛かること」が容易にできることだと示唆しているように思われます。しかし、こういった事柄は言うほど易しいものではありません——とりわけ、不利な条件がシステム由来の、克服困難なものである場合にはそうです。僕としては、この問題の実態は、（不運としての）目の悪さを眼鏡によって克服する、というあなたの例が示唆するよりも、何桁も大きなものだと思えてなりません。

デネット　運というのは明確に考えていくのが難しいものだ。あなたは「この僕が戦争で引き裂かれた国家に生まれた、というのもたやすくありうるのです」と言うが、もしこれが真実なら、僕の推測では、あなたがヒトデとして、あるいはキュウリとして生まれてきたこともありうるし、決して生まれてこなかったこともありうる、ということもまた真実であることになる。また、もしも僕が戦争で引き裂かれた国に生まれていたとしたら、僕はじっさいに、僕自身の何の落ち度でもない結果として、血も涙もない殺人者になっていたかもしれないし、あるいは、先ほどと似たように、機関銃としてその国に生まれ、僕の引き金を引く人物に劣らず、殺人の責任を問われないことになっていたかもしれない。こういった想像ゲームは、何らかの確たるルールにもとづかなければ、ほとんど意味がない。僕はすでに、すべての生物はそもそも生まれてきたというだけのことで、信じがたい幸運を**共有している**、と指摘しておいた。僕らの論点に引き寄せて言えば、人類すべては人類であるという点で信じがたい幸運を手にしている（そして、ヒキガエルでもミミズでもないという点でも——彼らは彼らで、自分がそれに生まれたことに満足しきっているのはほぼ間違いないし、自分に自由意志がないという事実に満足しきっているのは明々白々であるにしても）。そして僕は、人類の中でも、多くの人々が出発点の周囲状況において極度に不運であること——そして言うまでもなく、後の人生に降りかかる苦境も存在すること——についてあなたに同意する。これはすべて常識に属することであり、どんな道徳システムもそれに対処せねばならないし、**実際にすでに対処している**——どのシステムも等しく公正に、とは言えないにしても。

法はすでに「現在の運」に極めて効果的に対処しているし、日常の非形式的な道徳もそうしている。僕らはみな、後に核心的だったと判明するあれこれの周囲状況について「知りえなかった」ような不運な周囲状況に対しては許容する態度をとる。小さな子どもですら、**単なる**不運であることが明らかな事柄について罰を与えたり、さらには批判したりすることが公正なことではない、ということはすんなりと認めるものだ。法は、いくつかの特別の事例に対して、これよりも強力な原理を考案してきた。例えば無過失責任を定めた法があって、これは不運を理由にした免責を排除する。[79] これがあるおかげで、製薬会社、クレーン運転士、その他リスクの大きな職業の人々は細心の注意を払うようになる。とはいえ大人は一般に、通常の水準の用心と警戒を怠らないように期待されているものだ。それができない人々には、適格な人々には認められる自由が許されない。

あなたは、「運を無効化するためにさらなる運に訴える、というやり方で運の無効化を試みるなど、いったいどうやればできるのか、僕には分かりません」と言う。これには同意する。運を無効化するためには労力と技能が必要だ。そしてあなたの言うとおり、自分の生活様式を調整するという作業は「言うほど易しいことでは」ない。だが、人はちょっとした運があれば（そして、これ以上ないほど不運な人を除けば、ちょっとした運には事欠かないものだ）、技能や労力を注ぎ込む手順を向上させて、それによって人生において運に支配される範囲を狭めていくことができる。二人のバードがこの点をうまく表現しているよ。アレックス・バードは有名なイギリスの「パンター」（賭博師）で、競馬で一攫千金をものにした人物だが、あるとき次のように言った。「私は自分が幸運だと考えたことは一度もありません。私は臆病者です。私が賭博師ではないというのは、それが理由です。むしろ私は勤勉な働き者です。私が勤勉に働けば働くほど、私はそれだけ多く運を手にするのです」（『ロンドン・オブザーバー』紙一九八三年四月二四日号）。最後の一文は、偉大なバスケットボール選手であるラリー・バードにもしばしば帰されてきた。この道徳上の知恵を思いついた人は他にも数多くいたに違いない。あなたは、人にこのような勤勉な働きができるためには、それができるようなその人物なりの個性を有するという幸運を、有していなければならない、と反論するだろうと僕は想定している。だが、そういった幸運がどうしても必要というわけでもない。もしかすると、その人が意志薄弱な個性の持ち主であるにもかかわらず、熱心なコーチについてもらうという幸運を得て、その人の、本物の気概に関わる不運の克服を手伝ってもらえるということもあるかもしれない。あるいは、人が若い時期の死に瀕するほどの試練を受けるという運（幸運だろうか？　不運だろうか？）の衝撃から、以前よりも断固たる性格になる、ということもあるかもしれないし、あるいは……。人が成熟と自己コントロールを身につけるに至る道は数限りなく存在するし、たしかに刑務所はそのような道に出会えなかった人々で満ちているとしても、そのような人々がいる場所は刑務所の中だけではない。僕の目標は刑務所を根絶することではなく、むしろ刑務所を改良して、あなたが指摘する運と技能の両方における差異を――現在のシステムがやっているよりもずっと大きく――適切な仕方で考慮に入れるようにすることだ。

だがここであなたは僕の提起する代案にまったく目を向けないまま、その傍らをまっしぐらに進んでいる。そしてなぜそんなことになるかといえば、それは、あなたが前に指摘したのとはまた別のムシロ法[80]に没頭しているからだ。多分僕らはロナルド・レーガンを非難すべきだろう。彼の言葉をあなたは効果的に引用してくれた。

法が破られるたびに、法の違反者ではなく社会こそ有罪なのだという考え方を、私たちは退けねばなりません。各個人が自分の行為に責任をもつというアメリカ的指針を、今こそ回復するときです。

いったい、社会が、非常に多くの人々から能力を奪う役割を果たしてしまっている状況を憂慮することが、**それと同時に**、〔人々に〕責任[81]を認めることとは両立しない、という理由などあるだろうか？ あなたは言う。「犯罪行動に多大な寄与を果たす社会的諸力——例えば貧困、住宅事情、教育の不平等、人種差別、性差別、暴力にさらされる環境、等々——について人々が考えることは非常に稀です。僕たちは**むしろ**〔強調はデネットによる〕、犯罪行動を一人の人物の道徳的性格に帰属させ（「彼らは単純に悪い人々だ」）、その上でそういう人物が罰に相応しいと想定するものです」。ここで注意したいのは、僕らの多くは、多くの（だがすべてではない）有罪判決を受けた犯罪者は刑罰に相応しいと考え、**なおかつ**、僕らはこのような犯罪者——最終的に彼らを道徳的責任のある者と見なすにせよ、そうでないにせよ——の数を減らすはずの環境とプログラムの提供という問題に、これまで以上に専心すべきだ、と考えることに、何の矛盾も見いださない、ということだ。もちろん、独善的に刑罰を信奉する熱心な応報主義者がいて、こういった人々には、僕らの刑罰制度を人道的なものへと変えていくはずの社会プログラムを無視したり、無視はしなくとも支持しなかったり、といった傾向があるというあなたの言い分を、僕は認める。だが、だからといってそれ以外の僕ら〈正しい報い〉の信奉者全員にそれと同じ汚名を着せていいことにはならない。長年にわたり力説してきたことだが、現行の刑罰システムが鼻持ちならぬほど残酷で不正義なものであること、そして大幅な、革命的と言っていいほどの改革は何がどうあっても必要だということについて、僕はあなたに全面的に同意している。だが僕はそれでも、その企図に踏み出す第一歩として道徳的責任の概念を捨て去ろう、という案は愚かしいものだろうと強く主張する。この点については、僕はレーガンに同意している——他の大部分については同意できないとしても。だから僕の推測では、僕とあなたの主要な不一致点はそこにあることになる——あなたは、レーガンの言葉が明白に邪悪なものであるかのように、それを引用するのだから。僕が異議を唱えているのはただ一語、あなたの話に出てくる「むしろ」だけなんだ。

もしかすると、刑罰を信奉する人の中には、「悪質さ」をある人物の**本質的**な性質と見なす人もいるかもしれないが、僕は違う。その理由の一部は、僕が本質なるものを信じていないことにあるが、現在の文脈でのより直接的な理由は、——すでに話したように——ほとんどすべての人々は、再考、反省、再評価、それに、操り人形にされることへの抵抗[82]、といったことに対する際立った能力を備えている、と僕が信じていることにある。およそ、不運な人々を彼らの過去の歴史の**単なる**産物と見なし、パトロン的な上から目線で処遇する、という形の人道的改革の試みはいずれも、単に効果がないだけでなく、それ特有の残酷さを帯びざるをえないものだ。どんな親でも知っているように、子どもを責任ある存在へと育てるためには、子どもを責任ある存在だと**見なす**のが最善のやり方だ。そして、僕らの社会の中で保護拘禁下にある、先に述べた移行〔成熟と自己コントロールを身につけた主体への移行〕にまだ至っていない人々に対して、**自らを責任ある存在と見なすこと**を不可能にしてしまうような処遇を与えることは、彼ら自身が有する何らかの自己尊重を体系的に踏みにじる行いであって、失敗せざるをえないだろう。

あなたはどうしても僕を応報主義者の仲間にくくろうとする——これまた別の種類の、ムシロ法の実例だ。あなたの言う疑似応報主義というのが、僕の見方のように、刑罰の「本有的」価値を否定する立場を意味するなら、いったいそれはどんな立場なのか？　それは単なる〈刑罰は正当化できる〉という信念に過ぎないものではないのか？　だが、あなたが指摘している通り、責任と刑罰に対する僕の擁護論は「未来指向的」で「帰結主義的ないし契約説的」なものだ。いい加減この「疑似応報主義」はやめにしよう。その言葉には恐ろしい響きがあり、しかもなぜ恐ろしいのかを教えてくれないのだから。僕らの間の当面の問題は、僕が（適切に緩和された）刑罰と非難を含む〈正しい報い〉についての一つの見方を擁護しているのに対し、あなたはそれに同意しない、というところにある、という点をあなたは認めている。このような僕らはどちらも、応報主義者でも、疑似応報主義者――それがどんな立場であるにしても――でもない。

この主題について、もう一点だけ付け加えよう。あなたは「時間切片アプローチ」が、不運にも「個人が生きている周囲状況と個人が組み込まれている社会システムをその個人から捨象して」しまう、と言う。僕はそれが不運なことだとは思っていない。むしろ、およそ多少なりとも尊重に値する法のシステムに属する、重要な原理だと思っている。僕らの法は、富者と貧者を差別しないし、教育を受けた人と受けていない人、賢者と愚者、さらには、衝動的な人と自己コントロールのできる人すら差別しない。それを差別する法というのがあったら、まん丸いサイコロを二個振って決着をつける場合よりも、さらに大きな論争を招いてもおかしくない。そういう法の基準はこれこれこういうものだと、はっきり説明できる人などいるだろうか？　それよりもよいのは、諸個人からその特定の周囲状況や才能を捨象し、犯罪におよんだかどうかだけを確定させ、すでに法に組み込まれた免責事項と情状酌量できる周囲状況（および、法を改革していく中で僕らが付け加えることに決めたより特殊な条件）を徹底的に検討し、それから刑罰なり、無罪放免なり、その件に応じて修正を加えられた処分なりを割り当てる、というやり方だ。あなたは、こういう個人からの捨象は「犯罪行動の社会的決定要因や、犯罪行動を形成した原因およびシステム、それに、個々人がいかにして特定の精神状態を獲得するに至ったか、ということに対して、僕たちの目をふさいでしまう」と言う。現在ではそういうことは多いかもしれない。だが、必ずそうならねばならないわけではない。

カルーゾー　ダン、法的な刑罰と、刑法のシステムの最善の改善法の問題はいったん棚上げにして、論戦三で自由意志懐疑論がもたらす実践的諸帰結を論じるときに、改めてそれを取り上げる方が有益かもしれない、と思います。この主題について語りたいことはたくさんあり、この論戦二は終わりに近づいています。この点に関しては、あなたが提起する刑罰の正当化をどんな名で述べるのがもっともよいのか、という問題も取り上げてよいでしょう。

デネット　そうだね。僕も同意する。

カルーゾー　運の問題について、最後に一点だけ述べたいことがあります。僕たちの根本的な不一致は、諸個人が運の影響をどれほどこうむるかの**度合い**、および、技能と努力を用いて運を克服できるという行為者の**能力**についてである、と僕は思っています。「運はすべてを飲み込んでしまう」[83]というのが僕の主張です。あなたはこれに同意しません。運を克服できるという僕たちの能力について、僕が強く主張するのは、今回何度も繰り返し論証したように、行為者が一連の行為を通じて技能と有能性を発達させるときの、その一連の行為**それ自体が**〈構成的運〉の産物であるか（これはそれが行為者の素養である場合です）、〈現在の運〉の産物であるか（これは、例えば支援の手を惜しまない親や励ましを与えてくれる教師のような、ローカルな要因の産物だという場合です）、あるいはその両方である、ということです。あなたは、行為者が、運がもたらした結果をさらなる運によって無効化することなどできない、という点で僕に同意してくれているように思われます。ところがあなたは、僕たちが運と戦えるようになるためのまさにその手段（例えば技能、努力、気概――その他、好きな名で呼んでよいもの）が、それ自体、至るところに行きわたり、すべてを包み込んでしまう運に従属する、というまさにそのことに気づき損ねています。たしかに「あなたは、人にこのような勤勉な働きができるためには、それができるようなその人物なりの個性を有するという幸運を有していなければならない、と反論するだろうと僕は想定している」と述べたときのあなたは、この点に気づいているように思われます。ところが、あなたは続けてこう述べます「だが、そういった幸運がどうしても必要というわけでもない。もしかすると、その人が意志薄弱な個性の持ち主であるにもかかわらず、熱心なコーチについてもらうという幸運を得て、その人の、本物の気概に関わる不運の克服を手伝ってもらえるということもあるかもしれない。あるいは、人が若い時期の死に瀕するほどの試練を受けるという運……から、以前よりも断固たる性格になる、ということもあるかもしれない」。ここで自分がまさに何をやっているか、気づいているでしょうか？　あなたは、自分で「できない」

と言ったことをしようとしているのです。つまり、〈構成的運〉がもたらした結果を、それを埋め合わせる〈現在の運〉を導入することで無効化しようとしているのです。あなた自身が挙げた例が、僕の主張を確証する結果になっています――すなわち、行為者が一連の行為を通じて技能と有能性を発達させるときの、その一連の行為それ自体が〈構成的運〉の産物であるか、〈現在の運〉の産物であるか、あるいはその両方である、という主張です。

デネット グレッグ、実のところ、僕の例はあなたの主張をまったく確証などしていない。運を無効化するためにさらなる運に訴えることはできない、という点で僕はあなたに同意すると言ったが、僕はそれに続けて「運を無効化するためには労力と技能が必要だ」とも言った。さて、この世界のほとんどすべての子ども――ひどい苦境にさらされている子どもすら含めて――が、何らかの働きを行っていく中で成熟と発達した技能を獲得するに至るというのは、純然たるむき出しの運などではない。どのような社会の親も教師も、子どもたちがそれを獲得できる条件を提供することを社会によって強く動機づけられているものだ。ほとんどすべての子どもは、他の人間たちがいる場所で育てられ、漸進的に責任を認められるようになっていき、最終的に成人の自由を危なげなく認められるまでの成熟の水準に達するに至る点で**幸運**なのだ、とあなたは言うことが**できたかもしれない**。僕としてはむしろ、何らかの理由でこの通常の発達が生じなかった、子どもたちの中のごく小さい少数派のグループこそがとてつもなく不運なのだ、と言いたい。彼らに明らかに自由意志はなく、[84]僕らは彼らのための多大な許容と配慮を与え、彼らが十分な育成を得られる[85]ような限定された環境に彼らが居られるようにすべきだ。そしてまた子どもたちの中には、成熟と自己コントロールについて生涯におよぶ問題を抱えている、それよりも大きな少数派のグループも存在していて、僕らは彼らに対しても何らかの対応を提供する必要がある。幸い、現代社会はこのような子どもの数が最小化することを保証するための真面目なプログラムを——人生のスタート地点に立つ子どもたちのための、義務教育や、親による虐待を禁ずる法などを——発展させてきた。僕らはこのような対策をさらに促進するための国家的な取り組みにもっと専心していくべきだ。これは誰もが知っていることだ。あなたの言うとおり、あまりにも多くの子どもが、まさにこのような不運に見舞われているし、じっさい僕らは経済、教育、政治における僕らのポリシーを修正し改革していくための手を打ち、僕らにできる限りでそのような目に遭う子どもの数を減らしていくべきだ。だが、この目標を実現するためには標準的な幸運よりも大きな幸運が必要だ、というのは端的に正しいこととはいえない。

だから、運がすべてを飲み込んでしまうということはない。運がほとんどのものを飲み込んでしまうということすらないし、現在では、例えば旧約聖書の倫理のような古き悪しき時代と比べて、運が飲み込んでしまうものはさらに少なくなっている。この二、三千年で、僕ら人類は多大な進歩を遂げたのだし、その進歩のかなりの部分は前世紀にもたらされたものだ。僕らは〈構成的運〉が支配する領域と〈現在の運〉が支配する領域の両方を、莫大な範囲にわたり狭めてきた。世界全体を見渡せば、人口のパーセンテージとして貧困は減少していて、これは死と飢餓に瀕した子どもが減っているということだ。この問題やその他の最前線の問題における、励まされる最新のニュースについては、ハンス・ロスリングの『FACTFULNESS――10の思い込みを乗り越え、データを基に世界を正しく見る習慣』（Rosling 2018）を見てほしい。そして、現在では、この上なく不運な人々を除けば誰もが利用できる、教育や、両親へのガイドや、それにもちろん、世界と世界の中で生きていくための情報が、もっともっと多く存在している。僕らがとてつもなく不運な世界に生きていたと考えてみよう。その世界では、成年に達した人物のほとんどすべてが、あれやこれやのちょっとした不運のせいで、合理的な自己コントロールが不可能になってしまっているんだ。だが、たとえそんな世界にいたとしても、僕は人々を道徳的責任ある存在だと見なすというポリシーを放棄すべきだ、という主張には説得されない。その世界では、責任あると見なされうる人々の数がより少ないだろうが、それでも、その世界を良いものにしていくための最善の希望をかなえる方法は、その少数の人々を励まして、彼らがそれに対して道徳的責任を引き受けるような、道徳的に責任あるプロジェクトに参加してもらう、というやり方になるだろう。ここで言う道徳的責任は「神の御前での」それではない。なぜなら僕らは、目の前にニンジンをぶら下げる必要性をすでに脱却しているからだ。ここで言っているのは、まさに人々が望むに値すると思えるような種類の道徳的責任に他ならない。およそものを考えられる人々であれば、責任ある存在と見なされることこそが人生最大の祝福であると理解するはずだ。

論戦三

刑罰・道徳・相応しい報い

カルーゾー　ダン、そろそろ、罰、とりわけ法的な刑罰の問題と、僕たちそれぞれの刑法についての見方を論じる頃合いだと思います。まずはいくつかの用語の定義から始めましょう。罰とは、権威により、悪事を行ったと認められたグループまたは個人に加えられる、不快感をもたらす懲らしめ(ペナルティ)[1]または剥奪行為である、と言うことができます。身近なところでは、教師が無礼な行動を取った児童に「タイムアウト」〔罰としての短時間の隔離〕を課したり、あるいは剽窃を行った学生を放校処分にしたり、という例を挙げられます。そして法的刑罰とは、一つの特別な種類の罰であり、国家の法の違反に――正しく、または誤って――相当するふるまいに対する意図的な懲らしめを課することであり、その懲らしめが国家の権威によって裁可[2]された場合にそれが課される、と言えます。より正確には、**法的刑罰**とは、ある人物が国家のために、他の人物に故意に害を加えることであり、その際、何らかの犯罪行為への適切な応答になっていること、および、その犯罪行為の国家による批難[3]の表現となっていることが意図されている、と言うことができるでしょう。以上の定義についてはよろしいでしょうか?

デネット　僕の目には適切だと思える。

カルーゾー 前回の論戦で僕は、あなたがある種の疑似応報主義を擁護していると難じ、それに対してあなたはそのレッテルに対して異議を唱えました。

デネット まったくその通り。僕は応報主義者ではない。この点はあくまで強調する。

カルーゾー うむ、僕がなぜあなたに疑似応報主義者のレッテルを貼ったか、その理由を言います。たしかにあなたは、〈相応しい報い〉のシステムを、未来指向的な帰結主義を根拠として正当化するのですが、とはいえあなたはまた、僕たちは、**ひとたびそのシステムの内部に立ってしまうや、**法的刑罰を〈相応しさ〉に応じて割り振っていくべきだ、とも断固主張するのです。これはつまり、あなたは（少なくとも僕の理解する限り）〈悪事を行った者は、いかなる免責条件も満たされていなければ、自分の行為に対する道徳的責任を有し、それゆえその悪事に応じた割合で罰されることに（過去指向的な意味で）相応しい〉という、応報主義の核心といえる思想を保持しているということです。違っているでしょうか？　僕は、あなたが刑罰の帰結主義的な正当化――僕たちの実践のシステムに内在するものとしての刑罰は、それが抑止や、僕たちの安全の確保や、犯罪者の更生を有効に実現させる場合にのみ正当化される、という主張――を提起しているとは理解できないのです。

デネット あなたは正しい――ただ一つ、その思想を刑罰に関する**応報主義の**核心といえる思想だと呼んでいる点を除けば。つまりあなたが正しく指摘するように、僕が擁護する刑罰の概念によれば、ある人物が告発されて有罪となり、かつまた道徳的に適格（コンピテント）であるということを僕らがひとたび確定させたならば、僕らはそれ以上、**この件でこの特定の罪人を罰することが**、抑止や、改善や、罪人たちの更生や、僕らの安全のさらなる確保を実現させるかどうかについて考察はしない、ということになる。僕らが彼らを罰するのは、彼らが告発されて有罪となったからなのであって、彼らもそれをよく知っている。一つの単純な例は、ボールかストライクかを判定するアンパイア〔審判〕の役割だ。アンパイアはルールを知っており、ピッチャーもバッターもルールを知っている。そして**その件で**、投球をボールとするかストライクとするかの判定が、例えば多数派の人々を幸福にするかどうかとか、ピッチャーがより正確な球を投げるようにするかどうかとか、バッターの自信過剰な態度を改善するかどうか、といった問いかけははっきり**的外れな**問いかけだし、それが、何らかの不公正に蝕まれてしまったそのゲームの試合全体の水準を改善させるかどうか、という問いかけについてすら同じことが言える。僕らは、ルールを曲げ、そういう例外事項を認めようとする強い誘惑が至るところにあること、また事実そういう誘惑に屈したように見えるアンパイアたちの悪名高い事例もあることをまったくよく知っている。しかしまた僕らは、仮に審判たちがそういうポリシーを採用したならば、野球の試合がプロレスの試合のようなものになってしまう、ということもまた知っている。アンパイアは**ルールに従って**ボールとストライクを判定すべきだ。それは彼らの義務であり、そのことが野球を、プレイに値するものたらしめている。

絶えず変転する周囲状況の中で、法への尊重の念を維持していく、というのがここでの主要な問題だ。かつて誠意をもって可決された法が、僕らがその後に得た知識ゆえに、もはや意味をなさず、僕らの公正さの直観を満たすこともなくなるとき、僕らは帰結主義的理由によって、法を曲げるのではなく、むしろ**法を改正**する。なぜなら、もしもそこで法を曲げてしまえば、僕らの法とはそこに書かれた通りのものであるという一般庶民の信頼を犠牲にすることになり、これは非常に危険な状態であるからだ。厳密に言えば、ボールの判定もストライクの判定もペナルティではないので〔その判定が、そこにいる選手をどれだけ痛めつけ、怒らせる場合があるとしても〕、アイスホッケーのレフェリーがハイスティッキング〔肩より上にスティックを上げる反則行為〕を行った選手をペナルティ・ボックスに送る、という例の方がここでは適切かもしれない。これは本物の罰の一種であり、優勝者の称号、契約金、評判などの喪失を招くこともありうる。悪ガキに大目玉を食らわせるのと同程度のやり方で、選手を傷つけることもありうる。だが、レフェリーたるものどんな場合であれ、罰を科することが人類の福利や幸福やその他を増大させるかどうか〔に応じてペナルティを科すか科さないか〕を考慮すべきではない。もしそんなことをしてしまえば、法の安定性は切り崩されてしまうだろう。

僕はこれまで、哲学において**イズムの行商**に訴える態度を何度もきつく批判してきた——イズムの行商とは、例えばこんな風になされる。「あなたの唯物論は、消去的唯物論なのか、還元的唯物論なのか、道具主義的唯物論なのか、それとも虚構主義的唯物論なのか、はたまた幻想主義的唯物論なのか、どのブランドに属する唯物論なのでしょうか?」なぜ批判するかといえば、こういう態度はニュアンスを覆い隠す**ムシロ法**を持ち込むことで、いくつか、あるいはひょっとするとすべての選択肢に何らかの真理の要素が含まれている、という可能性を見逃すことにつながるからだ。とはいえ、ある立場を論理空間中に定位するために、レッテルが役に立つ場合もたまにはある。僕なりに想定すれば、僕の立場は、規則功利主義にもとづく契約説の一種だ――ゆえにそれは徹頭徹尾帰結主義的な立場だが（またそれゆえ何ら応報主義的ではないが）、とはいえ誰が何に相応しいのかが確定した場合には、完全に過去指向的な立場になる。ホッケー選手たちはルールを知っており、適正な免除条項を満たさずにルールに違反した場合、ペナルティという判定が公正で正当であることを受け容れる。ここでの適正な免除条項とはどのようなものだろうか？　その行為が実際にはハイスティッキングではなかった、という場合はそれに当たる。ペナルティを宣告された選手は対戦相手の選手につまずいてコントロールを失い、その結果スティックが上がってしまったのだ、というような場合だ。しかし、ペナルティを宣告された選手は悲惨な子ども時代を送り、その結果自分の攻撃性をコントロールするのが非常に難しい人物になってしまった、だからそれはハイスティッキングではない、などという判定は存在しない。あるいは、決定論は真理であり、それゆえその選手は別のようにはプレイできなかった、だからそれはハイスティッキングではない、などという判定も間違いなく存在しない！　今述べた話の明白な滑稽さは「別のようにはなしえなかった」がどのような場合に責任の免除を行うかについての僕らの日常の確信に関して、哲学者たちが単純に誤った診断を下していることを示すものだと僕には思える。人々が――正当にも――気にかけているのは、ある選択肢が行為者のコントロールの範囲内にあるかどうかなのであって、もう一度繰り返せば、これは決定論とは独立した問題だ。

それゆえ、その［アイスホッケーの］罰のシステムは帰結主義的な諸理由によって正当化される

――そのシステムによって、アイスホッケーを愛好する選手と観客は、試合を行い、それを観戦することができるようになっている、ということだ。同様に、よく秩序づけられた社会の法によって、その社会の全メンバーは、同胞市民を信頼し、長期的な計画を立てられるような、相対的に安全で危険のない生活を送ることができるようになっている。そしてこのようなシステムの鍵となる要素こそ、道徳的行為者性および〈正しい報い〉の概念だということになる。

今述べた考察は、文書としての国家の成文法なりルールブックなりについては明らかに見て取れることだが、それだけではなく、公的な合法性の領域とは独立の、道徳的なふるまいと不道徳なふるまいに関する、総じて文書化されていない規範についても適用できる。僕らはときに、ずる賢く――そして不道徳に――ゲームの公式のルールを悪用したり、その裏をかいたりする「汚い」プレイヤーをそれとして見分けることができるものだが、これは僕らが不道徳な市民を特定する場合とまったく同じだ――つまり、自分がメンバーとして属している社会の書かれざる規範に、違法なことは何一つしないままで違反することを許すような法の抜け穴を、どうにかして見つけ出すような、そうした不道徳な市民を特定する場合とまったく同じなんだ。僕らはこの種の個人が改善され、更生され、新たに現れないように抑止されるべきこと(これは公的な仕方での批難[4]や恥を知らしめることによってなされよう)に同意できるが、とはいえ、何にもまして僕らは、その種の個人が、僕らの道徳的ルールへの尊重の念を、意志的に、それと知りつつないがしろにしたことに対する「おとしまえをつけてもらう」のに相応しい、と考えるものだ。なぜか? それは、人が何らかのコミュニティ[5]においてて生きる上での利益を共有しているとき、その人は、〈自分自身で行動し、コミュニティの規範を知り、その規範に背いた場合にその人を罰する権利をコミュニティに認める〉という約束を暗黙裡に行っているからだ。これはいわばクラブ、そう、〈道徳的行為者クラブ〉に加入しているようなもので、このクラブがルールを作成し、施行するということだ。これと同じ原理が、僕らの社会とは相当に異質な社会の場合にもしっくり当てはまるというのは、注目に値する——例として、僕らには受け容れられず、理解すらできないような規範を数多く備えた狩猟採集社会を考えてみよう。このような社会の人々が、その社会に属する、その社会で尊ばれている規範の一つへの違反者を罰する場合、彼らのそのような処罰は正当化されたものであり、また、その社会のメンバー——典型的には、罰される人物もそこに含まれる——は、その刑罰が相応しい刑罰であったことを受け容れる。だが、その人物がするにおよんだ行いは、**本当**に不道徳な行いだったのか？　そして罪を宣告された人物が受けたのは**本当**に〈正しい報い〉だったのか？　これがいつか合意された回答が得られる問いであることも、十分にありうる——仮に、待望された全世界の道徳の統一が実現したとしたならば。そのような統一が実現しなければ、この問いが回答不可能なものであることもありうる。しかし注意すべきなのは、僕らは今のこの社会で、これと同様に、答えられていないとしても、しかし回答可能だと考えてよい問いに直面している、ということだ。例えば、市民的不服従[6]が正当化されるのはどのような条件か？　とか、最終的に、中絶反対と中絶促進と、どちらが不道徳なのか？　といった問いだ。自由意志を備えた人格的存在(パーソン)[7]は、これらの問いすべてを考慮し、いずれかの立場を支持する能力を備えている。いずれを取るにしてもその人格的存在にはその選択に対する道徳的責任があり、それが法制化された場合には法的責任がある。それは入会の費用だ。

だから、その狩猟採集社会の人々が神聖な規範だと呼ぶものをこちらがどうしても容認できなければ、あくまで彼らのルールを尊重しつつ、そこで伝道活動を始め、彼らに異なった考え方(マインドセット)を教育しようと決断してもよい――さもなければ、彼らからの歓待を断念し、そこを去ってもよい。文化多様性の尊重とは、そういう風にやっていくものだ。

カルーゾー ありがとうございます、ダン。有益なお話です。そしてあなたの言う通り、僕は、あなたの立場にどうしてもあれやこれやのレッテルを貼り付けようというイズムの行商にのめりこむ趣味はありません。あなたの立場がどういった営みや取り組みをもたらしうるのかをはっきりさせる方が、それをどんな名で呼ぶべきかを決定するよりも重要です。刑罰に対するあなたの正当化の中で、**相応しさ**がどのような役割を果たしているのかについても、僕はやはりはっきりさせたいと思っています。一方で、刑罰に対するあなたの契約説的で帰結主義的なアプローチは、本物の〈相応しさ〉に依存していないため、自由意志懐疑論者にも容易に採用可能です。これはつまり、ある種の過去指向的でありつつ〈相応しさ〉に基礎を置かない責任概念が、あなたが求めている働きのすべてを行うということがなぜできないというのか、その理由が僕には分からない、ということです。フレッドがトニーを銃で撃った、としましょう。自由意志懐疑論者が、フレッドにはトニーの死に対して**因果的起因性**(レスポンシビリティ)〔という意味での責任(レスポンシビリティ)〕[8]があると、自分の立場と矛盾せずに認めることは可能でしょう。自由意志懐疑論者はまた、たとえトニーには〈基礎的な相応しさ〉という意味での道徳的責任がないとしても、さまざまな動機、意図、性格特性をトニーに**帰属させる**ことも可能でしょう――というのも帰属可能性としての責任概念もまた、自由意志懐疑論と両立可能だからです。この種の過去指向的な考慮では、刑罰の契約説的、ないし帰結主義的な正当化を基礎づけるには十分でないとしたら、それはなぜなのでしょうか？〈相応しさ〉をどうしても持ち込もうというのはなぜなのでしょう？　そして自由意志懐疑論者は刑罰の正当化をすべて退けねばならないわけではなく、単に〈相応しさ〉を根拠とする刑罰の正当化のみを退けねばならないというだけである以上、あなたの所説が自由意志懐疑論者に利用可能でないとしたらそれはなぜなのでしょうか？

他方で、あなたはまた、ある個人が悪事を行い、僕たちの契約説的な、そして／あるいは法的な合意を破った場合、その人物は「僕らの道徳的ルールへの尊重を、意志的に、それと知りつつないがしろにしたことに対する『おとしまえをつけてもらう』に相応しい」とどうしても主張したいように思われます。この主張や、その他類似の主張から見受けられることは、〈相応しさ〉の概念は、あなたの所説において、疑似応報主義的な役割を果たしているように思われる、ということです。応報主義は、犯罪者〔の出現〕の抑止や、犯罪者の更生あるいは、〈〔収監等による〕無害化〉、といったものを目指す刑罰理論とは異なり、犯罪者が非難に値し、非難に相応しいということを刑罰の根拠とします。法学者ミッチェル・バーマンは、彼自身が有力な応報主義者ですが（Berman 2008, 2011, 2013, 2016）、今のような応報主義者の主張について次のように述べています。「正当化できず、免責不可能な仕方で、他者、または重大な社会的関心事に対する害を引き起こすか、そのようになる危険を招いた人物は、その行為を選択したことのゆえに、苦しみを受けるに相応しく、かつまた、彼の他者たちへの考慮ないし配慮が、彼に適切に求められていた度合いにどの程度およばなかったかの、その割合に応じた苦しみを受けるに相応しい」(Berman 2008: 269)。この主張に、あなたは同意するでしょうか？　もし同意するというなら、その場合、あなたの所説においてこれと同じ〈相応しさ〉の概念が、何らかの本物の役割を果たしていてもおかしくないと僕は思います。

そしてそうなると、あなたが刑罰を**正当化する**に当たり、〈相応しさ〉はどのような役割を果たしているのか？　という問いが出てきます。帰結主義的な刑罰理論というものは、自由意志の存在、ないし犯罪者の〈相応しさ〉に訴えることも、前提することも必要とはしないものです。それゆえあなたが、自らの説を「徹頭徹尾帰結主義的」だと述べるとき、あなたは自身の見解が自由意志否定論と整合的である、ということを暗に前提しているように思われます。ここに僕は疑問を感じます。つまりあなたの立場は、僕が提起した、〔自由意志〕懐疑論者により親近的な解釈を容れるものなのか、それとも、刑罰は過去指向的な**非難に値すること**と**相応しさ**を根拠としなくてはならない、とあくまで主張するのか、どちらなのでしょう？

デネット　なぜ僕がそもそも〈相応しさ〉を持ち出すのか？　というのがあなたの問いだ。そしてその答えは、僕らが現在と同じく、今後も同胞市民たちを、自らの行為に対する責任を**引き受けている**存在として（そして、他の人々のよい行いについての責任は引き受けない存在として）信頼し続けるつもりなら、そのとき〈相応しさ〉こそが賞賛と非難、賞と罰のどちらの個別事例についても、その考察を重要な点に絞り込むことになるから、ということになる。僕らの規範と法は、それらが個々人の間の道徳的適格性（コンピテンシー）に関して区別を立てない限り、僕らにその尊重を命じることはないはずだ――

そして、僕らの尊重に**相応し**いものでもないはずだ。僕は、あなたが依拠してきた〈相応しさ〉の定義はあまりに狭すぎる、と思っている。あなたが引用したミッチェル[9]・バーマンの定義を、僕は問題なく受け容れる。加えて指摘すれば、その定義は間接的な帰結主義的な根拠づけを、かなりはっきりとほのめかしている――つまり、この〔相応しさの〕概念を承認する国家ないし社会は、国家と市民双方にとっての重要な利害関心を保護するはずだ、という根拠づけだ。

カルーゾー　あなたの回答に驚きはしませんが、僕としてはあなたに、〔自由意志〕懐疑論により親近的な僕の解釈を受け容れる余地を空けていてもらえれば、と思っています。もう一度、また違った枠づけで同じ問いを投げかけさせて下さい。今度はこういう風に問います。**あなたの考えによると、〈相応しさ〉に基礎を置く**〔刑罰の〕**正当化がすべて帰結主義的正当化に還元されることになるでしょうか？　そしてもしそうなる場合、〈相応しさ〉は正当化から抜け落ちてしまうことになるのではないでしょうか？**　僕が理解する限り、あなたの第一の関心は実用主義的(プラグマティック)なものです。つまりあなたの関心は、うまく機能する社会を確保するために、僕たちはどのように刑罰を正当化できるかを知りたい、という実用主義的な関心なのです。先ほども示唆したことですが、このような正当化を行うための、純粋に帰結主義的で、しかもその中に過去指向的な〈相応しさ〉を一切含まないような正当化はありえます――それ以外の過去指向的な要素はなおも保持されているにしても（例えば、行為者に因果的起因性(レスポンシビリティ)はあったか？　犯行時の行為者に犯罪を行えるほどの適格性はあったか？　その行為者に犯意(メンス・レア)（犯罪を行うという意図や知識）はあったか？　などです）。

〈相応しさ〉の概念――基礎的な意味でのそれも、非・基礎的な意味でのそれも――を放棄することから、個人の道徳的適格性に関わる重要な区別を放棄せねばならない、ということは**帰結しません**。もし帰結すると考えるなら、あなたは〔自由意志〕懐疑論者の立場のわら人形版を相手にしていることになる、と僕は思っています。これらの重要な区別を保持するための、未来指向的で〈相応しさ〉に基礎を置かないような重要な理由づけは色々と存在します。自由意志懐疑論からも、僕が支持する、犯罪行動に対処するための非・応報主義的な代案〔公衆衛生 - 隔離モデル〕からも、〈諸理由に対して応答可能である行為者と、そうではない行為者の差異は、犯罪者の処遇のあり方に、重要な関連性をもたない〉という帰結は導かれません。むしろその正反対であり、典型的な自由意志懐疑論者たちは、このような差異が、犯罪への正しい対応を決定する際に決定的に重要である、と主張するものです。例えば、僕が擁護している公衆衛生 - 隔離モデルによれば、犯罪者が適格性を有し、諸理由に対して応答可能であるかどうかという点は、少なくとも二つの理由から、重要な関連性をもつ問題となります。第一の理由は、その問題が、ある人物がこの先どのような種類の脅威をもたらすのか、および、その人物に対する〈〔収監等による〕無害化〉が必要であるかどうかを評定する上で重要だからです。例えば深刻な精神疾患を抱えている犯罪者は、諸理由への応答能力を完全に備えている人物とは、重大な点で異なっています。こうした差異は〔社会や人々の〕十全な保護を行うために最低限度の〔犯罪者の行為や権利の〕制限を課すとしたら、それがどのようなものとなるかを決定するために、重要な関連性をもつはずです。第二の理由は、〔犯罪者に〕理由応答性のための諸能力が備わっている場合には、〔犯罪者自身の〕合理性と自己統御[10]を考慮に入れるタイプの処遇が適切なものになる、ということです。他方、合理性と自己統御に欠損を抱えている人々の場合、それとは別の、可能ならば損なわれた諸能力を回復することを目指すような処遇／治療（トリートメント）[11]を受ける必要が出てくるでしょう。それら諸能力の欠損に至る多様な原因を理解することは、累犯の減少と更生のための有効な政策を画定するためには決定的に重要なものにもなるでしょう。それゆえ、自由意志懐疑論と公衆衛生－隔離モデル（これについて議論する時間をもてればと思っていますが）は、理由応答性、自己統御、自律性の度合いの差異といった事柄の重要性を認めます。しかしこの立場は、これらの事柄を、誰が非難に値するかどうか、〈相応しさ〉に基礎を置く道徳的責任が誰にあるか、ということを定めるために重要な関連性をもつ、と見なすのではなく、むしろ、これらの事柄はこの先の行為の適切な指針を決定するために重要である（実のところ不可欠である）と考えるのです。

　したがって、あなたの立場に対する、僕自身の立場により親和的な解釈にあなたが抗弁するとき、その抗弁は〔自由意志〕懐疑論の立場から何が帰結し、またその立場がどのような方策（リソース）を利用できるか、についての誤解に発したものである可能性があります。例えばデーク・ペレブームは道徳的責任を未来指向的に位置づける説を提起しており、そこで道徳的責任は〈相応しさ〉を根拠とするのではなく、むしろ、未来における〔人々の〕保護、未来における和解、未来における道徳的性格形成、という、**〈相応しさ〉に訴えない三つの望ましい目標**を根拠とするものとされます（Pereboom 2014参照）。この説では、ある行為者に、彼女が行った不道徳な行為についての説明を求める、という営みを次のように理解します。最初の段階は道徳的な問いかけです。ここでは行為についての説明を求めるのは、その行為者に、自分には悪しき行為を行う性向があることを認めさせる、という意図からなされます。次に、彼女が実際に悪しき行為を行っており、そこには弁解や正当化の余地がない、という場合、僕たちは、そのような行為をもたらすに至った性向は根絶させてしまうのが最もよいことだ、と彼女自身が気づくようになることを目指します。通常の事例では、その性向を根絶させるべきだ、という道徳的理由をその行為者がはっきり認識することを通じて、そのような変化がもたらされます。したがって、ある行為者の諸理由への応答能力——また、それと共に、僕たち自身を保護すること、彼女の道徳的性格形成、それから僕たちと彼女との和解への道徳的関心を僕たちが抱いている、という事実——こそが、彼女がなぜ、ここでの未来指向的な意味で解された道徳的保護の適切な受け手であるのかという、その理由を説明することになるのです。両立論者の多くは、何らかの形態での、こうした〈諸理由との調和〉を、〈相応しさ〉に基礎を置く道徳的責任にとっての鍵となる条件であると見なすのですが、他方で僕たち懐疑論者は、この〈諸理由との調和〉を、未来における〔人々の〕保護、未来における和解、未来における道徳的性格形成に焦点を合わせた責任概念にとっての最も重大な条件であると考えます。

　以上を踏まえ、僕としては、先に進む前に、最後にもう一度お尋ねしたいことがあります。つまり、刑罰に対するあなたの実用主義的(プラグマティック)なアプローチが、過去指向的な〈相応しさ〉なしには十分うまくいくことはありえない、というのはなぜでしょうか？　仮にあなたが、〈相応しさ〉に基礎を置く〔刑罰の〕正当化はすべて帰結主義的正当化に還元される、と考えているとしたら、そのとき、〈相応しさ〉は正当化から抜け落ちてしまうことにならないでしょうか？　この〔相応しさを脱落させた〕結論を完全に受け容れ、あなたの所説になお留まっている応報主義の残滓を何もかも追い払ってしまってはどうでしょう？　僕がこう提案したいと思うのは、僕たちの立場をさらに近づけたいというだけではありません。それによってあなたの所説が、**正しい報い**という、極めて論争含みで、しばしば有害でもある概念への依存度を減らすようになるからでもあります。

デネット　グレッグ、あなたは僕が擁護する立場への代案を提案し、この代案を支えるための「〈相応しさ〉に基礎を置かないような理由づけ」を提供できる方法があなたとデークにはある、と請け負っているわけだが、これは今のところ、僕には評価のしようがないものだ。というのもあなたは、あなたの提案に含まれているやっかいな力学（と僕が当面見なしているもの）を過小評価しているように見えるからだ。だから、まずはあなたの言う隔離モデルの詳細を検討し、その後で僕の懸念が正しいかどうかを見極めよう。

公衆衛生 - 隔離モデル

カルーゾー　結構です。早速その話題に移ります。論戦一であなたはこう述べました。「もしもあなたに、安定した、安全な、正しい国家が、〔カルーゾー補足――相応しさに基礎を置く〕道徳的責任への訴えなしで繁栄できるようなあり方についての、これ以外の見通しがあるとしたら、あなたには、僕らにそれを詳しく示す義務がある」。あのときは、犯罪行動に対する〈相応しさ〉に基礎を置かない僕のアプローチを素描してみせることができなかったのですが、その義務を今こそ果たしたいと思います。そこで、犯罪行動に対する最善の非・応報主義的な(そして非・懲罰的な)アプローチであると僕が考えているものの概略をこれから示しましょう。これは自由意志懐疑論と整合的なアプローチですが、しかしまた倫理的に擁護可能で実践的に実効性のあるアプローチでもあります。僕はそれに**公衆衛生－隔離モデル**という名を与え、『応報主義を退ける――自由意志・刑罰・刑事司法』(Caruso 2021a)においてこのモデルを展開し、擁護しています。

このモデルは、デーク・ペレブームの有名な所説を出発点に置いています(Pereboom 2001, 2014を参照)。彼の説は、最も単純な形では、次のように述べられるでしょう。(1)自由意志懐疑論は、犯罪者が〈基礎的な相応しさ〉という意味での道徳的責任を自らの行為に対して有することはない、と主張する。(2)平明な事実として、危険な病の罹患者の多くは、その病に罹患したことに対して、何らかの意味での責任を有してはいない。(3)しかるに、僕たちは総じてそうした罹患者たちを隔離することは許容可能だということ、そして、その対応は自己自身の保護と他者に危害がおよぶことの防止の権利によって正当化される、ということに同意している。(4)同様の理由から、たとえ危険な犯罪者がその犯罪に対する〈基礎的な相応しさ〉という意味での道徳的責任を有さない(恐らく、誰一人そのような意味での道徳的責任を有する者はいないがゆえに)のだとしても、その犯罪者を予防の観点から拘束することは、深刻な伝染病に対しての責任を有さない罹患者を隔離するのと同じぐらいに適正なことである。

この理論について最初に指摘すべきなのは、(罹患者の場合の)隔離や、(危険な犯罪者の)〈(収監等による)

無害化〉[12]を純然たる功利主義的、ないし帰結主義的な根拠によって正当化する人がいるかもしれないとしても、ペレブームも僕も、そのような戦略の採用には抵抗する、ということです。むしろ僕たちの立場は、深刻な危険を招きうる人物の〈無害化〉が正当化される根拠は、自己と他者の防衛のために誰かに危害を加える権利〔正しさ〕[13]にある、と主張します。僕たちにこのような権利があるということは、功利主義ないし帰結主義を超えた、幅広い範囲に訴える力をもっています。加えて、この点によってこの立場は、幾多の異論を跳ねのけられる弾力性を強め、犯罪に対する公的措置(サンクション)[14]の正当化に対して、これ以外の非・応報主義的な代案よりも弾力的な提言を行えるようになります。帰結主義的な抑止説[15]を上回る利点の一つとして、この立場が人々を単なる手段としてのみ用いることに対して、より大きな制限を課すことになる、という点を挙げられます。例えば、病気の罹患者に、彼らがもたらす危険の中立化に必要な度合いを越えた害を加えることになるような処遇をするのは不適正なことですが、それと同じく、暴力犯罪への傾向を抱えた人々に対して、社会の保護のために要求される度合いを越えた過酷な処遇をするのもまた不適正であることになります。実際、僕たち〔カルーゾーとペレブーム〕のすべての著作において、僕たちは常に、**侵害最小限化原理**を強く主張してきました。この原理は、公衆衛生と公共の安全を保護するための〔権利や自由の〕制限を行う対策は最小限度に留めるべきである、と主張します。これによって、犯罪に対する公的措置〔制裁〕は一個人がもたらす危険に比例したものとなり、この上限を超過する公的措置は正当化されない、ということが保証されるようになります。

第二に、隔離モデルは犯罪者の処遇に対していくつかの制限を課します。一つ目に、それほど危険でない病が、隔離ほどに制限の強くない予防的対策しか正当化しない、というのと同じく、それほど危険ではない犯罪的傾向は、より温和な制限を課することしか正当化しません。例えば僕たちは、ただの風邪にかかっていることを理由に人々を隔離したりはしません――たとえその風邪から何らかの危害が生じうるとしても。むしろ僕たちは隔離を、厳格な条件を定められた一連の事例にのみ限って使用します。これと類比的に、公衆衛生‐隔離モデルにおいて、〈〔収監等による〕無害化〉は、犯罪者が公共の安全にとっての深刻な脅威となっており、なおかつ、それよりもゆるやかな制限を課す対策が利用できないという場合に限り使用されねばならない、ということになります。実際、恐らく一定の軽微な犯罪に対しては、ある程度の監視までしか擁護されえないでしょう。また二つ目として、この類比にもとづいて〈無害化〉を見直すことにより、現在通用している慣行の多くは変更を迫られることになる、ということがあります――というのもその見直しは、犯罪者の更生と福利に対する一定程度の配慮を強く求めるものだからです。公正さの原理は、隔離した罹患者を治療することを僕たちに求めますが、それとまったく同じく、公正さの原理は僕たちに、拘禁した犯罪者の更生を試みるようにと僕たちに勧告します。それゆえ、刑事司法システムの焦点は、刑罰から更生と社会復帰[16]に置き換えられることになるでしょう。そして最後に、もしも犯罪者が更生不可能であり、僕たちの安全のために彼を無期限に監禁することが要求される場合も、〔〈無害化〉についての〕この新たな見方は、彼がもたらす危険を防ぐために要求される限度を超えて、彼の人生を惨めなものにしてしまうことを決して正当化しません。

このように、過酷で不必要な処遇に制限を加える、ということに加えて、公衆衛生‐隔離モデルはまた、単に公的措置〔制裁〕のみに注目する狭いアプローチを越えた、犯罪行動に対するより広範なアプローチを推奨します。そしてこれは、〔罹患者の〕隔離というアナロジーを、**公衆衛生倫理**という、正当化を行うためのより広い枠組みの中に据えることになります。公衆衛生倫理は、感染症の罹患者の隔離を、公衆衛生の保護のために必要だからという根拠にもとづいて正当化しますが、それにとどまるものではなく、感染爆発を最初から食い止めるための積極的な手立てを講ずることをも僕たちに要求します。隔離は、公衆衛生がその最主要な機能を果たし損ねた場合にのみ必要となるものにすぎません。完全なシステムなど存在しない以上、予見可能な範囲の未来においては隔離の必要性は見込まれますが、だとしても、隔離が公衆衛生に対する最主要の対策であるべきでは**ありません**。そしてこれと類比的な主張が、〈〔収監等による〕無害化〉についても成り立ちます。犯罪行動に公衆衛生アプローチを適用することにより、僕たちは、必要な場合には危険な犯罪者の行動の自由や権利を剥奪することを正当化できるようになるでしょうが、しかしまたそのアプローチの適用は、予防をこそ、刑事司法システムの最主要の機能たらしめることにもなるでしょう。したがって公衆衛生－隔離モデルは、刑罰に近視眼的に焦点を合わせる代わり、犯罪の、システム由来の諸原因の特定とその解決への取組みに焦点を移すことになります——システム由来の諸原因とは、例えば貧困、社会経済的な地位の低さ、システム由来の不利な条件、精神疾患、ホームレス状態、教育の不平等、虐待や暴力に絶えずさらされる状況、衛生環境の悪さ、依存症、等々です。

さらに言えば、僕が採用する公衆衛生的な枠組みは、**社会正義**をこそ、公衆衛生および公共の安全にとっての根本的な礎石であると見なします。公衆衛生倫理においては、公衆衛生に関わる諸制度の側が、十分な健康水準を実現するために必要とされる社会条件の確保に失敗したとしたら、それは由々しい不正義であることになります。したがって公衆衛生倫理の一つの重要な課題は、健康におけるどのような不平等が最もはなはだしいか、またしたがって、公衆衛生の政策および実践において何を最優先事項とすべきか、を特定することになります。犯罪に対する公衆衛生的アプローチは、これと同じように、刑事司法の核心的な道徳的機能は、犯罪が起因する社会的、経済的不平等を特定し、改善していくことにある、と強く主張するのです。[17] 公衆衛生は貧困、人種差別、システム由来で生じる不平等から負の影響をこうむりますが、公共の安全についてもこれとまったく同じことが言えます。[18] それゆえ、刑事司法に対するこうしたより視野の広いアプローチは、社会正義の問題を前面に打ち出すことになります。このアプローチは、人種差別、性差別、貧困、システム由来の不利な条件といった問題を公共の安全に対する深刻な脅威と見なし、そういった不平等の削減を最優先事項化させるのです。[19]

以上より公衆衛生‐隔離モデルを要約すると、その核となる考え方は、犯罪を行う危険な人物の〈〔収監等による〕無害化〉を、〔人々の〕十全な保護に必要な最低限度の加害によって行う、ということは、自己と他者の防衛のために誰かに危害を加える権利によって正当化される、ということになります。そしてここから導かれる見方は、死刑や、僕たちの社会で最も普通に見られる類の監獄のような、その適正性が疑わしい種類の刑事罰を正当化しないでしょう。このモデルはまた犯罪者の福利に特別な注目を向けます――これは、現行の政策の多くを変えていくはずのものです。さらに、この理論の公衆衛生的な要素は、予防と社会正義を最優先事項化し、健康および犯罪行動の社会的決定要因を特定しそれに対して行動を起こすことを目指すものです。僕が主張するのは、犯罪行動に対処するためのこの複合的なアプローチは、危険な犯罪に十分対処でき、より人道的かつ効果的な社会政策を導き、応報主義に典型的に伴う、過酷でしばしば度を越した刑罰の諸形態よりも実際に望ましいものだ、ということです。

デネット グレッグ、あなたの言う、社会正義と「犯罪者の福利への注目」を「最優先化する」という提案に、僕は大賛成だ。この問題に関する僕らの過去の歴史は恥ずべきものだ。そして僕は、大きな改革を後押ししたいというあなたの意欲を全霊で支持する。そして認めよう――僕らの刑罰のシステムの護り手たちは、**正しい報い**という原理の保持を保証することにだけ「近視眼的に」注意を集中させることがあり、その結果、そもそもの犯罪行動をもたらす最悪の状況を改善できるはずの、社会正義につぎ込むべき主要な努力については、ほとんど何も言ってこなかった。だが僕は、僕らが近視眼を治しつつ、同時に僕らの社会の要となる構成要素としての刑罰を維持し続けることがなぜできないのか、その理由が分からない――そしてこれは、僕が「応報主義的」な情念に浸りきっているからではなく（あなたが、僕の立場に応報主義や疑似・応報主義という烙印を押そうとするのはやめてほしいと思う）、むしろ僕が、刑罰というものを、あなたが代弁するような非常に人道的な改革のための**必要条件**だと見なしているからだ。

手短かに言おう。僕はあなたが強調する、犯罪の予防、教育、同胞市民を保護するための最低限の対策、安全目的で人に与える苦痛をできるだけ最小限に留めること、このすべてに喝采を送る

——だが、今のところ僕が見る限り、このすべては、刑罰システムの何らかの改革に力を入れることでも成し遂げられる。つまり、僕に分かる限りでは、こういった人道的な目標が刑罰システムと**整合的ではない**、ということをあなたは示してこなかったか、あるいは示そうとしてこなかった。そしてあなたの公衆衛生‐隔離モデルがいくつかのよく知られた反論にどう対処するのか、僕には分からない。そこで、今からそういった反論を順々に、簡単な形で提起するので、僕に見落としがあれば指摘してほしい。第一に、あなたとペレブームは、「自己と他者の防衛のために誰かに危害を加える**権利**〔正しさ〕」〔強調はデネットによる〕を認める点で、自分たちは功利主義的ないし帰結主義的な処遇を改善している、と公言する。僕の想定では、僕たちにはまた、加害を伴わない活動をしている間、他者（他の市民や国家）からの介入を免れる自由への権利もある、ということにはあなたも同意するだろう。大功利主義者たるジェレミー・ベンサムは自然権の概念を「誇大なナンセンス」[20]呼ばわりしたことでよく知られているが、「自然」権が何らかの内在的、本有的、ないしは「神授の」譲渡不可能なものを意味するとしたら、僕はベンサムに同意する。とはいえ権利というものを、僕が〈正しい報い〉と道徳的責任を扱っているのと同じやり方で、それ自体尊重に値する、社会的に構成された（あるいは進化した）規範として扱うような、優れた哲学的考察は豊富に存在する。それゆえ僕は、あなたが権利についての語りを採用するのはいいことだと思うが、あなたがどうやったら（道徳的？）責任なしで（道徳的？）権利を手に入れられるのか、疑問に思っている。この二つは通常、お互いに手を携えて歩んでいくものだ。

　これまで言ってきたように、僕としてはあなたのモデルが依拠する概念的な基礎についていくつか提起したい疑問があるのだが、あなたのモデルが直面する実践的な問題を示すのはそれよりも簡単だと思っている。あなたの隔離モデルは、このモデルにもとづいて扱われることに抵抗する人々の処遇を、どのように行うのだろう？　現在の僕らには、隔離されるべきだと正当に判定された人々や、そのプログラムに服することに抵抗する人々の行為を犯罪と見なし、懲役刑、または罰金、またはその両方を用いて罰するようにできる法がある。隔離を受け容れようとしない人がいた場合でも、あなたが何と呼ぶのであれ、〈無害化〉のためにその人を投獄せねばならないはずだし、そこで必要ならば物理的な実力行使もしなければならないことになるはずだ。そのとき何が生じるだろう？　もしも「隔離施設」という言葉が、単によりよい生活環境を備え、更生を重視した監獄を呼ぶためのあなたなりの用語にすぎないのだとしたら、あなたの提案に何ら新しいものはない、ということになる。僕らは共にそれに賛成している。同様に、あなたは「暴力犯罪への傾向を抱えた人々……を処遇する」際の、**侵害最小限化原理**を引き合いに出すが、暴力犯罪への傾向があると判断された人が、いまだ法を犯していない場合にも、**何らかの**種類の処遇(トリートメント)／治療[21]に服するべきかどうかについて、あなたは何も言っていない。僕らはいまだ誰も感染させてはいないが、感染源であることが知られている人々を隔離する一方、いまだ犯罪におよんでいないが、専門家によって犯罪者になると予測されている人々を投獄したりはしない。あなたは、犯罪を助長する社会条件を改善することへ注意と資力(リソース)を注ぎ込むことに重点を置くと語るが、あなたが許容している手立ての中に、例えば、犯罪者としての人生に魅了されているが、いまだ何の犯罪も行ってはいない若者たちを隔離することが含まれるのかどうか、という問題については沈黙している。あるいはまた、もしもあなたの考えるシステムがある犯罪について……うむ、施設への収容——僕が思いつく限りでの中立的な言葉を選べば——を行う前に、有罪判決を行うことを要求する現行の慣習に従うとしたら、その場合「隔離」とは監獄の婉曲語法だということになる。その大きな相違点は、言うまでもなく、人は監獄に入れられるに相応しい場合でなければ、監獄に入れられるとは想定されない、という点だ。もしあなたが隔離システムにおいてこの特徴を放棄するとしたら、それはほとんどの市民的リバタリアン[22]や倫理学者あるいは一般公衆にとって、ほんのかすかでも擁護可能だとは見られないものになるだろう。あなたは先ほど「公共の安全にとっての深刻な脅威」となる人々について語っていた。この言葉には疑わしい曖昧さがある。このような人々の中には、深刻な脅威の兆候を単に示しているだけで、脅威となる行為をいまだ実行してはいない人々も含まれるのだろうか？ これは、ある市民の逮捕や告発が可能になる前の段階で、その市民は自分から最初の一撃を誰かに加える自由を有するのかどうか、という厄介な問題だ。僕らは、典型的な場合には、そしてこれは賢明な選択でもあるのだが、他の市民たちのリスクを減少させる法の制定によってこの問題に対処しており、そのため（ほとんどの健全な国家では）神経ガス、原子爆弾、機関銃などの所有が犯罪だとされるようになっている。僕ら市民は、自分の人生を享有するために求める自由を認められている代価として、ある穏当な水準のリスクと共に生きていく用意ができている。あなたの隔離モデルは、これにどう対処するだろうか？

あなたは更生と社会復帰を強調し、「刑事司法システムの焦点は、刑罰から」これらに「置き換えられることになる」だろう、という提案を行うが、これもまた曖昧さのある言い方だ。あなたが言わんとしているのは、刑罰をまるごと置き換えるということなのか、いくつかの刑罰は温存し、その上でただ焦点としての更生と社会復帰を増強するということなのか？　これは大きな違いだ。話を単純化するため、あなたのプロジェクトが功を奏して、「暴力犯罪への傾向」を抱えた人々を治療する薬が発明された、と仮定してみよう。僕は今のところ何の暴力犯罪におよんだこともないが、その薬を飲んだこともない、とする。そんな僕が、心底いけすかない隣人を威嚇しようと決めて、彼に身体的危害を加えたり、彼の所有物をめちゃめちゃにしたり、飼い犬を蹴ったりして……しまいに、思惑通り彼を追い出してしまう――その後で僕は例の薬を飲む。こんな僕を隔離する必要はない。そうだろう？　僕は治癒したのだから。納税者たちのお金を僕の隔離のために無駄遣いする必要はないし、侵害最小限化原理によれば、僕はただ家に戻り自分の人生を享有すべきだということになる。そしてもちろん、僕には自分がやったどんなことに対しても道徳的責任がないのだし、薬を飲んだ僕はもはや社会に対する脅威ではないのだから、社会復帰などたやすいはずだ。こういうことが、あなたには正しいことだと思えるだろうか？

あなたの隔離モデルは危険と暴力を大いに強調するのだが、暴力的でも、危険でもないとはいえ通常の言葉の理解によれば犯罪に当たる行為については、ここまでのところ一切沈黙してきた。使い込みというのは、穏やかで苦痛を生じさせない所業で、典型的な場合は誰かの身体なり生命なりを危険にさらすことはない。そして同じことは、偽証、詐欺、賄賂、脱税、マネーロンダリング、名誉毀損にも成り立つし、恐喝でさえ、脅しがある限度内であれば成り立つ。隔離モデルはこの種の犯罪をどう扱うのだろう？　公共の安全はこの種の人々を隔離し続けることには依存していない。

だから、もしかするとあなたは、隔離の代わりに、途方もなく重い罰金を科すというやり方を用いるべきだと言うかもしれない。だが、破産していて（あるいは、財産を海外口座に移転してしまっていて）、罰金を支払えない、あるいは支払おうとしない人々はどうなるだろう？　多分、彼らを「更生」のために「隔離」せざるをえない、ということになるのだろうが、これは僕の耳には、彼らへの刑罰であるように聞こえる。また、有罪が確定したホワイトカラー犯罪者は、快適な隔離施設でビジネスを続けてもよい、ということになるのだろうか？　あなたが強く主張するところでは、彼らの人生は、監禁に必要とされる限度を超えて耐え難いものになってはならない、ということなのだから。あなたは、彼らを社会に順応させるために、インターネットや、友人たちの日常的な訪問を許可するつもりがあるだろうか？　もしもトランプが、隔離をマー・ア・ラゴで行うように要求した場合[23]、あなたはどういう根拠によってその場所での隔離を拒むのか？　彼ならば疑いなく、自腹を切ってそこにあるホテルの中に更生担当のチームを設置するために、ボランティアを買って出るだろう。[24]
言い換えれば――この点はソール・スミランスキーのような他の論者も指摘しているが――、あなたが支持する隔離システムが、国家が提供する無料のホテルとなり、そこで暮らしたいと望んだすべての人々に、そこで更生のために自分の時間を使い、彼らの精神がおもむけば、そこを出ていけるような施設になってしまうことを、あなたは防げるのだろうか？[25]　僕としては、現在の非人道的で魂を殺ぐ監獄の生活を改善していくことには大賛成だ。だが、監獄が困ったときに温かいベッドと無料の食事が手に入る場所だ、という考え方が多くの人々の間に生じてきた、ということは念頭に置いておくといい。そして更生も復帰も不要な遵法的市民が、いつの間にか自分の財政が火の車になってしまったとき、〔不正に手を出すことで〕自分自身が無期限の隔離に送られることを阻めないようになっている、というのは公正なことだ。

要するに、あなたの隔離モデルがどのように働くのかについて、その実践的な詳細をもっと詳しく説明してもらわない限り、そのモデルは単に人道的に改革された監獄システムに過ぎないか（例えばスカンジナビア諸国のそれのような）、さもなければまったく機能せず、せっかく善き意図が込められているにも関わらず、市民たちと国家の両方による乱用、悪用を防ぎきれず、尊重に値しないシステムであるか、そのどちらかに見えてしまう、ということだ。

反論と答弁

カルーゾー　ご意見感謝します、ダン。そして同意できる点はたくさんあります。あなたはこう述べました。「グレッグ、あなたの言う、社会正義と『犯罪者の福利への注目』を『最優先化する』という提案に、僕は大賛成だ。この問題に関する僕らの過去の歴史は恥ずべきものだ。そして僕は、大きな改革を後押ししたいというあなたの意欲を全霊で支持する」。素晴らしい！　僕は、僕たちの破綻した、過剰に懲罰的な刑事司法システムを改革する努力の協力者は、どんな人でも歓迎します。僕たちが同じ側にいると分かったのはよいことです。あなたはまた、「僕らの刑罰のシステムの護り手たちは、**正しい報い**という原理の保持を保証することにだけ『近視眼的に』注意を集中させ」ているということも認めています。この点でも、僕たちは一致しています。あなたはさらにこう述べます。「だが僕は、僕らが近視眼を治しつつ、同時に僕らの社会の要となる構成要素としての刑罰を維持し続けることがなぜできないのか、その理由が分からない――そしてこれは、僕が『応報主義的』な情念に浸りきっているからではなく……むしろ僕が、刑罰というものを、あなたが代弁するような非常に人道的な改革のための**必要条件**だと見なしているからだ」。これに答えるには、最初に、犯罪行動に取り組むための、僕**自身が支持する**アプローチ（すなわち公衆衛生‐隔離モデル）と、**自由意志懐疑論を受け容れ可能な、これ以外のさまざまなアプローチ**との間の差異をはっきりさせておく必要があります。

僕とペレブームが擁護する公衆衛生‐隔離モデルは、応報主義に対する**非・懲罰的**な代案として意図されているという点――というのも、このモデルが許可を与えるような種類の〈収監等による〉無害化〉は、僕たち以前に導入されていた刑罰の定義を満たすものではないからなのですが（これについては、『応報主義を退ける』、および僕とペレブームの共著を参照）――を、あなたは正しく認識しています。法的刑罰とは、**悪事を行った人物を苦しめることを目指す**ものであって、国家の法の違反に相当するふるまいに対して、**意図的に罰則**〔懲らしめ〕**を適用すること**を要求するものです。そして、公衆衛生‐隔離モデルはこのような種類の刑罰を組み込んでいない以上、このモデルは犯罪に対する非・懲罰的な代案を提供していることになります。僕たちが人々を保護するため、感染性の疾患を抱えた個人を隔離するとき、僕たちは故意にその個人に危害を加えたり懲罰を科したりしようとはしていません。同じことは、社会を保護するため、危険な犯罪者に対し〈無害化〉を課する場合にも成り立ちます。自己防衛と他者に危害がおよぶことを予防する権利は、〔犯罪者個人の〕自由[26]に限定や制限を課すことを正当化しますが、これは標準的に理解されているような刑罰を構成するものではありません。いくつかの理由から、この点は重要です。第一に、このモデルは僕たちが諸個人を全体論的に見ること[27]、そして、予防的なアプローチを採用することを強く求めます――このモデルは、諸個人が社会システムに埋め込まれた存在であり、犯罪行動とはしばしば、社会的決定要因の産物であり、予防の方が常に〈無害化〉よりも望ましい、ということを理解しているのです。第二に、犯罪行為がなされてしまった後、法廷は、メンタルヘルスの専門家、薬物療法の専門家、ソーシャルサービス機関らと協働し、〈無害化〉に代わる対応を求める必要が出てくるだろう、ということになります。第三に、〈無害化〉の対象にせざるをえない人々については、更生と社会復帰を目指してデザインされた、**非・懲罰的な環境**で暮らすようにする必要が出てくるでしょう。合衆国におけるほとんどすべての監獄は（イギリスとオーストラリアも同じですが）、懲罰を目的としてデザインされた、不親切（インホスピタブル）[28]で不快な場所であり、それゆえ僕たちは、それをデザインし直し、僕たちが人々の〈無害化〉を行うために用いる物理的な環境と空間を、更生と社会復帰という目標によりよく役立つものに変えていく必要が出てくるでしょう。『応報主義を退ける』において、僕はこの監獄の再設計という主題について、かなり長く論じました。最後に僕たちには、これ以外の懲罰的実践、例えば選挙権剝奪、独房の使用、死刑、監獄内での読書の禁止、三振法[29]、その他多数を廃止していく必要が出てくるでしょう。

とはいえ、自由意志懐疑論者が、ペレブームや僕が擁護しているような**非・懲罰的アプローチ**を

必ずしも採用するとは限りません。つまり伝統的に、応報主義に追加されるものとして、よく知られた刑罰の（法的）正当化は数多く存在してきました。そしてその中には帰結主義者によるさまざまな抑止説[30]および道徳教育説が含まれます。帰結主義者による抑止説は、例えば、僕たちが悪事を行った人物を罰するとしたらそれは、それにより社会の効用が増加し、未来の利益が未来のコストを上回る場合に限られるべきだ、と主張します。そしてこの未来の利益の中に直接に含まれるのが抑止であり、安全の増大である、ということになります。このような理論はそこから、犯罪に相当する悪事の予防は、刑罰の正当化が基礎を置く善としての役割を果たす、という結論を引き出します。とはいえ、こうした帰結主義的な刑罰理論は未来指向的な理論であって、行為者に〈基礎的な相応しさ〉という意味での道徳的責任があることを何ら要求するものではないため、自由意志懐疑論と完全に両立可能です。ということはつまり、**たとえペレブームと僕は、それとは違う道を支持するのではあっても、**自由意志懐疑論者が、刑罰の必要性についてあなたと同意することは可能だ、ということにはなるわけです。

　このような、応報主義に対する他の代案を僕が退けるのは、それらが自由意志懐疑論と整合的でないから**ではなく**、むしろそれらがいくつかの、それぞれ独立した道徳的異論に直面している、という理由によってです（Caruso 2021a; Pereboom 2001, 2014; Boonin 2008 を参照）。例えば、帰結主義的な抑止説は、個人を**目的のための手段として用いること**（例えば、他者の〔犯罪の〕抑止のための手段として）を許容しますが、これは人間の操作的使用の禁止という原理[31]に抵触します。諸々ある抑止説もまた〔応報主義の理論同様〕、直観的に言ってあまりにも過酷な刑罰を正当化する可能性があるのです。

例えば三振法は一九九〇年代以降、犯罪抑止の試みとして合衆国全土で施行されてきましたが、この法の正当化が総じて帰結主義的なものであって、応報主義的なものではなかった、ということに注目するのは重要です。この種の法の支持者たちが強く主張するのは、たとえ重罪を三回犯した人々の中には、それほど大きな公共の安全への脅威とならない人物がいるかもしれないとしても、重罪を三回犯した人物に対して、例えば投獄のような固定した過酷な罰則を用意することは、犯罪者になりうる人々への抑止の助けになるはずだ、ということなのです。不運なことですが、この種の法は些細な犯罪に対して極度に過酷な罰則を与えるという結果を招きました。これ以外にも、帰結主義的な抑止説は、無実の人々に刑罰を加えることを、もしも効用の最大化のための手段がそれしかないならば、許容することになるでしょう。もちろん、この種の懸念を克服するためのやり方はあるかもしれませんが、僕としては、こういった問題が生じるということで、代案のアプローチを求めるには十分だと考えます。そして公衆衛生‐隔離モデルこそが、僕が支持しているアプローチです。以上の説明で、事柄を明確化する助けになればと思います。

ここで、公衆衛生‐隔離モデルにあなたが抱いている、より特定の懸念に移らせてもらいます。あなたがひとまとめに提起した異論のすべてに答えるには、論文一本分の応答が必要になります。なので、僕たちがそのすべてを一度に取り上げるかどうかを、気にかけないでもらえればと思います。では始めますが、まずあなたは、〔自由意志〕懐疑論者が「権利〔正しさ〕」と「正義」についてなおも語り続けることについての懸念を提起しました。というのもあなたの主張では、これらの概念は道徳的責任〔の概念〕を必要とするからです。あなたは例えばこう述べます。「それゆえ僕は、あなたが権利についての語りを採用するのはいいことだと思うが、あなたがどうやったら（道徳的？）責任なしで（道徳的？）権利を手に入れられるのか、疑問に思っている」。第一に、僕は今一度、自由意志懐疑論者がすべての道徳的責任の概念を退けるわけではない、という主張を繰り返します――自由意志懐疑論者は単に、**相応しさにもとづく道徳的責任**を否定するだけです。あなた自身、〈基礎的な相応しさ〉を退けているのですから、適切に理解された「権利」や「正義」が〈基礎的な相応しさ〉にもとづく道徳的責任に訴える必要性はまったくない、という点に同意せざるをえないでしょう。第二に、たしかに批判者の中には、正義や権利の語りは義務論的主張および／あるいは〈相応しさ〉にもとづく主張を前提しており、このような主張は僕たちには許容されていない以上、自由意志懐疑論者には正義や権利を語ることは許容されない、と論じてきた人々もいます。しかし僕にとってはかつても今も、このような攻撃はまったく理解しがたいものでしかありません。人が、**すべての**正義の理論は**相応しい報い主義的**理論（つまり〈相応しさ〉を根拠とする理論）でなければならない、と考えるべきではない限り、そのような批判者の主張に何らかの見るべき点があると考える理由はありません。たしかに〈正義とは根本的に、相応しさに適ったものを受け取るという問題である〉という、〈相応しい報い主義的〉な正義の理論というものが存在することは認めます。そのような思想は、例えばアリストテレス、ライプニッツ、ミル、シジウィック、ロスらが書いたものの一部に見いだされるように思われます。とはいえ、いくつかの傑出した正義の理論は〈相応しい報い主義的〉ではありません――その中には、デイヴィッド・ヒューム、ジョン・ロールズ、ロバート・ノージックが含まれます。

『応報主義を退ける』の中で、僕はマーサ・ヌスバウムやアマルティア・センと同様、正義に対するケイパビリティ・アプローチ[32]を擁護しました（出典は巻末文献表のNussbaumおよびSenの項目を参照）。このアプローチによれば、ケイパビリティ――各個人のなしうること、および、なりうるあり方――を発展させることこそが、人間の幸せ[33]にとって本質的に欠かせないものである、ということになります。ケイパビリティ論者にとっては、人間の幸せは正義の理論の本来の目的です。そして、僕が支持する特定のケイパビリティ・アプローチによると、社会正義は人間の幸せが備えている六つの重要な主眼となる要素を根拠にしているとされます――その六つを挙げれば、**健康**、**合理的推理**、**自己決定**（あるいは**自律**）、**愛情**、**個人の安全**、**尊重を受けること**です。この説によると、正義が果たすべき役割とは、人間の幸せのこの六つの不可欠の次元が十分に備わっている状態を達成することにあります。というのも、このいずれか一つでも実質的に欠けてしまっている人生は、誰にとっても、またそれ以外に何を望むにしても、それを望むことが理に適っているような、そういう望ましい事柄についての深刻な欠損を抱えた人生であるからです。僕は同書で、僕が擁護する種類の自由意志懐疑論とこの正義の理論が完全に整合的であることを、かなり詳細に論証しました。しかし、今ここでその論証に詳しく立ち入る必要があるとは、実のところ思っていません。というのも、僕たちが正義について、非・〈相応しい報い主義的〉な理論（何であれ、あなたの好む理論で構いません）にもとづいて理解できる限り、自由意志懐疑論者が正義の概念、およびそこから帰結するすべての概念に訴えることはできない、と考えるべき理由など存在しないからです。

そこで、先に進む前に一点確認したいことがあります。つまり、自由意志懐疑論と〈基礎的な相応しさ〉もとづく道徳的責任の否定論と両立するような、非・〈相応しい報い主義的〉な正義の理論というものが、僕たちに利用可能な選択肢として存在している、ということに、あなたは少なくとも同意はできるでしょうか？

デネット　あなたの話について、懸念していることが一つある。あなたが、あなたなりに切りつめた〈相応しさ〔相応しい報い〕〉の概念に、依然として依拠していることだ。僕は自分の立場――および、あなたが言及する他の人々の立場――はごく日常的な〈相応しさ〉の意味を取り入れていると思っている。だから僕らの立場を「非・相応しい報い主義的」と呼ぶことは、僕の目には、あなたなりの概念――僕はそれに、最初から異を唱えてきた――を支持するために、都合よく物差しを変更しているように映る。僕はセンとヌスバウムの正義論におおむね同意しているが、彼らの正義論が、「非・相応しい報い主義的」という呼び名に――この言葉を使ってよければ――**相応しい**とは、僕は思っていない。

カルーゾー　〈非・相応しい報い主義的〉な正義の理論、ということで僕が提起した論点は、「切りつめた相応しさの概念」にはまったく依拠していません。例えばジョン・ロールズは『正義論』（Rawls 1971）において、生まれの不平等とは〈相応しさ〉にもとる差別の一種である、という事実を強調した上で、〈相応しさ〉とは、生まれつきの資質の配分におけるその人の立ち位置や、その人の社会における出発点、生まれ落ちた家庭や社会の状況、あるいは、自分の能力を発展させるための努力の発揮を可能にする性格上の長所、といったものには適用されない、と主張しています。それゆえロールズの正義論は、〈相応しさ〉に対するある種の形而上学的反対論証を示唆しています。この反対論証によれば「私たちが何者であり、私たちが何をするのか、という事柄の大部分は、私たちが生まれもった資質と、私たちが生まれ落ちた周囲環境という、〈相応しさ〉にもとる要因からの多大な影響下にある以上、人は何事に対しても相応しくあることができないか、あるいはせいぜい、人がそれに対して相応しくありうるような事柄はごくわずかしか存在しない、ということになる」のです（『インターネット哲学百科事典』の「相応しい報い」の項目における、ピーター・セレロによるロールズの思想の要約より（Celello 2014））。ロールズにとって、〈相応しさ〉とは（基礎的なそれであれ、非基礎的なそれであれ）、配分的正義の中でいかなる役割を果たすべきでもないようなものです。そしてそれは、およそすべての〈相応しさ〉に基礎を置く可能性のある事柄に対して、今述べたような〈相応しさ〉にもとる諸要因が、多大な影響を与えるからです（ロールズ『正義論』第一七節、第四八節を参照）。センとヌスバウムによる、正義に対するケイパビリティ・アプローチは、これと同じくらいに運の問題に敏感であり、また少なくとも僕が読む限り、〈相応しさ〉をまったく根拠にしていません。

ここで、あなたが提起した第二の懸念事項に移らせてもらいます。あなたは、公衆衛生-隔離モデルが「いまだ犯罪におよんでいないが、専門家によって犯罪者になると予測されている人々」への〈収監等による〉無害化〉を許すことになるのではないか、という点を気にかけています。僕はこの懸念を真剣に受け取りますが、その一方、いまだ犯罪におよんでいない危険な人々への〈無害化〉に反対する考察はいくつか存在する、ということは強く主張します。僕は『応報主義を退ける』の中でそれらの考察を詳述していますが、ここで簡単に要約しておきましょう（Pereboom and Caruso 2018も参照）。第一に、自由への権利とは、人々を単なる手段として用いることへの懸念がそうあるべきであるのと同様、文脈に大きな重みを置くものでなければならず、そしてこれらの原理は自由意志懐疑論と整合的である、と僕ははっきり主張します。第二に、非・犯罪者への予防的拘禁を国家の政策として許容することがもたらすリスクを、真剣に考慮する必要があります。さまざまな社会において、国家にこのような選択肢を許容することからは、善よりも害がより多くもたらされることが見込まれます。悪用が生じやすいであろうからです。第三に、ある人が感染性の病の罹患者であるかどうかを決定するために必要な検査については、それが受け容れがたいほどあやふやなものにならないのが普通かもしれませんが、他方で、ある人に暴力犯罪への傾向があるかどうかを決定するために必要なスクリーニングというのは、それが提起する深刻な道徳的問題に照らせば、十二分にあやふやなものでありえるでしょう。第四に、ある行為者が暴力犯罪となりそうかどうかを識別するための、現在利用可能な精神医学的な方法は、特別に信頼できるようなものではなく、そして頻繁に偽陽性の判定を出すようなスクリーニング法にもとづいて誰かを拘禁するというのは、深刻な道徳的異論の対象となります。

このように、僕たちが未来の暴力行動の見込みを確実に見積もることはできない、ということを踏まえ、なおかつ、偽陽性の可能性を踏まえる限りは、個人の自由の保護にこそ重大な重みを与えるべきことになる、と僕は強く主張します。挙証の責務[34]は、自由の制限を望む側が常に負うべきです。例えば、犯罪が生じるための多様な社会的、神経科学的な決定要因が、巨大なダイヤル錠の一つひとつのダイヤルのようなものだと想像してみましょう。仮にダイヤルの数が二〇あるとして、その内の一九までが揃っていたとしても、最後のダイヤルが揃わなければ（つまり、最後の環境的、ないし神経科学的な引き金が引かれなければ）、鍵は開きません。もちろん、現実生活において犯罪行動が起因する変数はもっとずっと多くあります。それゆえ、僕たちは一定の要因が暴力事件の引き金を〔いつか引くとしても〕いつ引くのかについて判断できないほど貧困な認識状況に置かれており、なおかつ、この状況は予見可能な範囲の未来において存続すると見込まれる以上、個人の自由を保護し、先制的な〈〔収監等による〕無害化〉に抗するための、越えてはいけないはっきりした一線を引くべきであると僕ははっきり主張します。[35]

以上の理由から僕は、いまだ犯罪におよんでいない人物の危険性を判断するという問題についての、**認識上の懐疑論**の態度をとることを提案します。現在のスクリーニング法には限界があり、その結果はあやふやであり、偽陽性も見込まれる、ということを踏まえる限り、個人の自由を尊重し、非・犯罪者の予防的拘禁を禁じることを、僕たちのデフォルトの立場とするべきです。僕は、ジーン・フロウドとウォレン・ヤング（Floud and Young 1981）にならい、**推定無罪**がそれに該当する人物と認められるのと同程度に、いまだ犯罪におよんでいない人物には**推定無害** *presumption of harmlessness* が認められるべきだ、という論証を行っています。推定無罪〔の原則〕が有罪判決の下っていない人物を刑罰から保護するのと同様、推定無害〔の原則〕は有罪判決の下っていない人物を予防的拘禁から保護します。また推定無害〔の原則〕は、認識上の懐疑論の態度と両立するだけでなく、すべての合理的個人に提供されるべき推定でもあります。というのも、人々への尊重と正義への考慮が、それを強く要求するからです。以上の考察が、最も極端な事例を除いた先制的な〈無害化〉を押し止めるはずだと、僕ははっきり主張します。

デネット あなたの立場が、推定無害の権利を真剣に受け取っていると分かり、安心したよ。そこで聞きたいのは、もしも何かを履き違えた国家当局者たちが、将来犯罪者になると見込まれる人々を一斉に捕らえて、彼らを隔離してしまったとしたら、あなたは国家当局者たちにどういう提案をするのか？ ということだ。彼ら〔国家当局者たち〕を隔離するのだろうか？ つまりあなたはそれら〔推定無害の権利〕を、あなたの隔離国家の**法**にするつもりなのか、それとも、**それらを無視したことへの刑罰を設けない、政策**にすぎないものにするつもりなのか？

カルーゾー 推定無罪および推定無害〔という原則〕を軽んずる決断をした、ならず者の国家当局者たちは、社会に対する深刻な脅威に相当することになるでしょうから、公職を外されるべきです。ほとんどの場合、彼らに権力ある地位を手にできなくさせることで、公共の安全の保護のためには十分でしょう。しかしそうではない場合、個別の状況によっては、彼らの〈〔収監等による〕無害化〉が正当化される場合もありえるでしょう。[36] これはちょうど、先ほどの、ホワイトカラー犯罪者についてのあなたの質問にも答える、いい機会かもしれません。あなたの質問はこうでした。「また、有罪が確定したホワイトカラー犯罪者は、快適な隔離施設でビジネスを続けてもよい、ということになるのだろうか？」第一に僕は、大部分のホワイトカラー犯罪は隔離よりもゆるやかな制限しか課さない手段で取り扱われるのがよりよいはずだと言いたい。仮にある株式仲買人がインサイダー取引に加担することになったとした場合、侵害最小限化原理は、彼らの免許および将来における取引を行う能力を取り去ることを——何らかの損害賠償の手続きと共に——支持するかもしれません。自分の地位を乱用する弁護士や、利益を求めて違法に鎮痛剤を処方する医師についても、僕たちは同じことを言えるでしょう。もちろん、誰かある個人に対して、その免許を取り去ったり、特定分野での活動を禁じたりすることは、社会を危害から保護するために十分ではないという場合がもしあれば、その場合、そしてその場合に限って、僕たちはそれよりも厳しい制限を課するような対策の使用を正当化されうるようになります。

　法についてのあなたの質問についてですが、僕はもちろん法というものを存続させていきたいと思っています。混沌が支配し、人生が「孤独で、貧しく、不潔で、野蛮で、短い」というホッブズ的自然状態に戻ろうなどと、誰も提案してはいないのです。僕は、たとえ冗談であっても、〔自由意志〕懐疑論者がこの種のばかげた提案を推奨しようとしている、とほのめかすことをやめてもらえればと思っています。法とは、僕たちの共有された社会契約の一部であり、僕たちの安全を守る上で重要な役割を果たすものです。僕たちの主要な見解の相違は、あなたが法を適切に機能する社会にとって必要な要素であると考え、僕がそれを認めない、ということにあるのではないのです。僕たちの差異はむしろ、あなたは法の違反を、〈相応しさ〉に応じて刑罰を科する国家の権利を正当化するものと見なすのに対し、僕は法の違反、とりわけ暴力犯罪による法の違反を、自己と他者を防衛する権利を根拠に、悪事を行った人物に対する公的措置〔制裁〕[37]および〈〔収監等による〕無害化〉

を行う国家の権利を正当化するものと見なしている、というところにあります。

デネット　そうなると、いざ事が起きた場合の（それは間違いなくたびたび起きるはずだが）「ならず者の国家当局者たち」や、その他のホワイトカラー犯罪者たちへの対処についてのあなたの提案の、どこが刑罰と異なるのか、僕には分からなくなる。あなたは、こういった人々の免許を奪い、特定分野での活動を禁じたりすることでは「十分ではない」場合には、「それよりも厳しい制限を課するような手段の使用」を正当化するだろうことを認めている。ということは、あなたの隔離システムを〔**強制力をもって**〕**執行する**[38]ためには、法に違反する人々を**刑罰で**――つまり彼らに「公的措置〔制裁〕と〈〔収監等による〕無害化〉」を課すぞ、と――脅す必要が出てくるという点で、あなたは僕に同意しているように思える。僕とあなたのポリシーの違いは、僕の場合、そのような公的措置〔制裁〕と〈無害化〉をそれに相応しい人々に制限するのに対し、あなたの場合、公的措置〔制裁〕と〈無害化〉を、何らかの権威によって、ちょうどパンデミックの病原体保有者と同じように、公共の安全への脅威であると判定された人々に制限する、というところにある。この相違点を除けば、今やあなたもまた、一定の過去指向的な要因――「因果的」起因性／責任（レスポンシビリティ）、犯意（メンス・レア）、適格性（コンピテンス）といった――がここで重要な関連性をもつことを認めている。だから僕にはあなたが、僕がこれまで提出してきた要因をすべて認め、それなのにそれらは**道徳**的責任を要求するものではないと言い張っているように思えるんだ。

カルーゾー　最初に言っておくと、僕は公衆衛生‐隔離モデルの執行が、法の違反者に対する**刑罰による脅し**を必要とするようになる、というあなたの見解には同意しません。仮に僕のモデルが刑罰を是認しているとしたら、もちろんそう言えることになるかもしれませんが、しかし、僕のモデルは刑罰を是認していないのです。先ほど述べたように、帰結主義的な刑罰理論や、それ以外の未来指向的な刑罰理論は自由意志懐疑論と整合的ではあるとしても、僕はそれらの刑罰理論を自由意志懐疑論とは独立の、道徳的な理由から退けます。その理由の完全な説明については、僕の『応報主義を退ける』(Caruso 2021a)、およびデイヴィド・ブーニンの『刑罰の問題』(Boonin 2008)、マイケル・ジンマーマンの『刑罰の不道徳性』(Zimmerman 2011)を参照して下さい。そこで刑罰による脅しに代えて何を提起するか、ということになりますが、僕のモデルが提起するのは〈公共の安全の保護のために設定されたものである法に違反する個人は、自己防衛および他者への加害の予防という根拠により、違反者である個人の自由を制限する国家の権利を発動させる引き金を引くことになる〉という考え方です。そして重要な点ですが、個人の自由の制限に対するこのような正当化は、隔離に対する正当化と類比的なものであり、自由意志も、〈正しい報い〉も、僕が否定する種類の道徳的責任も、一切前提しておらず、それらに訴えることもしていない、ということです。

　あなたの質問の「〔強制力をもった〕執行」という部分について言えば、僕としては自分のモデルが「刑罰の脅し」を利用する必要はない、と思っています。その代わり僕たちに必要となるのは、**自分たちの政策に関する透明性**です――このような透明性があることで市民は、国家が、〔それよりもゆるい制限を課するという選択肢が利用可能でない場合に〕自己と他者の防衛を根拠にして暴力犯罪者に対する〈〔収監等による〕無害化〉を行うはずだ、ということを知ることができるようになります。公衆衛生の領域でこれがどのように働くかを考えてみましょう。僕たちは、国家〔あるいはその機関〕が、隔離に対する政策およびその理拠に関して透明であり、またそれを公共的に接近可能なものとしていることを要求します。そして僕たちはこの透明性が「刑罰の脅し」であるとは見なしません。それは第一に、僕たちは伝染性の疾患を抱えている諸個人を隔離するとき、彼らに刑罰を科しているわけではないからです。刑罰〔または罰〕とは、単に自由を制限するよりも多くのことを要求します――これについては、Boonin〔2008〕、Zimmerman〔2011〕、Duff〔2017〕、あるいは実のところ、刑罰〔または罰〕について論じた任意の哲学文献を参照して下さればと思います。そして第二に、僕が述べた透明性は「脅し」には相当しないか、あるいは少なくとも、そのような解釈は明白ではない、という理由を挙げられます。刑事司法の領域において公衆衛生‐隔離モデルを〔強制力をもって〕執行するということは、今述べたこと〔伝染病患者の隔離〕と本質的に同じです。すなわち国家は、ありとあらゆる自由の制限に対する政策およびその理拠に関して透明であり、またそれを公共的に接近可能なものとする必要があるでしょうが、それが刑罰を脅しにしている、と主張するのは誤りであることになるでしょう〔というのも、このモデルが提起しているものが刑罰を構成するわけではないからです〕。

もしかすると、あなたが本当に懸念しているのは、抑止に関する事柄なのかもしれません――すなわち、刑罰の脅しなくして、法は犯罪者になりうる人々を効果的に抑止することができないことになるのでは、という懸念です。これに対して、僕は二点言うことがあります。第一に、僕はこの懸念を理解できる反面、自分の理論の中で、抑止に正当化を担う役割を一切与えないようにする、という選択を支持します。それというのも、抑止を基礎とした刑罰の正当化は、たしかに自由意志懐疑論とは整合的なのですが、だとしても、よく知られた無数の困難に直面しているからです。ここではその内の一つだけ述べておきます（他の困難については上で言及したブーニンおよびジンマーマンの書物を参照して下さい）。いわゆる、〔人間の〕**操作的利用**への懸念は、一般的抑止に対する懸念としてはとりわけ深刻なものです。というのも、ある人物を他の人物の犯罪を抑止するために罰するというのは、その個人を、他者の行動に影響を与えるための道具として（あるいはその目的への手段として）利用することになるだろうからです。これがなぜであるかを見るためには、これと微妙に異なる例をまずは考えてみると分かりやすくなるかもしれません。その例とは、悪の問題です。全知全能にして万物を愛する神が、なぜ、例えば無垢な子どもたちが苦しむことを許容するのか？という問題は、多くの人々によって解決困難か、解決不可能な問題だと考えられています。例えばテイ＝サックス病という、脳と脊髄の神経細胞の破壊をもたらす遺伝的疾患があり、これを抱えて産まれてきた子どもは、痛みと苦しみ以外に何もない人生を過ごし、幼い内に亡くなることになります。おおむね三ヶ月から六ヶ月の赤ん坊の時代に、寝返る能力、座っている能力、はいはい歩きをする能力を失い、その後発作が現れ、聴覚が失われ、動くことができなくなり、やがて死に至るのです。色々ある弁神論[39]の中には、このような苦しみを、それには他者の利益になりうる力がある、という指摘を行うことで説明しようと試みるものもあります。例えばそのテイ＝サックス病を患った子どもは、両親の信仰心を試すために利用されているとか、善と悪の対比を僕たちが理解する助けとなるために利用されているとか、社会をより愛と共感と協力に満ちたものにせよ、という要求のために利用されているとか、そのような説明です。しかし、このような応答はまったく説得力を欠き、道徳的に問題含みのものです。そういった応答は大きな問題に抵触し、その問題を僕は**ジャックとジル問題**と呼ぶことを好んでいます。この名は、そういう応答が、ジルを教え諭すためにジャックをこっぴどく（ヘル・アウト・オブ）ぶん殴る親とよく似ていることにちなんでいます――ジャックの方は説明なしなのです（駄洒落はわざとです）[40]！　ここでは、ジルの利益のためにジャックを利用する、という説明が、ジャックの苦しみ（あるいはティ＝サックス病）が必要であるということを説明しておらず、これは直観的に間違ったことです。

帰結主義的な抑止説も似たような問題を抱えています。レアンドロ・アンドラーデの例を考えてみましょう。彼は、カリフォルニア州の三振法の適用を受けた結果、一九九五年にKマート[41]から数本のVHSテープ[42]を盗んだ罪で、最低二五年最長終身刑の判決を宣告されました。

> 一九九五年一一月四日、レアンドロ・アンドラーデはサザンカリフォルニアKマートに入店した。アンドラーデはかつて何度か有罪判決を受けたことのある人物であったが、このとき行った犯罪によって後に最低二五年最長終身刑の判決を宣告を受けることになった。その二週間後、いまだ自由の身であったアンドラーデは再度犯行におよんだ。[43]今回は、前回の犯行場所から西に三マイル〔約四・八キロメートル〕しか離れていない別のKマートだった。彼の計画は同じで、前回とは別に二五年の刑期を宣告されることになった。この二週間でアンドラーデは九本のVHSテープ〔映像コンテンツ〕を盗んだ。内訳は『キツネと猟犬』、『ペンギン物語』、『白雪姫』、『バ

ットマン・フォーエバー』、『フリー・ウィリー2』、『若草物語』、『サンタクロース』、『シンデレラ』であった。これらの映画の価格の総額は一五三・五四ドルだったが、アンドラーデが現実に支払ったコストは最低五〇年、最長で終身におよぶ年月であった（Enns 2006: 1）。

当時のカリフォルニア州の三振法の下では、かつて有罪の宣告を受けた者が軽微な窃盗を二回カウントされると、最低連続して二五年ずつ〔五〇年〕、最長で終身刑という刑期が科されるのでした。注意すべきは、この判決のような不正義が、合衆国で一九九〇年代に犯罪抑止の試みとして三振法が施行されるようになった、という事実によってもたらされたものだ、ということです。この法の正当化が、おおむね帰結主義的なものであって、応報主義的なものではなかった、という点に注意するのは重要です。つまり、この種の法の擁護者たちが強く主張するところでは、レアンドロ・アンドラーデのような個々の人々が、公共の安全にとって大した脅威ではないかもしれないとしても、三度の重罪に対する固定した過酷な罰則を用意しておくことは、犯罪者となりうる人々の抑止の助けとなるだろう、というのです。残念ながら、この種の法は軽微な犯罪に極端に過酷な罰則を科すという結果に至りました。レアンドロ・アンドラーデの事件はほんの一例で、同様の例は他にも多数存在します。三振法の核心的な問題点は、公共の安全に対する深刻な脅威ではない個人を、他者の〔犯行の〕抑止のという目的のために終身追放の身にすることで、彼らを他者の利益のために利用される、手段に対する目的として処遇していることになる、というところにあります。この点でレアンドロ・アンドラーデはジャックに似ています。両者とも、本人の同意もなく、他者のために、そしてほとんどどんな人でも受け容れがたいと考えるであろうやり方で、深刻な加害を受けるのです。

抑止についての懸念に対する僕の第二の応答は、次のようになるでしょう。すなわち僕たちが、必ずそうあらねばならないように、自分たちの政策に関して透明であるとすれば、その場合、およそ〈〔収監等による〕無害化〉に基礎を置くシステムならば、**自然な副次効果として**、多大な水準での、無対価で入手できる一般的抑止の効果がもたらされることになるだろう、という返答です。ペレブームはこれを「無対価の一般的抑止」と呼びます。[45]

私たちには、国家の成員の一部が他の人々に対して危険な存在であるときに、国家がその成員に対して何をするのか、そしてなぜそうするのかを知る権利がある。しかるにこのようなポリシー〔ないし政策〕は一つの副次効果として、一般的な抑止をもたらす。先に述べたような予防的拘禁は、現実の不正を行った攻撃的人物に対する〔再犯への〕抑止効果をもつだけでなく、犯罪におよぶよう誘惑されている人々に対する抑止効果ももつ。この一般的抑止効果は、いわば対価なしで手に入る。というのもそれは国家が行う特定の抑止に対して課される公開性の要件を満たしていることからもたらされる、一つの副次効果であるからである。[46] 私は、自己防衛の権利を基礎に、特定の抑止として正当化された一般的抑止効果を、**無対価の一般的抑止**と呼ぶ（Pereboom 2019: 103）。

この無対価の一般的抑止は、重大な危険性をもつ人々の〈無害化〉に関連する国家の実践は、透明なものでなければならない、という国家に課された要件に由来するものではあっても、**その実践を正当化するために抑止という原理に訴えるものではありません**。このように公衆衛生 - 隔離モデルは、多大な水準で無対価の一般的抑止を実現させることができる一方、侵害最小限化原理——すなわち、自己防衛の権利にもとづいて脅威を取り除くために加害が要求されるとしても、それは最小限度であるべきだと強く求める原理——をも依然として尊重することになるのです。

デネット グレッグ、僕は、あなたの立場は刑罰の脅しを必要とする、と主張し、あなたはそれを退けようというわけだが、僕の理解が正しければ、あなたの言い分は次のようなものになるだろう。「僕はそれを**脅し**とは呼ばない。なぜならそれは単なる、人々の処遇に関して透明であるべきだという国家の義務にすぎないからだ。そして僕はそれを**刑罰**とも呼ばない。なぜなら、たとえそれが『公的措置〔制裁〕の実行』と『〔収監等による〕無害化』を含んでいるとしても、それは僕の刑罰の定義とは一致しないからだ」と。あなたによれば、国家は**脅し**も、**警告**すらもしているわけではなく、ただ単に、人々に一定の偶発事の**情報提供**を行っているだけだ、ということになる。そして、人々がそのような情報提供を受けた場合、大部分の人々は、その情報に照らして自分のこれからの企図を調整しようと動機づけられる見込みが大きいだろう。あるいは、国家は〔映画または小説で〕ゴッドファーザーが言ったように「彼らに拒みえない申し出をした」ということだ。これは脅しではない。むしろ非常に寛大な申し出だ。そうして、その申し出に沿わないようなことを考えた人は誰であれ、不正を疑われる人物だということになる。そしてこの申し出は、適切に応じられることになる。

僕はまた、いくつかの弁神論が――僕としてはすべての弁神論が、と言いたいが――「まったく説得力を欠き、道徳的に問題含み」であるというあなたに同意する。しかしそれは僕の立場に対する問題ではない。僕の立場は〈相応しさ〉（あなたの考える意味ではなく僕自身の意味で解されたそれ）を強調するが、そのとき、何らかの「より大きな善」を達成するために無実の者を罰するという選択肢は明示的に排除されており、その一方、自由に動き回ることで他の人々を危険にさらす人々を（彼らへの補償を折り込みつつ）義務的に隔離するという原理は受け容れる。言い換えると、僕は現状の役割の範囲での隔離にはまったく反対していない。僕はただ、それを拡張しようというあなたの提案に懐疑的なだけだ。

あなたの主張では、あなたの主要な新機軸は、刑罰を隔離に替えること、および、抑止というものを、どんな法の積極的な理由づけにすることも放棄する、ということにある。だが、法のもつ抑止力の乱用（三振法のような）をいくら引き合いに出しても、それは抑止というものへの反対論証にはならない。それは、乱用に反対する優れた論証にはなる。そして僕は、あなたが依然として国家による隔離の適正性を、「暴力的」で「深刻な危険を招く」人々に限定し続けていることに注目する。このことゆえ、僕は依然として、あなたが「ホワイトカラー」犯罪者のみならず、多くの場合暴力的でない犯罪者たちにどう対処するのか、疑問が消えないままだ。こういった犯罪者は――リストを拡張しておけば――、恐喝犯、小児ポルノの調達者、無知な人々から退職金をだまし取る詐欺師、贋金製造者、サイバー海賊、投票装置変造者、嘘の商品広告で消費者を店に誘い込み、別の品を売りつけようとする小売店業者……等々、挙げ始めれば際限がない。このいずれも隔離の明らかな候補ではない――あるいは僕にはそう思える。あなたのユートピアの中では、彼らが何の問題にもならないと、あなたは想像しているのだろうか？ 違うとしたらその理由は？ あなたは刑罰のシステムなしで、彼らにどう対処するつもりなのか？

あなたは、あなたの理論において、抑止というものに「正当化を担う役割」を与えないようにと懸念している。他方で僕が懸念するのは、刑罰を取り除くことによって抑止を取り除くとき、法が単なる勧告になってしまうのではないか、ということだ。そして、先ほど示唆したように……うむ、言うなら刑罰の約束、というものなくして、人を意に反して隔離するというあなたのシステムをうまく運用していくことはできないだろう。あなたも間違いなく気づいているはずだがＣＯＶＩＤ－19ウィルスがパンデミックに至っている状況では、自主隔離の強い勧告は、各地で素早い決議を経て違反者に重大な罰則を科する地方法へと成長してきた。あなたはこれらの新しい対策と深刻に対立せざるをえない。そうだろう？ どうするつもりなのか？

カルーゾー 隔離が刑罰〔または罰一般。以下も同様〕の一形態なのかどうか、という問題については、ここできっぱりと決着をつけてしまいましょう。というのも隔離とは、およそいかなる理にかなった刑罰の定義をも満たすものではないのであって、ただ単に「僕の」刑罰の定義を満たさないだけ、というようなものではないからです。いかなる直観的な刑罰の定義によっても、僕たちがエボラ出血熱の患者を隔離することが、彼らを罰することになるようなことはありません。どれほど切り詰めても言えるのは、**意図的な加害**が刑罰の最低限度の必要条件だということです。レオ・ザイバートが正しく指摘しているように、「刑罰というものは、他に何を求めるにせよ、悪事を行った人物に（彼らの福利を引き下げたり、彼らが望まないものを負わせたりすることにより）苦しみを与えることを求めるものである」（Zaibert 2018: 1）。その後で彼はこう述べます。

刑罰を科するとは……、誰かに、彼女が行った悪事への応答として、何らかの苦しみ（あるいは痛み、悲惨、悪い目、など）を押しつけることである。苦しみを押しつけようとしない刑罰とは、贈与を、贈与されるものへの権利をまったく移譲させる意図なしに行ったり、人に何らかの食料を与えることを意図せずにまかないをしたりする、というのと同様の事柄である（Zaibert 2018: 7）。

高名な法哲学者H・L・A・ハートは彼の刑罰〔または罰〕の定義において同じ点を強調しています。つまり彼の主張では、刑罰とは「痛みやその他、通常不快だと考えられている諸帰結を含まねばならない」（Hart 2008: 4）。ウィトゲンシュタインもこれと同意見で、まさに「報酬が何か快いものであることでなければならず」、刑罰が「何か不快なもの」でなければならないということは、完全に「明確な」ことであると見なしています（Wittgenstein 1961: 78e; Tasioulas 2006; Boonin 2008; Zimmerman 2011; Zaibert 2018も参照）。法的な刑罰において、国家によって割り当てられる害悪、苦しみ、過酷な処遇は、必ずしも物理的苦痛を含まねばならないわけではないとしても、必ずや不快であるか、あるいは犯罪者の福利を（少なくとも一時的に）低減させるものでなければならないのです。

またそこでは、国家（あるいは国家のために行為する誰か）はその加害をあらかじめ意図する、ということも成り立っていなければなりません。というのも、意図せざる加害は刑罰を構成しないからです。もしも僕がつまずいて老人を転倒させてしまったとしたら、これは老人に害を引き起こしたことになりますが、老人を罰したことにはなりません。〔刑〕罰[47]とは、**意図的**な加害を要求するのです。アレック・ウォレンが述べているように、

ある行為が〔刑〕罰と見なされるためには、その行為は……第一に、……罰される人物に何らかのコストまたは困難を課するか、あるいは最低限、その人物が他の場合には享有できていたはずの利益を取り去る……のでなければならない。第二に、罰する側はそれを偶発的に行うのでも、他の目的を追求する中での副次効果として行うのでもなく、意図的に行うのでなければならない（Walen 2014, sect. 2.1）。

マイケル・ジンマーマンはこの第二の要件と同意見で、次のように述べています。「およそ偶発的な加害が刑罰〔または罰〕として認められることはありえない。人が誰かを罰するとき、その人が引き起こす加害は、その人が引き起こそうと意図したものである」（Zimmerman 2011: 7-8）。彼はさらにこう論じます。

これが事実だとしても、次のように考えることはできるのではないか——すなわち、たしかにいかなる偶発的加害も刑罰と見なされないとしても、もしかすると、刑罰に含まれる加害の要素は、それが事前に予見されていさえすれば、必ずしも意図されていたものでなければならないのではないか、と。だが私が思うに、少し熟考すれば、これが正しいことなどありえないことが分かるはずだ。私たちが加害を、それと知りつつ、しかしそれを意図せずに行うことはしばしばある。たしかに、そこで私たちがそれと知りつつ引き起こした害悪が、刑罰によって引き起こされるのとまったく同じ種類の害悪である、という場合もありうる。しかし私たちがそれを引き起こすことを意図するのでない限り、私たちは刑罰に参与したとは言われえない。例えば、〈〔収監等による〕無害化〉を隔離と比較してみよう。人の自由が制限される程度が、どちらの場合も同じであることはありうる。しかしこの内の前者のみが刑罰として認定されるのであり、これは、前者においてのみ、自由への制限によって引き起こされる害悪が意図された害悪である、ということによる。後者の場合、害悪は予見されているが、意図されたものではない——もちろん、制限それ自体は意図されているのだが、その制限がなければそもそもそれが隔離の事例に分類されることなどありえなかったはずなのだ（Zimmerman 2011: 9-10）。

刑罰と隔離の差異は、それをほんの少しでも考察してみるどんな人にも明白なことであり、ジンマーマンは隔離が刑罰の一形態ではないこと、またそれは、隔離が害悪を引き起こすことを意図的に求めているからではないからだ、ということを述べている点で、絶対的に正しいのです。他方で刑罰とは、隔離とは対照的に、そこでなされる加害が意図的に引き起こされたものであることを要件とするものです。あなたがそれもと望むなら、これ以外の法的刑罰の必要条件をざっと見ていくこともできるでしょう――例えば、刑罰はまた、犯罪行為および犯罪者双方に対する国家による批難をも表現する、などです。それゆえ刑罰を、その他の強制を加える行為――例えば課税のような――から区別するのは、刑罰が諸個人を害することや彼らの福利を低減させることを意図している、ということ以外に、刑罰が、発覚した悪事に対する批難と譴責[48]の意を伝えることを目的としている、ということにもある、と言えます。あなたは本気で、これほど重要な（そして言わせてもらえば明白な）区別をうやむやなものにするつもりなのでしょうか？　あなたの本当の懸念は、僕の提案の〔強制力をもった〕執行に関するものであるように思われますが、だとしても、そこで執行されるものが刑罰である、と主張する（あるいは暗に前提する）のは、単純に不正確な物言いです。それは刑罰ではないのです。

あなたはまた、弁神論、抑止、操作的利用に関する僕の考察の核心部分を看過または回避しています（どちらなのかはわかりませんが）。あなたはこう述べます。「それは僕の立場に対する問題ではない。僕の立場は〈相応しさ〉（あなたの考える意味ではなく僕自身の意味で解されたそれ）を強調するが、そのとき、何らかの『より大きな善』を達成するために無実の者を罰するという選択肢は明示的に排除されて……」いる、と。しかし僕の主張の核心は実のところ、無実の人物への刑罰という問題とは何の関わりもありません。僕が提起しているのはむしろ、それよりもっと一般的な懸念です。それはつまり、何らかの水準で一般的抑止を達成することを目的とする帰結主義的な〔刑罰の〕理論は、人々を、さらなる別個の目的を促進するための単なる手段として処遇しようとしているのではないか、という懸念です。僕は三振法とレアンドロ・アンドラーデの事件を例に出しましたが、彼は無実の人物ではありません。そこでの核心的な論点は、仮に過酷な形態をとる刑罰が他者の〔犯行の〕抑止を行うための唯一効果的な方法であるのだとしたら、帰結主義者は**特定の**諸個人（すなわち罰される諸個人）を**他者の抑止を促進するために利用**しようとしていることになる、ということにあります。

他に指摘しておきたいのは、あなたは、法／規則に違反した人々への固定刑罰を求めているのですが、このような欲求は、**早期出所の可能性を減少させるために、固定刑期制および「真実の量刑」法**[49]**を制定するように衝き動かされた、「犯罪への厳しい対処」を志す人々の背後にあった動機そのもの**です。これらのポリシー〔ないし政策〕の背後には、これまで裁判官たちは、同一の犯罪に対してまちまちな刑期を宣告するという、あまりにも大きな裁量権を有してきた、という考え方があります。そうしたポリシーの支持者たちはまた、仮釈放委員会の人々が、殺人犯を、最低二五年最長終身刑という刑期の内の最初の五年か一〇年を過ごしただけで釈放させることができなくなるようにすべきだ、という思いも抱いていました。そのような大きな裁量権を裁判官に認めることは、あなたの比喩の中に出てきた、冷たく厳格な（つまり一律に適用される）規則とその帰結にもとづくのではなく、むしろ、**状況的**で**局所的**な考慮にもとづいてボールかストライクかを判定するアンパイアのようなことになってしまうのではないか、というのがそこでの懸念でした。それゆえ、あなたにとっては、この種の例を「抑止への反対論証」としてではなく、「法のもつ抑止力の乱用」と見なしてやりすごすのは簡単なことですが、このときあなたは、抑止を根拠にして正当化される刑罰というものが、実のところどれほど問題含みであるのかを認め損ねている、と僕は思います。あなたは、重罪を犯した人々への固定刑期制に賛成でしょうか？　仮に、犯罪者になりうる人々の抑止を行うための最善の（または唯一の効果的な）方法が、過去に二回か三回（か四回）の重罪を犯した人物が重罪を犯した場合には長期の懲役を科すことだとした場合、あなたの立場は、僕たちがそうすべきだと強く要求することにならないでしょうか？　このような「利用」に訴える反論（Pereboom 2014 参照）に、あなたはどのように答えるでしょう？　あなたは僕に、世のありとあらゆる犯罪に対する適切な対応をはっきりさせてほしい、と求めながら、自分自身では同じことをしようとしたがらない。これは幾分の苦笑を誘うことです。仮にあなたが自身の立場の細部を補うか、あるいは諸事例や刑期のガイドラインについてよく考察したとしたら、あなたはただちに、悪魔は細部に宿る[50]ということを自覚するでしょう。

他方、僕の理論は、非暴力犯罪についてのあなたの問いに、率直な回答を与えます。すなわち、ある個人の自由に対して課される制限の度合いは、その個人がもたらす危険の度合いに比例しており、この限度を超過するいかなる公的措置〔制裁〕も正当化されないと見なされるはずだ、ということです。僕の理論は個別事例に対する柔軟さと敏感さとをよしとするので、どの事例についてもそれ自身の観点にもとづいて判断される必要がある[51]ということになるでしょう。僕は、これは利点だと思っています。というのも、すべての重罪が等しいわけではないし、重罪を犯したすべての個人が、この先社会に対して同一のリスクをもたらす存在に相当するわけではないからです。とはいえ僕は、一つの一般則として、ほとんどすべての非暴力犯罪者は、隔離よりもゆるい制限を課する方法で対処される方がよい、とは思っています（例えば監視、免許の失効、カウンセリング、薬物療法、メンタルヘルスサービス、等々）。このような仕方で、自己防衛と他者の危害の予防への権利が、〔個人の〕自由を限定する権利を国家に与えるのであり、そこでは正当化としての抑止への訴えはなされていません。そして僕は言いたいのですが、これと同じことは、COVID‐19ウィルスがパンデミックに至った状況下で自主隔離を拒む人々についても――少なくとも、外出や大きなグループでの会合を禁ずる法が成立している地域においては――やはり成り立ちます。このような制限を無視する人々は、公共を危険にさらすのであり、自己防衛の権利は、国家が彼らを義務的に隔離することを――それよりも制限のゆるやかな対策が利用可能でなければ――正当化します。僕なりに推奨したいのは、まずは自宅での義務的な隔離を試み、そこで足錠[52]かその他の監視手段を用いて（例えば定期的な電話連絡を行ったり求めたりして）法の遵守を確保していく、というやり方です。その個人がこれらの制限を遵守しない場合、自己防衛の権利は、さらなる手立てを講ずることを許可します――例えば、国家当局による強制的な隔離などです。ただし、次の点には注意して下さい。（a）これは、〔強制力をもった〕執行についてのあなたの質問に対する回答であり、また、（b）あくまでおおまかな（急ごしらえの）推奨案であって、最善の実践は何か、という観点からの修正を受けうるものであり、そして（c）ここで言う「執行」とは自己防衛権を根拠とするのであって、抑止にも〈相応しさ〉にもまったく訴えるものではない、ということです。

刑罰・道徳・抑止

デネット　僕は、あなたが引用したハートとウィトゲンシュタインの言葉がすべてを語っていると思う。ハートの考察によれば、刑罰とは「痛みやその他、通常不快だと考えられている諸帰結を含まねばならない」のであり、またあなたの言う通り、「ウィトゲンシュタインもこれと同意見で、まさに『報酬が何か快いものであることでなければならず』、刑罰が『何か不快なもの』でなければならないということは、完全に『明確な』ことであると見なして」いる。これは一つの自明の理で、彼ら偉大な哲学者からの支持をほとんど要しないものだが、明晰化を志そうというとき、彼らの言葉は注意喚起になる。これは適切な着眼点だ。そしてあなたの「あなたの本当の懸念は、僕の提案の〔強制力をもった〕執行に関するものであるように思われます」という言葉は正しい。まったくそのとおりだ。ところがあなたは、続けてこう言う「……が、だとしても、そこで執行されるものが刑罰である、と主張する（あるいは暗に前提する）のは、単純に不正確な物言いです。それは刑罰ではないのです」。僕は、隔離が刑罰であるなどとは主張していないし、暗に前提もしてはいない。僕が主張したのは、〔強制力をもって〕**執行され**ない――すなわち、協力しない者への〔刑〕**罰**のシステムに**よって支えられて**いない――ような隔離のシステムを、あなたは手に入れることができない、ということだ。つまり、「僕らの隔離システムを遵守しない人々は、通常不快だと考えられている諸帰結から苦しみを受けるであろう」という脅し（または忠告、または約束、またはそういう事実の公示）を、国家は行わねばならない、ということだ。罰金とは不快なものであり、私財の没収とは不快なものであり、施設への意に沿わない収容とは不快なものだ。これらは〔刑〕罰なのであり、あなたが引いた法学者たちが注意深い語り口で述べているとおり、不快であるように**意図された**ものだ。それこそが、これらの制度の核心なんだ。あなたは、こういった状況に対処する代案を色々と提起したが、それは単に、今論じている遵守[53]の問題を先送りにしているにすぎない。先ほど僕は、あなたが手に入れようとしているのは法なのか、単なる勧告なのか、と問いかけた。違反に対する不快な帰結を伴わない法とは、実のところ法ではない、と僕は言いたかったのだ。

あなたは僕が「弁神論、抑止、操作的利用に関する僕の考察の核心部分を看過または回避しています（どちらなのかはわかりませんが）」と言う。これは正しい。僕は、この〈人々を手段として扱ってはならない〉というおなじみのカント主義的な修辞表現を、真面目に受け取るべきものだとは思っていない。（僕はそんな修辞表現を哲学的論証の「決め手」として使う気はないし、厄介な虫がごにょごにょ詰まった缶[54]を開けたいとも思わない。）僕らがここで用語の定義に細心の注意を払うならば、僕らは人々をいつだって手段として利用しているのだし、それは何の間違ったことでもない。あなたは僕をあなたの立場を提示するための有益な対照例として利用しているし、僕もあなたを同じ目的で利用している。しかし僕らはお互いを「**単なる**」手段として処遇しているわけではない（**それ**がどういう意味[55]であるかに関わらず）。僕らが、他の人々の尊厳、感情、自律性、権利などへの尊重を払いながらその人々を利用するための、よく知られた、尊重されている境界線というものは存在している。もしあなたが〈**どのような**刑罰システムも、罰される人々を**単なる**手段として利用せざるをえないのだ〉という異議を唱えたいというなら、僕はそれに同意しない。無実の人物に「見せしめ」のために罪を着せるとしたら、それはその人物を単なる手段として利用することになるだろうし、そういう行為ははっきり、僕の刑罰の正当化の範囲外にある。だが、しかるべき手続きを経て告発された犯罪者の刑罰を公に告知することは、単に許容可能だというだけのことではない――それは義務的なことでもある。僕らが、秘密裏に進められる刑罰システムをもつことなどあってはならない。あなたはまた「そこでの核心的な論点は、仮に過酷な形態をとる刑罰が他者の〔犯行の〕抑止を行うための唯一効果的な方法であるのだとしたら、帰結主義者は特定の諸個人（すなわち罰される諸個人）を**他者の抑止を促進するために利用**しようとしていることになる、ということにあります」とも言う。この中の「過酷な」という言葉を取り除いてくれれば、僕は喜んでこの原理に賛同する（よき帰結主義者として）。先にも言った通り、実効的な法とは、その法に対する公共からの**尊重**に依存しているのであり、もしも法があまりに**過酷**であるならば、それは法への尊重の念を切り崩してしまうことになるだろう。あなたは、どのような刑罰もあまりに過酷である、と言っているのかもしれないが、僕はそれには断固反対しよう。（そして否定しよう。僕の立場は、固定刑期も、常習犯への刑期の累積も要求したりはしない。僕の立場が要求するのは、理解可能で尊重可能である公平な司法〔正義〕だ。**もちろん**僕が擁護する刑罰システムは、罰される人々を他者の抑止のために**利用する**。だが、罰される人々が真にその刑罰のゆえんとなる犯罪におよんでいたのだとしたら、かつまた彼らに、〈道徳的行為者クラブ〉のメンバーとしての資格があると認められるならば、彼らは単に自分自身を非難せしめた、というだけのことだ。つまり彼らは、犯罪から生じるそのような帰結を、国家が提供する政治的自由と安全に対する当然の対価として、事前に受け容れていたということだ。)

僕はあなたに非暴力犯罪の長大なリストを突きつけて挑発したが、これはあなたが言い張っているように、あなたに「世のありとあらゆる犯罪に対する適切な対応をはっきりさせ」る義務を求めよう、という理由で行ったわけではない。僕がそうした理由はむしろ、これら一連の事例に一貫して適用できる一般的な原理をざっとでも描いてほしい、と呼びかけたかったからだ。このリストの項目は、あなたの隔離の条件には合致していないように見える。あなたが言うように、課税は刑罰ではないが、税金でごまかしをして牢獄に送られるのは刑罰だ。もしもあなたが——刑罰を用いて——法を執行(エンフォース)〔=強要〕[56]することがなければ、税金を支払う人はごくわずかしかいなくなるはずだ。あなたは、「ほとんどすべての非暴力犯罪者は、隔離よりもゆるい制限を課する方法で対処される方がよい」と言う。僕は単純に、この言い分を信じがたいものだと思うが、とはいえ興味深いのは、あなたがなぜ「すべての」ではなく「ほとんどすべての」と言ったのかだ。こう言うからには、あなたは少なくとも**一部の**非暴力犯罪者は「〔収監等による〕無害化」を用いた「公的措置〔制裁〕」を受けねばならない、と考えていなければなるまい。あるいはこう言えばいいだろうか。僕らが、人々から尊重されるような法を求めるならば、人々にはその違反に対する罰則(つまりは〔刑〕罰であり、通常不快な諸帰結をもたらすもの)がなければならない、と。多分今こそ、かつて僕が提起し、この論議全体のそもそもの始まりとなった主張を思い起こす、格好のタイミングであるはずだ。僕がかつて提起した主張とはこうだった。「刑罰のない世界とは、僕らの内の誰であれ、住みたいとは思うような世界ではない」(Dennett 2008: 258)。これに狼狽し、衝撃を受けた哲学者たちは多かった。今や、今回の討議のおかげで、僕はなぜそう考えるのかの僕なりの理由をある程度詳しく述べられた。そしてグレッグ、あなたは決然とそれに反対してきた。僕としては、彼ら〔哲学者たち〕が僕の理由づけを認め、最終的には刑罰のない世界を求めなくなることを望んでいる。

カルーゾー 刑罰およびその執行についての、あなたの論点をまとめるところから始めさせてもらいます。第一に、あなたはハートとウィトゲンシュタインを肯定的に引用し、刑罰は過酷な処遇と、通常不快だと考えられている諸帰結を要求する、という点に注意を向けました。そこから進んであなたはこう述べました。「〔強制力をもって〕執行されない――すなわち、協力しない者への〔刑〕罰のシステムによって支えられていない――ような隔離のシステムを、あなたは手に入れることができない……。つまり国家とは、僕らの隔離システムを遵守しない人々は、『通常不快だと考えられている諸帰結』から苦しみを受けるであろうという脅し（または忠告、または約束、またはそういう事実の公示）を行わねばならないものだ」と。さらにあなたはこう続けます。「罰金とは不快なものであり、私財の没収とは不快なものであり、施設への意に沿わない収容とは不快なものだ。これらは〔刑〕罰なのであり、あなたが引いた法学者たちが注意深い語り口で述べているとおり、不快であるように意図されたもの」であり、これらは刑罰の諸形態なのだ、と。しかしあなたは、刑罰に関する僕の論点を完全に見落としています。つまり刑罰とは、単なる過酷な処遇**より以上の**何かを要求する――**意図的な**過酷な処遇より以上の何かをすら要求する――という論点です。刑罰とは、法学者たちの標準的な理解によれば、国家あるいは国家のために働く者が、罰される者に害を加えるというだけのことではなく、むしろその加害が意図的であり、なおかつ、**譴責的な**[57]要素を含んでいることを要求します——すなわち、刑罰とは犯罪および犯罪者双方への国家による批難を**表明**しなければならないものだ、ということです（Zimmerman 2011 参照）。この最後に述べた条件に関しては、アントニー・ダフが次のように述べています。

〔刑〕罰 **punishment** と、単なる「罰則 **penalities**」の区別〔Feinberg 1970 を見よ〕は、刑罰には叱責的[58]、ないし譴責的な性格がある、という点にある、という見方は広く受容されている。例えば駐車違反切符のような罰則は、その罰則が科されるふるまいを抑止するために（あるいは、そのふるまいがもたらすコストを埋め合わせるために）科されるかもしれないが、そこに社会全体の譴責を表明しようという意図は伴っていない。しかるに、たとえ刑罰の第一の目的が抑止にあるのだとしても……刑罰を科すること（犯罪者が法廷で告発と正式な判決を受け、刑罰それ自体が実際に執行されること）は、犯罪者が犯罪を当然のものと見なしたことへの問責[59]あるいは譴責を表現することでもある（Duff 2017）。

ダフはさらに、僕の意見では正しく、次のように述べます。

刑罰は意図的に負担を課すものであり、かつまた譴責的であるという、刑罰のこの二つの特徴は、刑罰という実践を、規範という観点から格別に異論を招くものとする。というのも、それを課された者にとっての負担であるばかりか、その負担こそが目的であり、なおかつそこに社会からの譴責が込められているような実践が、果たしていかに正当化されうるというのだろうか？（Duff 2017）

僕は、公衆衛生－隔離モデルの〔強制力をもった〕執行は、このような叱責的ないし譴責的な要素なしにも可能だと強く主張します。実際、もしも自由意志懐疑論者が正しければ、こうした譴責的な要素は正当化されざるものとなるでしょう――つまりその譴責的要素が、単なる善い行動と悪しき行動に関する判断を含んでいるのみならず、むしろ〈相応しさ〉にもとづく道徳的責任および〈非難に値すること〉についての判断を含んでいる、と僕たちが理解するならば、そういうことになるでしょう。

以上すべてを述べてしまった後では、僕としては、刑罰の定義についてあなたと争うのはもううんざりです。もしもあなたが、一般的な哲学の用語法に反して、「刑罰」とは単に自由に制限を課すことであるか、あるいは、通常不快だと考えられている諸帰結を課すことだ、とどうしても言い張り続けたいというなら、それでいいでしょう。あなたの説と僕の説の間に重大な点で差異が残り続けている、という事実に変わりはありません。まず、あなたが提起するのは帰結主義的要素と応報主義的要素の双方に訴える、混合的な刑罰説であり、依然として〈相応しさ〉の概念を保持していますが、他方で僕は、公的措置〔制裁〕と自由の範囲に制限を課するという対応を、自己防衛と他者の防衛を根拠として正当化します。第二に、僕の説は自由意志や、〈相応しさ〉や、応報的な非難を前提したりそれらに訴えたりすることを一切しませんが、あなたの説は、行為者には、〈相応しさ〉に基礎を置くような意味での道徳的責任がある、と前提しています。最後に、僕は、僕たちの道徳的および法的な実践から、自由意志と結びついた譴責的な態度や判断——そこには怨恨、憤慨、道徳的非難、および**ありとあらゆる形態の**応報的刑罰が含まれます——を取り除きたいと思っていますが、他方であなたはこれらを（少なくとも部分的に）存続させたいと思っているように見えます。恐らく、次のような例を考えてみるのが役に立つでしょう。

ある行為者が**明確に道徳的責任を欠いている**にも関わらず、依然としてその行為者への諸規則の〔**強制力をもった**〕**執行**が必要である、というような事例を想像してみましょう。例えば、ベティは進行性のアルツハイマー病にかかっており、もはや家族が適切なケアをできない状態なので、介護用の施設／コミュニティに入れられている、と想像しましょう。このコミュニティの規則は、入所者が適当な監督者の付き添いなしで外出したり、グラウンドを歩いたり、コミュニティを離れたりすべきでないと命じます。こういった規則は入所者を守るために設定されています。この規則は、入所者またはその代理人が、入所に当たって合意せねばならない契約の一部である、と言うことができるでしょう。とはいえこれらの規則はあくまで規則であり、〔強制力をもって〕執行される必要があるものです。ところがベティは、何度もこの規則に違反してしまう——それは、何ら彼女自身の過失のせいでもありません。ベティは何度となくホームの外に出て、監督者なしでグラウンドをさまよいます。幸い彼女には何ごともなく、警官の手でホームへと帰されます。僕は、こういうベティの自由を制限するための対策が必要であろう、という点にあなたも同意するだろうと思います。職員に、誰かが「脱走」を試みていることを知らせるアラームをドアに付ける必要があるかもしれません。ベティには〔GPSなどによる〕追跡装置を身に着けてもらう必要があるかもしれません。職員はベティに対し繰り返し規則を思い出させ、従わなければ自由がもっと制限されますよと告げるかもしれません（僕はベティが、深刻な程度まで損なわれてはいても、ある程度の理由応答性を保持していると想定しています）。**入所者全員が**ミーティングに招集され、規則に違反すればしかじかの帰結が生じますよ、と告げられることになるかもしれません。ここには、権威ある立場にある人々が、人々が規則に違反することで「通常不快だと考えられている諸帰結」が生じるだろうと「忠告、または約束、またはそういう事実の公示」を行う、という事例が与えられていますが、**それでもなお**この事例においては、(a) この規則の執行を「〔刑〕罰」と呼ぶべきかどうか明らかではなく、また、(b) **たとえ**その名で呼ぶべきだったとしても、これは刑罰の譴責的な要素を欠く（あるいは**欠く**べきである）ような執行です——なぜなら、ベティにはそのような譴責に適する、あるいはそれが適切であるために必要な意味での道徳的責任がないのですから。あなたがこれに同意するなら、この例は、**悪事を行った人物が苦しみに相応しい、と想定することもなく、譴責もなく、自由意志の前提もなしで**、公的措置〔制裁〕の〔強制力をもった〕執行を僕たちはなしうる、ということを示すことになります。

次の話題に進みますが、〈帰結主義的な理論は、諸個人を目的に対する手段として利用することを許してしまう〉という僕の反論へのあなたの応答に、僕は説得されたわけではありません。僕の理解が正しければ、あなたの答弁は単純に、人々をこのように利用することに何らかの道徳的不正があるということを一切否定するだけのものです。あなたはこう述べましたね。「僕は、この〈人々を手段として扱ってはならない〉というおなじみのカント主義的な修辞表現を、真面目に受け取るべきものだとは思っていない」。同意できません。僕は、帰結主義的な〔刑罰の〕抑止理論は、ごくごく直観的な道徳原理に反する、とはっきり主張します。とはいえ、僕の懸念をすべて明確に述べる前に、まずはウォーウィック大学の刑法と法理論の教授であるヴィクター・タドロスによる区別を紹介しておく必要があります。タドロスは彼の書物『加害の終焉』（Tadros 2011）において、人にある種の危害を加える事例を、人を**操作的に利用する**という事例から区別しています——それによれば、ある人に危害を加えることで、その人自身がもたらした脅威を**除去する**というのは、人をある目的の手段として利用し、しかもその目的がその手段を超えた、それとは別のものであるような場合とは区別される、というのです。その上でタドロスは、このような仕方での人の操作的利用が直観的に異論を招くような、多様な範囲にわたる事例を引きます。他方、ある人に危害を加えることで、その人自身がもたらした脅威を**除去する**ということを自己防衛の権利を基礎に正当化するのは、それよりもはるかに容易なことです。この点をタドロスは次のように述べています。

手段原理とは、他の人々を手段として利用することを禁ずるという原理である、とするなら、それは必然的に意図を含むことになる。というのも、私たちがある人物を、何らかの目的を達成するために用いている、と見なされうるのは、私たちがその人物に危害を加えることによってその目的を達成しようという意図をもつ場合に限られるからだ。とはいえ、すべての意図的加害が〔加害される人物の、手段としての〕利用を含意するわけではない。場合によっては、私たちは、単純にある人物がもたらす危害を除去するためだけにその人物に意図的に危害を加えることがある。これがとりわけ成り立つのは自己防衛の事例においてである。私が攻撃者に対して自己を防衛するとき、私は攻撃者を、自分への脅威を遠ざけるための手段として利用しているわけではない。この場合、その人物そのものが脅威なのである。**手段原理**は、意図的加害の集合の、一つの下位集合を禁ずる原理として理解するのが最もよい――すなわち、ある人物への加害が、その加害を超えた目的のためになされるという、意図的加害の下位集合として。言い換えれば、**手段原理**は除去的加害ではなく、むしろ操作的加害を禁ずる原理だということだ（Tadros 2011: 14）。

僕が強く主張しているのは、帰結主義的な〔刑罰の〕抑止理論に対する「利用」にもとづく異論は、除去的加害ではなく、むしろ操作的加害を禁ずる原理として特徴づけるのが最もよい、ということです。自己防衛と他者防衛の権利は「操作的利用」に当たらない一定の加害を許可します（これについては以下を参照――Tadros 2011; Pereboom 2018; Shaw 2019; Caruso 2021a）。僕はこの除去的加害と操作的加害の区別にもとづき、帰結主義的な〔刑罰の〕抑止理論は、**操作的利用の禁止**に反しているとはっきり主張します。特に言えば、一般的抑止に関する場合、操作的利用に関わる懸念はこの上なく痛切なものになります。というのも、ある人物を、それ以外の人々の犯罪を抑止するために罰するというのは、その個人を他者の行動に影響を与えるための道具（あるいはその目的への手段）として利用することになるだろうからです。そして残念なことにこれは、僕たちが人物Aを、社会の（Aがもたらした脅威からの）保護に必要な限度を超え、人物B、C、Dの〔犯罪の〕抑止という利益のために罰するという事例に、まさに当てはまることなのです。

デネット　恐らく僕は、そろそろ抑止という言葉に代わるもっといい言葉を使うべきなんだろう。というのも、あなたはこれまで、この抑止というものに大変な勢いで反対論証をぶつけてきたからだ。最初に言っておけば、それ〔抑止〕は実際に働いているものだし、これまでもずっと働いていくはずのものだ——もちろん完璧にではなくとも。あなたは自分の理論が「抑止にも〈相応しさ〉にもまったく訴えるものではない」ことを確保できるかどうかを懸念しているが、僕はと言えば、**実際に働くような**道徳および法の理論を手に入れられるかどうかを懸念している。あなたの「理論」は、哲学者が考えるたぐいの理論である、という強い印象を僕は受ける——つまりそれは、「僕らの直観」と不整合である、という攻撃に絶対に屈しないようにお互いにがっちりと結び合わされた多くの定義の集積体だ。僕が探し求めている理論——そして、その素描を提示している理論——は、僕らの、道徳と法のシステムとして進化してきたシステムが、現状では不完全にではあっても、この世間で最善のゲームとなっているのは**いかにしてであり、またなぜであるのかを説明してくれる**理論だ。このシステムの正当化は、それが遺伝的および文化的進化の産物であるという事実だけによってなされるのではない。むしろその正当化は——正当化がなされるならばその限り——、何千年にもわたる知的で、熟慮され、善き意図にもとづく批判と改善を経た結果、あたかも、およそ実際に動作することがありえるなら、それ以外のものを思いつける者など誰もいないほどの水準に達した、という事実によってなされる正当化だ。

ある意味では、道徳とは明らかに社会的な構成物だ。それは神の賜物でもなければ、完全に遺伝的に受け継がれる「本能」でもない。むしろそれは社会的な活動の産物なんだ。人々は何千年かにわたり、僕らの道徳、および道徳に対する僕らの態度を修正し、改革し、置き換え、改善する試みを能動的に、また先を見通しながら、試み続けてきた。だが、このような時代に先立つ時代、道徳の**発達**（**構築**ではなく）を導いていた研究開発[60]は、予備的で、半ばまでしか理解を伴わず[61]、何らかの度合いで安定的、ないし平衡的な状態に収まるようなさまざまな局所的改善をもたらす、試行錯誤の過程と見ることができる。そうしてそこでもたらされた局所的改善が、今度は時折り、ミームのならいとして、局所的な社会の外部へ移住し、その過程で突然変異を起こし（その結果は歪曲に行き着く場合もあれば、改善に行き着く場合もある）、また常に〔ミームとしての〕彼らの宿主の目下の心理的性向──この性向は、僕らすべてが獲得し、内に抱くようになっている文化的な免疫システムによる緩和と影響をこうむっているのだが──に訴えかけて、それをうまい具合に役立てるようになっている。

今述べたような過程を生き延びてきた、人々のあり方（思想、実践、概念、ポリシーなど）がどれもこれも、それを採用した者としての、ヒトという種や、血統、さらに言えば個人（または個人の集団）の適応度を増大させることを〔それが生き延びたという事実によって〕証明しているに違いない、と考えてしまうのは、進化論的思考における一つの根本的な誤りだ。人々の確立したあり方（考え方や、行為の仕方など）のいくつか、さらに言えばその多くは文化的寄生者だったかもしれず、つまりは、その宿主の心理の弱さにつけ込んで自分の役に立てる存在だったかもしれない。[62] あなたは応報主義をこのようなあり方のカテゴリーに含めようとするだろうし、僕もそうするだろう。

　そしてこういった進化すべてには、知的（インテリジェント）デザイナーたち[63]——つまり政治的、宗教的な指導者たち——の努力が伴っており、ときにその努力によってその進化が加速することもある——これは彼らが、すでに根づいている意見に、より記憶に刻まれやすく、説得力の強い表現を与えて打ち出すという場合だ。船の建造や建築などにおいて、ある種の「知的に（インテリジェントリィ）デザインされた」新機軸の中には、バグであって長所にはならないことがたちまち明らかになってしまうようなものもある。しかしまた、中には大いに尊重され、その後広く人気を博し、最後にはほとんど合意事項に近いものに至るような新機軸もある。

　これらの現象すべてをひとまとめにするとき、現状の「僕ら」が道徳と法の両方について共有する傾向のある一群の**直観**が生み出されることになる。**法**とは、おおむね最近の——生物学的な観点からすれば極めて最近の——意図的な知的（インテリジェント）（再）デザインの産物だが、他方で**道徳**とはそれに比べると、ミーム進化、およびそれへの応答として生じた遺伝的進化による、もっとずっとボトムアップ的に生じた、半ばしか理解を伴わずにもたらされた産物だ。自然状態をめぐるホッブズのなぜなぜ物語（ジャスト・ソウ・ストーリー）[64]は相当にいい線を行っているし、彼の言う社会契約は、僕らの正邪の感覚を形成した〈自由浮遊性の理拠〉[65]（Dennett 1983, 2017）の、コマ落としで理想化された素描になっている。そこでどの側面が遺伝的に（「生得的」道徳性として）受け継がれているのか、また、どの側面が社会的、ミーム的に（文化によって裏書きされた道徳性として）受け継がれているのか、ということについて、思い悩む必要はない。

　いずれの場合であれ、遺伝的ルートなり、ミーム的ルートなりが、そのルートを通ることゆえの正統性を主張できるわけはまったくない。「自然なこと」をすることが正しいことをしていることになる、と判明することもありうるし、「自然なこと」が、譴責されるべきものであると判明し、文化的に獲得された〈てこ〉の力を用いて、それを取り除いたり緩和したりしようとされることもありうる。忠誠心、友情、基礎的な公正さの感覚、射程の狭い共感、といったものには、そこに遺伝的な基盤があることのしるしが見て取れる（ヒュームの「自然的徳」を思い出そう）[66]。その一方、復讐、奴隷制、女性を所有物扱いすること、外国人嫌悪、その他の醜悪な性向もまた、それが遺伝的であるという兆候を非常にはっきりと示している。僕らはこのような、道徳判断についての道徳判断をこれまで下してきたし、今なお下す傾向がある。

　では、そうした判断を下すためのオリュンポスの神々に比される視点を、僕らはどこから得るのだろう？　それは、論証と説得についての合意された規則によって統御された、情報豊かな説得のための討議の場（フォーラム）という、文化がもたらした最大の発明の一つから得るんだ。僕らがまさに今やっているのがそれだ。哲学、あるいは、より詳しく規定すれば**実践**哲学とは、僕らがそれによって生きるべき諸原則を、知的（インテリジェント）デザイナーたちが評価し、批判し、改善し、最終的には**正当化**しようとしてきたプロジェクトだ。この呼称がもしも適切でないとしたら、この過程を**政治科学**と呼んでもいいかもしれない。この過程は、科学全般と同じく、誤りうるとしても自己批判的、自己改善的で意識的な探究を、万人の福利を最大化するような（それ自体もまた批判的調整に大いに服するという意味での）

規範と法の確立と維持を目指して続けられていく。（目指すものは「万人の福利」でいいだろうか？[67] これまた訂正可能なカテゴリーだ。）

ダーウィン主義的な視座の助けを借りることで、見えてくることがある。それは、僕らがよりよいポリシーを作ろうと努力するとき、そこで僕らが目指す改良が軍拡競争[68]によって成り立っている、ということだ。そしてそれは、僕らが目指す改良とは対立する過程だ。つまり（一番単純な事例から話を始めれば）、可決されたどんな新法に対しても、そもそもその新法を通過させようという動きのもとになった〔犯罪的〕行動を行った人々が、抜け穴探しをし始める、という過程がそれに当たる。法の尊重とは（国家の破綻による破局を回避することになるのだから）、いついかなるときも望ましい事柄であり、それゆえ、道理の分かった人々がおおむね遵守し、それを尊重するような法はどのようなものなのかを見いだすというのが、立法府の人々の主な仕事だ。ここで注意すべきは、人々が抜け穴を探したり、抜け穴をふさいだりするとき、彼らはその過程を、心の中で、今述べたような理拠（ラショナル）を明確に分節化したり表象したりする必要なしで[69]、統御し、記述できる、ということだ——つまり人は、そのような筋道の理由をそのようなものとして考えることなく、無反省的に抜け穴を発見し利用することが完全にできてしまうものだし、法への尊重の念を維持していくことがなぜ国家の安定という根本的要求となっているのか、その理由については何の明確な観念ももたない人でも、法の尊重の価値をかすかに自覚することはできるものだ。これと同じ力学は、道徳というもっと根本的で、もっと非形式的な競技場においてもはっきりと役割を演じている。僕らは子を育てるとき、僕らの社会の規則とポリシーを身につけてほしいと考えるが、これは、反省的で、衝動に流されず、配慮ある行為者の視点を自分の子に身につけてもらいたいからだ——自分の選択と行為に対する責任を引き受け、道徳的批判や、場合によっては罰をも、それが至当である場合には受け容れられるという、そのような行為者の視点を。子どもを養育し、社会への適性を育み、それによって子どもが好適な成功のチャンスを身につけ、大人の世界に入っていけるようにするという企図は、実行していこうとすれば意気阻喪してしまう難題であることがよく知られている。それは、忍耐、根気、判断力、柔軟性を要求する企図であり、仮にそこに遺伝的に受け継がれたバイアスに由来する要因がなかったならば——つまり僕らは通常、自分の子どもたちを可愛らしく、抱きしめたくなる、愛すべき、多大な犠牲を払ってでも守るに値する存在だ、と見なすものだが——、その要求は僕らの内の多く——ほとんどすべてとは言わなくとも——にとって、期待できないほどに大きなものだっただろう。自分の子どもたちを愛し守ろうとする、遺伝的に裏書きされた自然的傾向は、僕らの道徳的ポリシー、およびそれを支持する直観を生じさせてきた過程によって利用されてきたのであり、それが僕ら自身も気づかぬ内に進んでいた過程であるとすれば、その過程は賢明な進み方をしてきたといえるだろう。

一言で言えば、僕らは自分の子どもたちを「スポイルしてしまわない」ように努める、ということだ。この点でうまく成功を収めた親もいれば、そうでなかった親もいる。それは綱渡り的な行為であって、両側にある誤りや落とし穴を避けながら進んでいかなければならない。非難したり叱ったりをしすぎると、思春期や成年に至って罪悪感過多の性格が創り出されてしまう可能性がある——過剰な身体的懲罰や目に余る虐待などについては言うまでもない。「監督の目」があまりにも少なすぎると「本人の過失はまったくないまま」で、何の保証もない特権意識を抱え込み、同胞市民や権威との間で衝突するという体験を一貫して免れたまま、複雑な大人の社会的世界とどうにかやっていくために必要な自己コントロールを発揮してもらうように求めるのが難しくなってしまった青少年を産み出すことがありうる。

　こういう両極の落とし穴を避けながらなんとかやっていくというのはデリケートな課題だ――とりわけ、僕らが何かに対処するために打ち出すどんな手も、公的な、議論と批判に開かれたものであって、僕らがまさに影響を与えようとしている相手（それは彼ら自身にとってよいことだからそうしているのはもちろんだが、とはいえ大部分の場合、同時にまたそれが社会全般にとってよいことだからそうしているのでもある）に対して、「僕らのパンチカードをそのまま電信する」ことになりがちだ[70]、という事実に照らせば、そのデリケートさは際立つ。僕は「実践哲学」について語ったが、これは、僕らは一般民衆の知恵から外れた象牙の塔の中で孤絶した状態では、正しい仕事はできないからだ。だから僕らは、僕らがまさに打ち出した提言――そして、それを支えるための僕らなりの理由づけ――が、それによって動かされるであろうその相手に対して、どのような予測可能な影響をおよぼすのかを、考慮に入れていかねばならない。僕らが考察しているのは、牛の飼育や魚釣り、さらに言えばレンガ積みにおける有効で人道的なポリシーのような事例――つまりそれを理由づける際に、何に配慮しているかが明白な事例――ではない。僕らが考察しているのは、言語を使用し、理解力を有する成人としての**僕ら**が、**個々の他者たちの**行動への影響をどのようにおよぼしていくべきなのか、という問題だ。どの立場の提唱者も、この事実を忘れてしまうときがある。

例えばあなたが、非難と責任を全面的に**廃絶しよう**と提案するとき、あなたは、道徳的生活を送ろうとして、自分の社会の正しい法に従う行為者に対して当然払われるべき尊重の念を、万人に対して否定していることになる。エリン・ケリーがしかるべき率直さで指摘しているように、「誰が基礎的な道徳的適格性をもち、誰がそれを欠くのかを言い当てることができると仮定するのは、傲慢で無礼な態度である」(Kelly 2018: 83)。このような立場は、それが不愉快な父権主義的お節介だというのはさておくとしても、その見地の下で、何らかの、最低限度に安全で安定した国家ですら、それをどのように達成できるのかについてのもっともな詳細を——僕が分かっている限りでは——決して提供してくれない。ケリーは、ほんのついでの一節で、今述べた見方をほのめかしている。「よりラディカルな可能性を言えば、私たちは行為者的な視座を一切留保し、人物を自然の因果的秩序の一部として見ていくことに専心することで、非難することを拒むこともできるはずだ」(Kelly 2018: 114)。僕らにそれが**できるはず**だというのは本当だろうか? 僕は疑わしいと思っているが、いずれにせよ、僕らはそうすべきではない。[71] 僕らは、ある種の受動的な人事不省状態に陥った場合を除けば、**僕ら自身を**、単なる因果的秩序の一部にすぎないものとして見ることができない。だから他人をそんな風に扱いながら、自分自身の大事な自己への行為者的視点は固持するというのは、非礼というのも通り越した、怪物的な態度であるだろう。

すべての男性、女性、子ども(それに赤ん坊と、心的障害を抱えた人々と……要するに人類すべて)を、等しく完全に道徳的に適格(コンピテント)な存在として扱うというのもまた、およそあらゆる思考力を備えた人々への尊重の念を確保できない、奇矯な行いになるだろう。だから僕らは、道徳的に適格な人々とそうでない人々の間に区別を設け**なければならない**。これは僕が長年強調してきたことであり、根本的に肝要な点だ。**これこそ**、望むに値する種類の自由意志なんだ。

この巨視的な過程を鳥瞰すれば、僕ら——政治科学者、倫理学者、哲学者、市民としての僕ら——は、僕らが依拠するシステムに対する尊重の念を維持していくべきであるなら、**平等性**と**一様性**と**規則**は決して放棄されてはならない、という事実を改めて認識することになるはずだ。とはいえもしも僕らが、可能な限り大きな政治的自由を伴った、安全で幸福な国家を実現させたいと望むなら、正義を慈悲によって、そして有罪判決を共感によって和らげなければならないし、刑罰——それは必要なものだ——は、苦しみを最小限に、更生の機会を最大限にして実施しなければならない。今日合衆国で施行されているような節度を欠く量刑手続きは、結局不名誉な失敗であったと認められつつあり、良心に、ではないとしても、有権者たちには従う議員たちのもとには、過剰に懲罰的なわが国の「矯正」システムを劇的に改革せよ、という公共的な圧力が山のように押し寄せている。だが、何十年にもわたる、悲惨な状況での長過ぎる投獄と同じくらいに厄介なのは、有罪判決の下った重罪犯に〈緋文字〉[72]のように一生つきまとう、応報的な焼印という足かせ（「人生を変えてしまう社会的烙印」Kelly 2018: 39）だ。ここには、途方もなく広い範囲にわたる改革が必要だ。重罪犯からの選挙権剥奪は、フロリダ州では住民投票で先ごろ廃止されたし、他にもこれに従う州が出てくる希望がある。これは正しい方向への、小さいが重要な一歩だ。世評の回復に決定的な仕方で将来がかかっている人々に、さらなる障害ではなくむしろ援助を提供するというのは、ずっと前から気づかれてはいても、断片的にしか実施されていないポリシーだ。

更生というものがなぜこんなにも錯綜した来歴をたどるものなのかについては、一つの理由がある。この理由がどんなものかは軍拡競争[73]の観点から見ることで明らかにできるし、また恐らく、親による養育、つまり子を適格な道徳的成人へと育てていくときに生じる、それと平行的な軍拡競争によって、最もうまく例解できる。そこで、まずはこう問いかけてみよう。僕らは子どもたちをいつから責任ある大人として扱い始めるべきだろうか？　そして、どんな時にそういう扱いを猶予してあげるべきだろうか？　僕の孫の一人が、最近母親にこんなことを言った。「でもママ、いい子でいるのはすごく**難しい**んだよ！」そして、いい子でい続けることが格別に難しい、という場合は実際にある。しかしそういう場合に、僕らの中に許しの態度が自動的に生じるようになっていれば、僕らに叱られたときに、僕らが決して「本気でそうしたくて」叱ったのではない、という教えをそこから引き出すことは容易になるだろう。超常的な聖人君子でもない限り、絶対に強要できない種類の禁令を突きつけられた場合、それがそういうものであることに気がつくものだし、普通はそういう禁令の遵守の仕方について、それなりの斟酌をするようになるものだ。言うまでもなく、多かれ少なかれ罪のない仕方で、その限度がどのあたりなのかを試すのは、十分な道徳性に達していない子どもばかりではない。それほど罪のないとは言えない仕方で、とはいえほぼ普遍的に、大人たちは車を運転する時に制限速度を五マイルか一〇マイルほど超過するものだが、これはちょうど子どもたちの悪事に対して、実情にかなった許容を行う場合と同様、その法が寛大な方へと誤るように事前に想定されていてもおかしくない――そうすることで法の執行の不快さの度合いとコストは低減されるから、という単純な理由で――ということを、彼らが計算によって見抜いているからだ。他方、もしも子どもたちに、悪い行動などそもそも考えることすらできなくなるような〔正しすぎる〕思考と行為の習慣を身につけさせねばならず、大人たちは大人たちで、弱さや激情を自分から遠ざけていなければならない、ということにでもなれば、悪い行動がなされた場合、そこからは望まざる帰結――おぞましいとすらいえる帰結――が生じるに違いない。

たとえ僕らが司法システムを改革したとしても――この改革は、**相対的に見れば**直接的かつ実際的な、立法的、司法的な課題といえる――、僕らは依然、道徳において対処すべき、懲罰的で応報的な反応的態度を抱き続けるが、では、こういう態度を改革できるような実際の機会というのはどんなものだろう？　あなたを含む楽天主義者の中には、非難というカテゴリーを全面的に無しにするとまではいかなくとも、それを黙らせ、あるいは別のものへ変容させることで非常にうまくやっていけている社会の実例として、他の非西洋文化を指し示す人たちがいる。ケリーの鋭敏な推察を足場にした、軍拡競争の視座が格別に決定的な役割を果たすのは、まさにここだ。つまり僕らは、幼児期（およびそこでの養育）に始まり、学校と思春期を経て成年に至るまでの、人が文化の一員になる文化[74]の全過程を、そこでの通過儀礼や神話と共に考えてみる必要がある。

ケリーは、刑法と対比すると、不法行為法[75]においては必ずしも道徳的**非難**が発されるわけではない、という指摘を行う（Kelly 2018: 116）。彼女がそこに認めている不法行為との類比は、非常に啓発的だ。そこでの被害者には、不平を言い続けず、またしばしば相手を免責し、見逃す（あるいは、単純につべこべと言うことをしない）という選択肢がある。とはいえ**幸運にも**、被害者の中には注目を喚起するという自らの権利を獲得するために時間と費用を投資する人々もいる。僕らはみな、不法行為者を法廷に引き出し、勝利した被害者たちの努力から利益をこうむっている。僕らの誰も彼もが訴訟好きになる必要はなく、自らの、そして僕ら全員の権利を守るための憤激とエネルギーを持ち合わせている他の人々に暗黙の信頼を置くことで我慢することができる。安定した社会は、もしも他の点でうまくいくならば、相当数のただ乗り屋(フリーライダー)を中に居させることができるものだ。同じように、子どもの悪い行動を決して非難せず、いつでも許すような親は、もしその子が成長して反社会的で道徳的に不適格な行為者となった場合には、その責任のある部分を負うことになる。僕らはその親たちに責任を割り当て**なければならない**わけではないし、仮に僕らがその親たちに責任のすべてを負わせるとしたら(この場合、親たちはその責任を自分の親たちに、祖父母たちに、また環境一般に転嫁してもよいことになるが)、僕らは社会がそれに依存している社会化の全過程を台無しにしてしまうことになるだろう。この、**出発点にさかのぼる悪しき〔無限〕後退**に親たちが陥ることを防いでいるのは、親たちが彼らの義務をどれほど放棄していても、それとは関わりなく、社会は彼らの子どもたちを、成年に達して以降責任ある存在だと**見なす**はずだということを(将来の)親たちに知らせるという、単純な手段によっている。社会とはこのように、子どもたちの幸せを願うという、僕らの生まれつきの関心に、道徳教育への良心的な努力を動機づけるために、うまい具合に手綱をはめて利用している。それは傾向としてうまく働くようになっているが、完全にうまくいくわけではないのはもちろんだ。

ならば僕らは、親の育児怠慢やさらに悪い行為によって人生初期の時期を荒廃させられた不運な個人に、何をすべきだろう? 僕らのポリシーがどれほど情報豊かで、どれほどバランスが取れたものであるかに関わらず、また、僕らが、一部の人々が直面する不利益を修正するために、僕らの世界の中にどれほど多くの社会的改善を構築するとしても、やはり問題事例は存続し続けるだろうし、またその問題は、罪（と責任）のある人々を罰しない方が、無実の人々を罰するよりもよい、と僕らが原則的に定めている、という前提の上で、法と衝突したり、さまざまな理由から法の遵守に格別の困難をおぼえたりする、不運な人々が抱えている問題に集中していくことになるだろう。かつて僕は、運は均等にならされていく傾向がある、という立場を打ち出したことがある。そこで僕は、秩序のしっかりした国家においては、人が責任ある存在だと見なされることで得られる利益は、それに刑罰が伴うという不利益があったとしても、その人が道徳的に不適格な存在だと宣告され、それゆえに通常の市民が有する日常的な自由をひどく狭められてしまうことに比べれば好ましいのだ、と主張していた。その後僕は、あなたやその他の、何人かの最近の批判者たち（トム・クラークとブルース・ウォーラー）に説得され、かつて打ち出した立場があまりに過酷なものだった、と思うようになった。国家には、競技場のレベル設定の方法を調査し、制度化していく義務があるんだ。とはいえ僕は、あなた方の誰の説得を受けても、あなた方が、刑罰を最小化したり、刑罰を一切なしでやっていったりするための、より人間的な代案となるビジョンを用意できていると思えるようにはなっていない。

僕らは免責を一般的ポリシーにしてしまうべきではない。それは最終的に僕ら全員を腐敗させ、駄目にしてしまうことになるだろう。僕らはバランスをとる必要がある。だがどちら側にバランスをとるのか？　これは一挙に、そしてただ一度決めればそれで済む問題ではない。決して罰しないというのも、**常に罰する**というのも、どちらも持続可能な選択ではない。そして時代の変化と共に〔強制力をもった〕執行を引き締めるかゆるめるかに対する社会全般の態度は、多大な変化をこうむりうるものだ。アラン・ギバード（Gibbard 1990）はこの問題に関する洞察豊かな論考の中で、道徳規範のデザインに「専横的な」と「遠慮がちな」という、周到な区別を立てている。専横的な道徳規範は（個人に対してあまりにも高すぎる要求を課することで）偽善や猜疑心を助長し、「ある種の無用な威圧性」を抱える傾向があるが、他方の遠慮がちな道徳規範は賢慮[76]と自己利益の調停という、市民個人個人が容易に支持できるものに訴えかける。

僕らが現行の刑罰制度を、その中の、僕らすべてを辟易させている「残忍で異常な」特徴を取り除こうと、再デザインする、と仮定してみよう。同時にまた僕らがそこで、非難に関して「遠慮がちな」ポリシーを優先させるように決める、としよう。非難の余波として生じる否定的な帰結のいくつかは、端的に言って、放棄可能な選択肢の中に含まれない。ケリーは、非難的な反応がよって立つ理拠の中でも、**非・応報的な**それをリスト化して、こう論じる。「失望、悲しみ、後悔、悲嘆、および、相手との関係をやり直したり、制限したり、打ち切ったりしようとしたり、さもなければ説明や弁明を求めたりする性向など……は、ある人物が行った判断や、その人物が示す態度によって、その人物がこの先、道徳に適った行為をするだろう、と信頼性のある仕方で見込めなくなる場合に生じるが、とはいえそれらは、その人物は自身が行った悪事ゆえに苦しむに相応しい、と私たちが考えるから生じるわけではない」(Kelly 2018: 107)。ケリーが引用するトマス・スキャンロン(Scanlon 2013)は、「これらの『適切な』態度が、悪事を行った人物に対して社会的、および心理的な否定的帰結を色々ともたらすこと、そしてそれらの帰結は『端的に、悪事を行った人物において呈示された過ち[77]のゆえに』正当化されるし、さらに言えば望ましいものですらある、ということを認めている」（Kelly 2018: 107）。有罪判決を受けた人々は、自分の評判を落とさなければならない、ということだ。とはいえ、ケリーが強調するように、僕らは、犯罪に当たる悪事を行った人々に対してどういう非難的態度を取るべきかを詳しく指定する仕事を、刑事司法システムの正式の業務にする必要はない。犯罪に対する有罪宣告は、信用の置けない人々についての言葉を広めるための、社会のやり方だ、ということだ。秘密裏の有罪宣告と処罰は、それに対する裏切り行為だということになるだろう。（この問題について、応報主義者たちは自分自身の直観を確認しておくべきだろう。彼らの見地に立つ場合、いったいなぜ秘密裏の処罰が厳格に禁じられるべきだということになるのか？——それとも彼らは秘密裏の処罰が見込まれる場合、それに満足するのだろうか？）かろうじて善良な人物たりえている人々を、そうなることに失敗している人々と同じように扱うのは公正なことではないし、それは常に存在しているべき（善良たらんとせよという）圧力を台無しにしてしまうものだ。

興味深いことだが、僕らは子どもに対して、完全に家の中だけのこととして、したがって秘密裏に、訓戒や、さらには罰を与える場合が実際にある。そして僕らはこれを、他でもなく、それによって仲間や他の人々の中での子どもの評判を守ろう、という理由から行う。こういう仕方で、子どもが完全な形の道徳的責任を引き受ける前の段階で、二度目の（または三度目の、または一〇度目の）チャンスを与えるということだ。こういう内密のやり方には常に、ある暗黙裡の了解事項が伴っているはずだ——つまりそこではこんな二者択一が提供され、そこからの選択が迫られている。「君が僕から受けたいのは情けなのか？　それとも尊重なのか？　この後、答える準備ができたら知らせてほしい。僕が君を免責し、道徳的で自己コントロール的な行動をそれほど多く要求しない場合、僕はそれによって、君がその分だけ道徳的行為者として信頼が置けず、さらに言えば当てにできない相手であるという判断を表明することになる」。あなたは、あなたが提起している更生の方針から道徳的適格性の閾値――責任ある自由意志――を撤廃してしまうことで、社会に復帰**したいと求めている**犯人に対し、〈道徳的行為者クラブ〉の会員権を勝ち取る機会を否定している。そこで望みうるのはせいぜい、〈この人は町中を徘徊しても危害を招く恐れはありませんよ〉という品質証明どまりだ。刑罰を撤廃してしまうことであなたは、彼らが「社会への借りは精算した」と主張できる権利を否定している。〔ただし〕社会への借りを精算する、というこの考え方には大いに歪んだ部分がある。僕らが、まる一〇年間不当に投獄された人物に向かって、その出所にあたり、君は――前もって支払いを済ませたのだから――自分の選択で深刻な重罪におよぶ特権を得たんだよ、と言ったりしないのはたしかだ。刑罰を、**単なる業務上のコスト**にすぎないものにしてはならない。

人が悪行をなし、それが立証された場合、その事実は公に知らされるはずだ、と見込まれるようになっていれば、その見込みこそが〈道徳的行為者クラブ〉の入会金として支払う費用の主な部分を占めることになる。真に模範的な社会においては、最重要事としての刑罰こそが、その役割を果たしうるものだろう――評判が傷つき、それによって就業のチャンス、友人関係、通常であれば僕らが見知らぬ他人に対して向ける誠意というデフォルトの仮定、などを狭めてしまうのだ。僕の知る限り、こういう刑罰を緩和するための有効な手段としては、市民たちを彼らから守りつつ、彼らが信頼性を取り戻したことを証明できる機会を、僕らが可能な限り用意する、ということ以外には存在しない。これはもちろん、今現在熱心な論争の的になっている話題だ。有罪判決を受けた児童性的虐待者が、出所後に素姓を隠して生きるのを許すとしたら——それを許すとしてだが——どのようなやり方で実行すべきなのだろう？　刑罰と罪科の廃絶を論じる論者たちの、この種の問題に対処するための提案の**詳細**を、僕は知りたい。

カルーゾー　ダン、自然主義者仲間として、道徳の出現の進化論的素描をしてくれたことを歓迎します。完全に同意できる点はあります。例えば、道徳は「神の賜物でもなければ、完全に遺伝的に受け継がれる『本能』でもない」という部分です。とはいえ、あなたの次のような論調に、僕は根本的に**同意していません**。つまりあなたは、（a）自由意志を道徳的適格性と等しいものと見なし、（b）〔自由意志〕懐疑論者は道徳的に適格な者とそうでない者の区別に失敗している、という誤った主張を行い、（c）人格的存在（パーソン）に対する尊重は彼らに**正しい報い**を与えることを要求する、と示唆し、（d）「**個々の他者たちの**行動への影響を……およぼしていく」ための唯一の方法は、自由意志と結びついた反応的態度と判断と処遇としての、**怨恨**、**憤慨**、**義憤**を〔捨て去らずに〕保持することなのだとあくまで主張しますが、僕はこのすべてに同意していません。

例えばあなたの、「あなたが、非難と〔相応しさに基礎を置く〕責任を全面的に**廃絶**しようと提案するとき、あなたは、道徳的生活を送ろうとして、自分の社会の正しい法に従う行為者に対して当然払われるべき尊重の念を、万人に対して否定していることになる」という主張を考えてみましょう。

この主張やその他の箇所でのあなたの懸念は、オックスフォードの哲学者P・F・ストローソン(Strawson 1962)の懸念とよく似ているように見えます。ストローソンはそこで、〈反応的態度〉と〈客体への態度〉という、有名な区別を提起しました。[78] ストローソンが強調したのは、誰かが非難や賞賛に値するという主張の正当化は、道徳的な怨恨、憤慨、罪悪感、[79] 感謝、といった人間の**反応的態度**のシステムを基盤としたものである、[80] ということでした。そこでストローソンが強く主張したところでは、僕たちの道徳的責任の実践にこのような基盤がある以上、僕たちが道徳的責任の概念を捨てるべきであるとするなら、僕たちは他の人々に対して、反応的態度を放棄する構え(スタンス)としての、冷たい計算ずくの**客体への態度**をとるべく強いられることになるだろう、ということでした。ストローソンとその支持者たちによれば、道徳的責任を一切否定するというのは受容不可能で、自己反駁的で、かつ／または不可能なことなのであり、なぜなら万人を恒久的に免責するということからは次のことが帰結するはずだから、ということになります――すなわち「自分が何をしているのか誰も分かっていないとか、どの人間の行動も意識された目的という観点からは理解不可能であるとか、誰もが妄想の世界で生きているとか、誰もが道徳的感覚をもたない……とか」(Strawson 1962: 74)〔邦訳六四頁〕[81] そのようなことを。

僕はこうした懸念を真面目に受けとめていますが、彼らは、僕が擁護しているような種類の自由意志懐疑論がどう適用されるかについて、誤った考え方に導かれている、とも強く主張します。ペレブームと僕がいずれも論証してきたことですが、たしかに、〈客体への態度〉の採用は僕たちの人格的な関係を深刻な仕方で妨げるかもしれない、という点でストローソンは正しいかもしれません（これとは反対の展望については、例えばテイムラー・ソマーズ（Sommers 2007）を参照）。しかしながら、〈もしも決定論が反応的態度に対する真正の脅威を突きつけるとしたら、その場合、現在のこの構えこそが適切な構えであるはずだ〉と主張するのは間違いだと論ずることはできます。例えば、もしも自由意志懐疑論者の主張が真理であったなら、道徳的な怒り[82]としての怨恨や憤慨などは、それに代わる僕たちに利用可能な態度——例えば道徳的配慮、失望、悲しみ、道徳的意思決定など——と比較すると、最善だとは言いがたい態度であるかもしれません。〔自由意志〕懐疑論者の見方に立つことで要求されるのは、自由意志と結びついた反応的態度のみを放棄することなのであって、すべての反応的態度を放棄することではない、ということです。さらに**楽天的〔自由意志〕懐疑論者たち**が強く主張するところでは、僕たちが保持したいと望むであろうさまざまな態度は、この〔自由意志懐疑論の〕立場と衝突する前提を含んではいないのだから、〔自由意志〕懐疑論を確信することでそれらの態度が切り崩されることはないし、またもしそうでなかった場合にも、それらの態度には、〔懐疑論によって〕脅かされる恐れのない何らかの代案がある、ということになるのです。そしてそこで存続するものは、ストローソンの言うような〈客体への態度〉ではまったくなく、またそれは、僕たちが価値を認めている人間相互の関係を十分に保持できるものなのです（Pereboom and Caruso 2018: 201 参照。Pereboom 2001, 2014 も参照）。

第二に、〈悪事を行った人物を僕たちがどのように処遇すべきか〉という問題に対して、〈行為者が道徳的に適格か、そうではないか、という区別はここで重要な関連性をもたない〉とする見方を、自由意志懐疑論も、公衆衛生–隔離モデルも、どちらも含意していません。その正反対に、なされた悪事に対して、どのような対応を取るのが正しいのかを決定するためには、まさにその区別こそ肝要だというのは、自由意志懐疑論者たちの典型的な主張です（Pereboom and Caruso 2018参照）。ここでもう一度、ペレブームの、道徳的責任についての未来指向的な説、あるいは哲学者によっては**答弁可能**責任と呼ぶ考え方を考えてみましょう。この責任概念によれば、誰かが何らかの行為や態度に対して責任があるというのは、その行為なり態度なりが、それを正当化せよという他者たちからの強い要求にその人を開くようなやり方で、その人の価値判断能力と結び付けられている場合に他なりません（Scanlon 1998; Bok 1998; Pereboom 2014を参照）。このような責任は、道徳的適格性を要求します。例えば、僕たちが一見して不道徳と見える行動に遭遇した場合、行為者である人物に「なぜあなたはそうしようと決めたのですか？」とか「それが正しいことだと思っているのですか？」とか問いかけることは、完全に適正なことです。そしてこうした問いへの応答が道徳的に満足のいかない理由しか与えない場合、そのような行為を行った人物はどういう意図をもち、どういう性格の人物だと見られるものなのかについて、自ら批判的に評価してほしい、とその行為者に促し、この先それを改善していってほしいと要請することが正当化される、と僕らは見なすでしょう。ペレブームによれば、このようなやり取りに加わることは、害を受けたり、脅かされたりしている人々に属する、不道徳な行動とその帰結からわが身を守る権利に照らすならば、理にかなったものといえます。加えて、僕たちはそこで悪事を行った人物との和解に関心を寄せるかもしれないし、彼女にこういうやり方で説明を求めることは、この課題の実現へ向けた一歩として役立ちうるものです。僕たちはまた彼女の道徳的性格形成に関心を向けます。そしてこのとき、今述べたようにして説明を求めていく営みは、当然ながらこの過程の一段階として役立ちます（Pereboom 2014 参照）。このような未来指向的な責任は道徳的抗議の根拠となりますが、その基礎は〈相応しさ〉にではなく、むしろ、**相応しさに訴えない三つの望ましい事項**——すなわち、未来における〔人々の〕保護、未来における和解、未来における道徳的性格形成の三つ——であり、またその結果として、それは自由意志懐疑論と完璧に整合的なものです。

ある犯罪者が道徳的に適格で、諸理由への応答能力があるかどうか、という問いは、少なくとも二つの理由から、公衆衛生-隔離モデルにとっても重大な関連性をもちます。これについてはすでに論じましたが、もう一度まとめておく必要があるようです。第一に、ある個人が今後どういう脅威をもたらすかの、その種類と、それが〈〔収監等による〕無害化〉を要するものかどうかを見定めることは重要です。例えば、深刻な精神疾患をわずらっている犯罪者と、道徳的に適格で、完全な理由応答能力を備えた犯罪者との間には重大な違いがあります。このような違いは、十全な保護のために必要な最低限の制限をどのように決定すべきかに重要な関連性をもつことになるでしょう。第二に、諸理由に応答できる能力がその人に備わっているならば、合理性と自己統御を考慮に入れるような処遇は、適切な処遇であることになるでしょう。他方、合理性と自己統御の力に欠損をきたしている人々には、これとは異なった処遇が必要となるでしょうし、またそれは、もしもその能力の修復が可能ならば、それを目指す処遇となるべきでしょう。このような能力の欠損をもたらすさまざまな原因を理解することは、累犯を減少させ更生に向かわせていく有効なポリシーを決定していく上でも肝要なものにもなるでしょう（Focquaert et al. 2020）。したがって、自由意志懐疑論と公

衆衛生 - 隔離モデルは、道徳的適格性、諸理由への応答可能性、自己統御、および自律性の程度の多様性、などの重要性を認めているのですが、しかしそれらを、誰かを非難に値するものだとして、〈基礎的な相応しさ〉にもとづく道徳的責任を認めるために重要な関連性をもつと見なすわけではなく、むしろ、今後の適切な行為の指針を決定するために重要な（というより、事実上不可欠な）ものだと見なすのです。

第三に、公衆衛生 - 隔離モデルは、〈〔収監等による〕無害化〉の正当化において隔離との類比に訴えているわけですが、そこで〈無害化〉と隔離のそれぞれの**正当化**について、どの点に類比が成り立っているのかを改めて認識することもまた重要です。このモデルは、悪事を行った人物を「病んでいる」とか「病気にかかっている」と見なすことを求めたりしません。たしかに、精神的な病や不適格性のゆえに犯罪的な行為におよぶ人々も存在しますが、他の多くの人々はそうではありません。この区別は、まさに今しがた述べた理由ゆえに重要です。この理由から、ブルース・ウォーラー（Waller 2011）が「免責拡張論」と呼んでいる考え方に抗したいと僕は強く思っています——これは、〈道徳的責任の否定論とは、人に、その人が道徳的存在として不適格になる（それゆえに免責される）ような性格的特徴が備わっている、ということを基礎にして、それが主張される場合にのみ意味をなす思想である〉とする考え方です（Waller 2011: 219）。あなたも、ストローソンも、道徳的責任のシステムをまず前提した上で議論を始めているために、道徳的責任の否定論が、ばかげた、自己反駁的な思想であると思い込むことになるのです。しかし、〈相応しさ〉に基礎を置く道徳的責任の普遍的否定論は、〈正常な状況において、僕たちには道徳的責任がある〉という前提から出発はしないのですし、そのような出発点から始めて、免責の範囲を万人へと拡大、拡張していく（その結果、万人が深刻な欠陥を抱えていることになる）という論の進め方をするわけではありません。こういう論の進め方はじっさいばかげた結論に至ります。一方、僕のような全域的な〔自由意志〕懐疑論者は、〈最低限度に適格な人物はすべて、報いに相応しいという意味での道徳的責任を有する〉という前提から出発するシステムを基礎とすることを退けます。それゆえ僕たちは〈相応しい報い〉のシステム全体に異議申し立てをするわけですし、そのシステムのルールを受け容れはしないのです。したがって、僕たち懐疑論の立場を「自分が何をしているのか誰も分かっていないとか、どの人間の行動も意識された目的という観点からは理解不可能であるとか、誰もが妄想の世界で生きているとか、誰もが道徳的感覚をもたない……とか」(Strawson 1962: 74)〔邦訳六四頁〕という主張だと解釈するのは間違いだということになるでしょう。僕たちの立場の主張はそんなものではないのです。

第四に、僕はあなたの次の言葉に同意します「今述べたような過程を生き延びてきた、ヒトという種のあり方（思想、実践、概念、ポリシーなど）がどれもこれも、それを採用した者としての、人々のあや、血統、さらに言えば個人（または個人の集団）の適応度を増大させることを〔それが生き延びたという事実によって〕証明しているに違いない、と考えてしまうのは、進化論的思考における一つの根本的な誤りだ。人々の確立したあり方（考え方や、行為の仕方など）のいくつか、さらに言えばその多くは文化的寄生者だったかもしれず、つまりは、その宿主の心理の弱さにつけ込んで自分の役に立てる存在だったかもしれない」。あなたがこの留保条項を付しているのは、それが重要なものであるだけに、喜ぶべきことです。そしてまたこの留保条項は、僕とあなたの間の不一致の中でも重要な論点を先鋭化させるものでもあります。たしかに、あなたも僕も応報主義をこのようなあり方のカテゴリーに含めるでしょうが（といってもあなたの考える、過去指向的で〈相応しさ〉に基礎を置く非難と刑罰の概念について、それが何を意味しているのかを僕はいまだはっきりとは分かっていないのですが）、だとしても僕はそこからさらに進んで、怨恨、憤慨、道徳的非難という反応的態度**もまた**そのカテゴリーに含めたいと思っています。僕は楽天的懐疑論者として、これらの態度が正当化を欠いたものだと考えるのみならず、〔犯罪者に対する〕これ以外の態度を介しての、道徳的性格形成、和解、安全という目的へ向けて、有効な形で「行動への影響を**お互いにおよぼし合う**」ことができるとも考えています。（最低限言えることは、これは開かれた経験的〔実証的〕な問いであって、それをアプリオリな〔経験的探究にもとづかない〕推理によって決着させることはできない、ということです。）

最後に、自由意志と〈相応しさ〉に基礎を置く道徳的責任は、決定論および運**の双方と**両立しない、と断固主張する非両立論者として、僕は自由意志と道徳的適格性を等しいものにしようとするあなたの試みを退けます。第一に、僕らの現在の実践は固定されたものではなく、変化しうるものです。まさにあなた自身が何度か指摘していたように、僕たちの、社会的に構築された道徳システムは、「知的（インテリジェント）デザイナーたち」――つまり「情報に精通したさまざまな宗派が集う討論場」を利用して、仲間のメンバーたちに、自分の実践を改訂し改善するように説得する哲学者やその他の人々――の影響に敏感です。今回の論戦で論議の的になったような、自由意志に反対する哲学的論証というのは、僕たちの実践や態度や判断に転換をもたらしうるし、また（僕の見解では）もたらす**べき**ものです。核心となる哲学的問いは〈僕たちの実践は自然的なのかどうか？〉ではなく、むしろ〈僕たちの実践は**正当化される**のかどうか？〉であるということを忘れないで下さい。そして、少なくとも僕にとって（あなたを説得しようとするのは諦めましたが）先の操り師論証は、道徳的適格性とは自由意志の必要条件ではあっても十分条件ではない、ということを明らかにするものです——というのもその論証はある行為者が（例えば神経科学者のチームによって）外的に操られて、基礎的な相応しさの意味でも、非・基礎的な相応しさの意味でも道徳的責任があるとは直観的にいえない場合であっても、やはり道徳的に適格な存在でありうることを明らかにしているのだからです。

デネット　僕が思うに、あなたは「基礎的な相応しさにもとづく道徳的責任」というあなたの思想は燻製ニシン〔食わせもの〕[83]だ、という僕の立場をすぐに忘れてしまうようだ。あなたは論戦二でカントのやけに有名な島の例を取り上げ、僕らはそれについて論議した。そしてあの例は、僕がなぜ応報主義ときっぱり手を切り、それを、**よく親しまれた〈相応しい報い〉の概念**の帰結主義的な正当化で置き換えたかの理由を、明瞭に示している——その概念はカントが用いていた概念ではなく、むしろ、僕が先ほど素描した、道徳と刑罰に関する実効的な理論における、一つの正当化された構成要素だ。前述の〈責任ある、信頼可能な自己コントロール〉という概念こそが、この文脈における自由意志の概念だということになる（それについては、〈道徳的行為者クラブ〉のメンバーたりえていること、という言い方もしてきた）。あなたは自由意志を「〈基礎的な相応しさ〉の意味で解された道徳的責任のために要求されるような種類のコントロール」だと定義する。では、それはどんな種類のコントロールなのか？　もしもあなたが、決定論は「僕らは別のようにはなしえなかった」を含意し、なおかつ、**それが含意されていることによって**、僕たちには適正な種類のコントロールができないということが示される、と考えているとしても、僕は、僕らが誰かに道徳的責任を免除するときに実際に用いる「別のようにはなしえなかった」という語句の意味は、決定論から帰結するような意味ではない、ということを示しているのだった。僕らは自己をコントロールする存在であり、そういう存在として、多様な度合いでの自由を有しているのであり、(たとえ決定論的な世界においても)道徳的に重要な関連性をもつような意味で、別のようにもなしうる能力をもっている。(幼い頃のサラ・マッカーシーが言ったように[84])僕らに**何かができるが、しかしそれをしようとはしない**場合に、僕らは自由意志の存在を呈示しているのであり、この自由意志は、僕らのコントロール下に置かれさえすれば、ペレブームの言う「答弁可能性」に相当するのだし、あるいは、僕に言わせれば道徳的責任に相当するものだ。あなたがこれに続けて言うには、自由意志懐疑論者は、

道徳的適格性、諸理由への応答可能性、自己統御、および自律性の程度の多様性、などの重要性を認めているのですが、しかしそれらを、誰かを非難に値するものだとして、**基礎的な相応しさにもとづく道徳的責任**を認めるために重要な関連性をもつものだと見なすわけではなく、**むしろ**、今後の適切な行為の指針を決定するために重要な(というより、事実上不可欠な)ものだと見なすのです。

ここであなたはまたもや**ムシロ法**を使っている——そう思える。とりわけあなたが、「この先の行

為の適切な指針」が、……そう、いくつかの違う名で呼ばれた刑罰としてなされる場合もある、ということを今や容認してしまっている、という事実を考慮するなら、そう思える。加えて言いたいのは、あなたのシステムが正しく運営されているなら、行為の適切な指針とされるもの――場合により、公的措置〔制裁〕（サンクション）、〈〔収監等による〕無害化〉、ときには非自発的な施設収容などもなされる――は、**相応しいもの**であるはずだ（ただしもちろんそれは、カント的な「基礎的な道徳的相応しさ」という意味ではない意味で解される）。あなたが専門家の証言として引いたミッチェル・バーマンの言葉を、もう一度引こう。「正当化できず、免責不可能な仕方で、他者、または重大な社会的関心事に対する害を引き起こすか、そのようになる危険を招いた人物は、その行為を選択したことのゆえに、苦しみを受けるに相応しく、かつまた、彼の他者たちへの考慮ないし配慮が、彼に適切に求められていた度合いにどの程度およばなかったかの、その割合に応じた苦しみを受けるに相応しい」。あなたはこれが「応報主義」的な〈相応しさ〉の概念だと言うが、僕としては、これは僕なりの帰結主義的な説にぴったりと当てはまるものだと思っている。

　あなたは僕の立場がP・F・ストローソンの立場と「似ているように見える」と指摘してから、ストローソンの立場への批判を提起する。あなたは、ストローソンも僕も共に「道徳的責任のシステムをまず前提した上で議論を始めている」と宣告するが、僕がそうしていないことは明白だ。僕は単に、道徳的責任のシステムが自然状態から自然的かつ正当化可能な仕方で生じたのはどのような経過でありえたのかについて、かなり長々と示していっただけだ。あなたの頭にあるのは、誰か別の討論者のことに違いない。あなたは続けて、ストローソンと僕は「道徳的責任の否定論が、ばかげた、自己反駁的な思想であると思い込むことになる」と付け足すが、やはり僕は、ここやその他での自分の発言にそんなことが含意されているとは認めない。僕は自由意志文献の大部分に対するストローソンの言いえて妙なる判定――「曖昧でパニック状態に陥った形而上学」――を肯定的に引用したが、それを除けば僕は、彼のどんな見解に対する忠誠心も公言したことはない。あなたのストローソンへの反論が有効なものかどうか、僕には定かでないのだが、たとえそれが有効なのだとしても、あなたは僕にひどい汚名を着せていることになる。

カルーゾー ダン、第一に僕は〈決定論が「僕たちは決して別のようにはなしえないはずだ」を含意する**がゆえに**、行為者たちは、基礎的な相応しさにもとづく道徳的責任のために要求される種類の行為コントロールを欠く〉とは主張**していません**。その代わりに僕がずっと擁護してきたのは、〈**随意選択の非両立論**と対比される〉**源泉の非両立論**[85]の一形態であり、この立場は〈行為者が自らの行為の、または行為の適正な種類に属する仕方でのコントロールの、**適切な源泉**となることは、決定論とは両立しない〉と主張するものです。つまり僕はデーク・ペレブームの次の言葉に同意しているということです。「ある行為が道徳的責任のために要求される意味において自由な行為であるというのは、その行為者のコントロールのおよばない因果的諸要因にさかのぼる決定論的な過程によって産出されたものではない、という場合に限られる」(Pereboom 2001: 34)。それゆえ僕は、非両立論のための最も明瞭で最も説得力のある論拠は他行為可能性に関わる論拠ではなく、行為の因果的歴史に関わるそれだと強く主張します。僕は論戦二の中で二つの非両立論の論証――操り師論証と、ハー

ド な運による論証——を擁護しましたが、その両者ともが他行為可能性にではなく、行為者の行為の因果的歴史に焦点を合わせた論証であったのは、これが理由です。あなたがいまだにこの点を混同しているというのは、僕には驚きです。

第二に、僕は非両立論者として、〈基礎的な相応しさ〉にもとづく道徳的責任のために要求される種類の行為コントロールとは、リバタリアンたち、とりわけ、行為者因果説的リバタリアンたちが想定している種類のそれであることになるだろう、とはっきり主張します。そして僕は、あなたとは異なり、このような概念が首尾一貫しないものだとは思っていませんし、自由意志という問題にとって重要な関連性をもたないとも思っていません。まったくの正反対で、それは僕たちが、自分自身それを行えていると典型的に信じている種類のコントロールなのです（Nichols and Knobe 2007; Sarkissian et al. 2010; Deery et al. 2013）。それゆえ、僕がリバタリアン的な自由意志概念を退けるのは、それが首尾一貫性を欠くからではなく、むしろこの世界についての僕たちの最善の哲学的、科学的な理論が、それに強く反対する結論を引き出しているからなのです。

第三に、もしもあなたが存続させたいと思っている唯一の種類の「自由意志」が「ペレブームの言う『答弁可能性』に相当するのだし、あるいは、僕に言わせれば道徳的責任に相当する」ものなのだとしたら、僕たちは噛み合わない対話をしていることになるのかもしれません。もしも、突き詰めて考えるとあなたが本当に存続させたいと思っているものが**答弁可能性**（アンサラビリティ）の概念なのであって、それよりも異論含みである**説明責任**（アカウンタビリティ）[86]の概念ではないのだとしたら、僕たちはおおよそのところ合意に達したと僕は思うでしょう。しかしこの場合僕は、試合は終了し、自由意志懐疑論者が勝者となった、とも思うことでしょう！　なぜなら、〈説明責任〉の概念は、今現在論争の的になっているような種類の〔リバタリアン的な〕自由意志のために要求されるものである、と一般に考えられていますが、——まさに上で説明した理由により——〈答弁可能性〉がそのために要求されることはない、と考えてよいのだからです。とはいえ、あなたの立場がある種の自由意志懐疑論に単純に帰着するものなのかどうかを決定できるようになるには、僕はまず、あなたの〈相応しさ〉の概念を理解する必要があります。例えばあなたは、あなたの所説がなぜ「応報主義ときっぱり手を切り」、それを「**よく親しまれた〈相応しい報い〉の概念**の帰結主義的な正当化で置き換えたかの理由を、明瞭に示している——その概念はカントが用いていた概念ではなく、むしろ、僕が先ほど素描した、道徳と刑罰に関する実効的な理論における、一つの正当化された構成要素だ」と主張します。しかるにあなたはそのほとんど直後といってよい箇所で、ある穏健な種類の応報主義を擁護するミッチェル・バーマンを肯定的に引用し、彼の応報主義的な〈相応しさ〉の概念が「僕なりの帰結主義的な説にぴったりと当てはまるものだと」主張するのです。ここで僕は、あなたの立場の中に一つの緊張関係がある、という思いを禁じえません。あなたが「相応しさ」について、バーマンとは別の何かを意味しているのか、それとも、あなたの相応しさに関する説には、帰結主義的な要素**ならびに**応報主義的な要素が**共に**含まれているのか、そのいずれかなのです。

提案ですが、僕の公衆衛生‐隔離モデルに関する議論はそろそろ切り上げて、あなたの立場についての議論に移りましょう。とりわけ、あなたの〈相応しさ〉の概念と、刑罰についての所説を、僕としてはもっと掘り下げたいと思っています。

デネット　ふむ。ならば僕から、今後に向けて一つ求めたいことがある。あなたは「行為者が自らの行為の、または適正な種類に属する行為の仕方でのコントロールの**適切な源泉**となることは、決定論とは両立しない」と主張する。僕が提起したのは、決定論〔の可否〕には依存しないコントロール――現実になされている本物のコントロール――だ。決定論が、あなたの言う――それがどんなものであるにしても――「適正な種類に属する行為の仕方で」自分の行為をコントロールできなくさせてしまう、となぜあなた方は考えるのか。それを示せるような、〔デネットの見解とは〕別のコントロールについての見解を提起する義務が、あなた方「自由意志懐疑論者」にはある。決定論が真理であれば、およそ生じる出来事はすべて、ペレブームの言葉を使えば、「その行為者のコントロールのおよばない因果的諸要因にさかのぼる」ことになる。だが、だからどうしたというんだろう？　行為者のコントロールのおよばない因果的諸要因が、その行為者をコントロールするわけではない。あなたの過去も過去の歴史も、あなたをコントロールすることなどできはしないだろう。自分が存在し始めるよりも前にさかのぼる因果的諸要因をコントロールできるような自律的行為者など存在しないが、だからといってそのことにより、その行為者が「適正な種類に属する行為の仕方で」コントロールする力をもたない、ということが基礎づけられるわけではない。

カルーゾー　要求されるコントロールがどのようなタイプのそれであるかについて、僕たちの間にはまさに根本的な不一致が存在している、と僕は思います。操り師論証とハードな運による論証は、あなたのコントロール概念がなぜ十分でないのかを示すことを意図したものでした――すなわち、操られた行為者は両立論者の考えるコントロールの条件を満たせているにも関わらず、そのような行為者を〈相応しさ〉にもとづく意味で解された道徳的責任を有する存在だと見なすことは、直観的に間違っていることになるだろう、ということです。しかし今ここで僕たちは、これらの論証を改訂していくのではなく、もっと先に進んでいくべきだと僕は思います。今僕がすべきなのは、公衆衛生‐隔離モデルに対してあなたが提起した最後の批判に、手短かに取り組んでおくことです――僕がそれを避けようとしている、という印象を与えないために。あなたの批判とは、**薬品の例**です。この例は次のように述べられます。「……『暴力犯罪への傾向』を抱えた人々を治療する薬が発明された、と仮定してみよう。僕は今のところ何の暴力犯罪におよんだこともないが、その薬を飲んだこともない、とする。そんな僕が、心底いけすかない隣人を威嚇しようと決めて、彼に身体的危害を加えたり、彼の所有物をめちゃめちゃにしたり、飼い犬を蹴ったりして……しまいに、思惑通り彼を追い出してしまう――その後で僕は例の薬を飲む。こんな僕を隔離する必要はない。そうだろう？　僕は治癒したのだから」。最初にお伝えしておけば、これは本当に興味深い異論かもしれません――というのも、社会への脅威を未来に向けてもたらさない個人には、自由を限定するような制限が課されるべきではないという主張を、たしかに僕の立場は支持するのですから。とはいえ、僕としてはやはり、いくつか述べたい応答があります。第一に、（もし僕にその気があれば）この事例で暗に前提されている事柄について、操り師論証について論じ合っていた際にあなたが提起したのとまったく同じような疑問を提起できるでしょう――つまりこの薬がどの程度まで倫理的異議を招きうるものであるかという疑問を、数多くの異なった側面から、提起できるのです。この薬は、あなたを根本的な別人に変えてしまうものでしょうか？　それはあなたの諸理由への応答可能性を乗り越えたり、切り崩したりしてしまうのでしょうか？　国家が犯罪者たちに、「暴力犯罪への傾向」への「治療」の一形態として、強制的にその薬を飲ませることは[87]倫理的なことでしょうか？　国家が、薬を飲むか、〈〔収監等による〕無害化〉を継続するかの「自発的な選択」を暴力犯罪者に提供することは、倫理的なことでしょうか？　これらの問いへの答えを知っているふりなど、僕はしません。そして重要なのは答えではなく、問題提起です――というのも、公衆衛生‐隔離モデルは、暴力犯罪に対する「治療」のためにこの種の薬を用いるようなことに反対しうるだろうし、また反対するという見込みが大きいからです（詳しくは Pereboom and Caruso 2018 参照）。

とはいえ、僕はあなたの問いに正面から答えるつもりです――というのも僕は、哲学者たちが難しい問いを突きつけられたとき、別の問いを持ち出したり、主題を変えたりして回避ゲームに取り組む、という場面に出くわすのが大嫌いだからです。そこでお答えしますが、もしも薬を飲んだあなたが、その後社会に対する脅威となることは一切ないと一〇〇パーセントの確率で保証されるのだとしたら、その場合僕は鉛弾を噛みしめ、[88]あなたに〈〔収監等による〕無害化〉を課すのはたしかに間違ったことだ、と言うでしょう。さて、このような場合には刑罰が相応しい、というあなたの応報主義的な直観を多くの人々が共有していることを僕は理解していますが、僕はそれを共有する代わり、自分の理論への僕のコミットメントが、僕の直観を衝き動かすのに任せたいと思います。いかなる理論構築も、ある種の反照的均衡[89]を要求するものです――つまり僕らは、一定の直観が理論構築に情報を提供し、それを衝き動かすに任せるのですが、その後、今度はその理論を、より困難な事例における自分の直観を方向づけるために利用する、といった作業を求められるのです。そして僕は、この事例はそういう困難な事例であると見なしています。それにあなたは、僕の理論がこの問題について誤った方向へ帰着すると思っているかもしれませんが、その判断は——少なくとも論点先取を犯さなければ——申し分なく明白なものではないのです。

ところで、僕にはまだ言いたいことが二つ残っており、これにより、僕が噛んでいる鉛弾が今より味わい深いものになる、と思う人もいるかもしれません。第一に、〈〔収監等による〕無害化〉だけがここでの唯一の問題というわけではありません。例えばあなたには、不法行為責任[90]に関して、ひどい目に遭った隣人に、財産面で何らかの賠償を行う義務もまたあるかもしれません。加えて、僕はそこで、当事者相互が膝を突き合わせて和解を目指す、ある種の修復的正義[91]の過程を進めることを推奨するでしょう。それゆえ、ただ薬を口に放り込んで、それでおしまい、というわけにはいかないのです。そして第二の、これこそ重要と思われる問題ですが、そもそも、それと知りつつ、しかも事前によく考慮した上で暴力犯罪におよび、望んだ目的を達成した**後になる**まで薬の服用を意図的に遠ざけるような人物というのは、**依然として社会への脅威を未来へ向けてもたらす人物**といえるかもしれません。なぜなら、僕たちはその人物に、将来同様の犯罪行為に加担する見込みを増大させる一定の性格特性や気質を帰すことができるからです（もちろんあなたが、この薬は服用者の道徳的性格を完全に一変させ、将来のあらゆる犯罪行為におよぶための能力を阻害するのだ、というようにこの例を設定するのでしたら、話は別です）。この場合、何らかの監視行為が依然として正当化されてもいいことになるでしょう。

デネット　グレッグ、鉛弾を噛んでくれたことに感謝する。あなたと同じで、自分の例の何十何百もの別バージョンを考えようという欲求は僕にもない——他の哲学者はそれに飛びつくかもしれないとしても。あなたの一つの指摘は、隣人が僕を訴えたがるかもしれないということだが、その場合僕は訴訟の召喚状を無視するだろう——というのも僕の理論によれば、それは、無視したことによるいかなる**罰則**も**刑罰**もないという点で、本物の召喚状ではないからだ。僕は、ある種の修復的正義へのあなたの**推奨**もまた無視する。そして、今はなき隣人[92]もまたそれを無視したがっているかもしれないと、僕はあえて言おう。だから、僕が立てた事例は温存されるわけだ。

カルーゾー　ダン！　なんたる不届き者！　多分薬を飲んだあなたはそんな考えはもたないし、反逆的な気性を改めているでしょう。

デネット　その通り。僕は反逆できる余地を残しておきたい。あなたもそう思わないか？　そして、もし薬を飲むと、市民的不服従[93]にもとづいて国家の法に抗することができなくなるというなら、僕は薬を飲もうとはしないだろう。僕のシステムは、あなたのとは違い、反逆的な気性をもつ人々に対処するための、十分に試みられた——そして正当化された——方法を有している。現在のCOVID-19危機の中でも、これらの方法が安全かつ健全な国家を維持するのに十分であることを、僕はただただ希望している。

カルーゾー　それはアンフェアです、ダン。公衆衛生 - 隔離モデルは、反逆的な人々にまったく同様に対処できますし、それをまさに、より譴責的でなく、より抑制された仕方で進めるのです。

デネット　それはあなたの言い分、ということだ。

〈相応しい報い〉と両立論についての討議——最後にもう一度

カルーゾー　ダン、僕の見るところ、僕たち二人の立場の相違はごく単純なものです。まず、僕の立場は非懲罰的です——それが**刑罰**の定義を満たすものではなく、また、行為者に、**基礎的な相応しさという意味**（僕が気にかけている意味）で道徳的責任ある存在であることを決して要求しないという点で、そう言えます。僕たちがエボラ出血熱の患者を隔離するとき、僕たちはその患者の自由を制限するとしても、患者を罰するわけではありません。僕たちはまた、論争の的になっている一群の概念——自由意志、基礎的な（および非基礎的な）〈相応しさ〉にもとづく道徳的責任、〈正しい報い〉、あるいは応報など！——に訴えることを**せずに**、彼らの隔離を正当化することもできます。もしもあなたに、最終的に、今述べたすべてを受け容れようという意向があるなら、僕たちの立場の違いはじっさい最小限のものになるでしょうし、それどころか、すべて雲散霧消してしまうかもしれません。とはいえその場合、僕はあなたの立場が〔自由意志〕懐疑論者のそれと区別できないものだと見なすことでしょう――というのもあなたの立場は、論争の的になっている種類の自由意志をまったく要求しないはずなのですから。とはいうものの、あなたがこれに同意することはないだろうと、僕はほとんど確信しています。というのもあなたは、あなた自身の刑罰説において、〈相応しさ〉に一つの重要な正当化の役割を与えたいと望んでいるのだからです。

他に、あなたの先の指摘にお答えしますが、これもまた重要な点です。先ほど〔二四五頁で〕あなたはこう述べました――「僕とあなたのポリシーの違いは、僕の場合、そのような公的措置〔制裁〕と〈〔収監等による〕無害化〉をそれに相応しい人々に制限する……というところにある」。しかしここに、極めて重要な、実のところ欠かすことのできない論点があります。それは、〈相応しい報い〔相応しさ〕〉の主張と、それが刑罰論争に取り入れられる仕方には、二つの異なった種類が区別されている、ということです。刑罰論の文献において、この二つは、消極的な相応しさ、および積極的な相応しさとして知られています。アラック・ウォレンの『スタンフォード哲学百科事典』の「応報主義」の項目での説明を引きましょう。「応報主義には……〈積極的な相応しさ〉の主張と、〈消極的な相応しさ〉の主張が、共に含まれる」(Wallen 2014)。〈積極的な相応しさ〉の主張とは〈悪事を行った人々は、彼らの悪事に対する刑罰に、道徳的に相応しい〉という主張である。他方「この〈積極的な相応しさ〉の主張に対しては、それと相補的な〈悪事を行わなかった者は罰せられなくともよい〉という消極的な主張がある。この主張は、悪事の罪がない者〔刑罰に相応しくない者〕を罰することも、相応しいよりも大きな罪に対して刑罰を与えること（つまり不釣り合いに大きな刑罰を科すること）も、どちらも禁じる」（Wallen 2014, sect. 3.1）。あなたが、先ほど僕が引いた文の中で念頭に置いているのは、明らかに〈消極的な相応しさ〉です。その上で、僕がさらに知りたいのは、あなたが〈積極的な相応しさ〉の主張**もまた**支持しているのかどうか、という点です。

いくつかの理由から、これは重要な問いです。第一に、もしもあなたが存続させたいと思っているのが〈消極的な相応しさ〉**だけ**だとすると、その場合あなたの刑罰論は**〈消極的な相応しさ〉による制約を受けつつも〈相応しさ〉をなしで済ます、ある種の帰結主義の陣営に属する立場**であることになるでしょう。しかし、もしこれが事の次第なら、あなたの刑罰論によると、刑罰の正当化において〈相応しさ〉は何の積極的な役割も果たしていないことになります——これが、僕がずっと、なんとかはっきりさせようとしてきた話題でした。そしてそうだとすれば、〈相応しさ〉の概念を単純に捨て去り、刑罰と非難についての完全に帰結主義的な説を採用してはいかがでしょう？　第二に、もしあなたが求めているものが**単なる**〈消極的な相応しさ〉なのだとしたら、その場合公衆衛生‐隔離モデルは、あなたが求めているのと同じ〔社会的〕保護を、ただし〈相応しさ〉にもとづかない仕方で提供することができる、と僕は思います。〈相応しさ〉は、懲役刑の比率を制限するための、唯一の源泉でも、最善の源泉でもありません。無実の人々への刑罰の禁止、という例を考えてみましょう。応報主義者が提起するであろう言い分によれば、そのような禁止は、〈消極的な相応しさ〉から提供される〔社会的〕保護に由来するのであり、なぜなら刑罰に相応しい者のみが罰されるべきなのだからだ——それゆえ無実の人々は刑罰に相応しくないのだから罰されるべきではないのだ――ということになるでしょう。他方で公衆衛生‐隔離モデルは、それと同様の、社会に何の脅威も突きつけていない無実の人々への刑罰に対する禁止を、次のような論証によって達成することができるでしょう。すなわち〈自己防衛の権利は、ある個人が**現実に深刻な脅威を突きつける**場合にのみ、その自由の限定を許容するのであり、しかもその限定を、権利侵害最小化原理に基づいて行う〉という論証です。無実の人々はそうした脅威を何ら突きつけないのですから、彼らに〈(収監等による)無害化〉を課することは不正であることになるでしょう。

『応報主義を退ける』において、僕は次に述べる**葛藤決着原理**を提起しました。この原理は(一方の)公衆衛生と公共の安全、(他方の)個人の自由と自律の間の葛藤に対処するために考案されたものです。それは以下のように言明されます。

> 〈**葛藤決着原理**〉公衆衛生と公共の安全に対する重大な脅威が存在するときには、個人の自由は制限されうるが、しかしそれは次の場合に限る。(a)その制限が自己防衛、および他の人々に対する危害を予防する権利にかなっている場合。(b)その自己防衛の権利がある個別の脅威に適用され、(他の無関係な脅威ではなく)その脅威が突きつける危険の度合いに応じたものである場合。(c)その制限が、権利侵害最小化原理、すなわち公衆衛生と公共の安全を保護するために用いられる抑制手段は最小限度のものであるべきだ、という原理に導かれている場合。

述べられた要素を順に論じていきましょう。第一の条件(a)が主張するのは、隔離、および〈(収監等による〉無害化〉の場合には自由の制限が可能であるとしても、それはその自由の制限が自己防衛と他の人々の防衛への一般的な権利にかなっている場合に限る、ということです。これは重大な条件です。なぜならこの条件は公衆衛生‐隔離モデルを、刑罰に対するより一般的な功利主義的、帰結主義的なアプローチから区別するものだからです。葛藤決着原理は、自由を制限することの正当化として、何らかの善（例えば快）の総計の増加や、一般的抑止がもたらす利益に訴えるのではなく、むしろ、[94]自己防衛と他の人々の防衛の権利にかなっている場合にのみその正当化は可能である、と言明するのです。僕は強く主張しますが、これは帰結主義的な諸理論に対してかつて提起されたさまざまな異論――例えば、「利用にもとづく異論」や、犯罪抑止の最も効果的なやり方が、無実の人に罪を着せたり、過酷で厳しい刑罰を用いたりすることであるような場合――を回避するものです。

暴動を予防するために無実の人に罪を着せるという例を取り上げましょう。あなたが、人種問題で不安定な状況にあるコミュニティの保安官で、長年にわたり、人種間の緊張状態を緩和するために働き、ある小規模な成功をおさめてきた、とします。ところがある日一つの犯罪が起きます。その犯罪の罪してコミュニティはその犯罪を、人種差別的な動機でなされたものだと見なします。その犯罪の罪人に当たる人物を一刻も早く見つけ出さなければ、暴動が起きてしまうであろうことがあなたには分かっています。専門家としてのあなたの所見からしてその暴動は、一九九二年のロサンゼルス暴動[95]に匹敵する、莫大な苦痛とコミュニティへの被害を引き起こすはずです。人々は傷を負い、商業は破壊され、襲撃事件が生じ、コミュニティは長期にわたる経済的、心理的な損害を受けることになるのです。しかしながらあなたは、無実のホームレスにその犯罪の罪を着せることが簡単にできる、ということも分かっています。その人物は犯罪現場の近くにいたので、地域の監視カメラに写った場面を利用し、恐らくいくつかの証拠をさらに仕込むことで、容易にあなたの計画を実行できるのです。その人物には親しい家族も友人もおらず、それゆえ本人以外の誰一人として苦しむことがない、という想定を付け足してもいいでしょう。その人物は無実ですが、この事実にもかかわらず、帰結主義者が、暴動が引き起こす苦痛と被害が、この無実のホームレスが経験する苦痛と被害を遥かに凌駕するはずだ、と結論せざるをえなくなることはありえます。

帰結主義者たちは、このような行為に加担することの実践的な意義に反対するために、こう論じるかもしれません。すなわち、そのような行為は重要な〔社会的〕保護を侵食し、長期的にはより貧弱な成果しか産み出さないだろうと。とはいえ、彼らはそれでも、これに対する色々な例外の可能性を許容せざるをえないでしょう。加えて、こうした応答は依然として、無実の人物を罰することの根本的な不公正さに対する感受性を欠いており、単に、それを避けるべき理由として実践的意義を指摘するのみなのです。批判者の中には（あなた自身も含まれるでしょうか？）、公衆衛生‐隔離モデルもまた、同様に無実の人物に罪を着せることを許容するのではないか、という懸念を抱くかもしれませんが、葛藤決着原理が、そういうことにはならない理由を明らかにしてくれます。第一に、また恐らく最も重要なこととして、無実の人々は社会に対する脅威を突きつけていません。だからその結果として、自己防衛の権利によっては、彼らに〈〔収監等による〕無害化〉を課することが正当化されない、ということになるでしょう。第二に、葛藤決着原理の条件（b）は、自己防衛と他の人々への危害を予防する権利が、あくまで個別の脅威によって突きつけられる危険にのみ適用されるのであって、一般的脅威に適用されるわけではないことを言明します。これはつまり、自己防衛の原理が適用されるのは個別の脅威に限られ、また、何か無関係な脅威ではなく、**まさにその**脅威が突きつける危険の度合いに応じたものでなければならない、ということです。したがって無実の人物に〈無害化〉を加えるのは不正だということになるはずです。というのも、**まさにその**人物は無実なのですから、社会への脅威でもなければ、目前に迫った暴動が突きつける脅威の源泉でもないのだからです。他ならぬその脅威の源泉**ではない別の源泉**から社会の安全に対する懸念事項が生じるから、という理由でその個人の自由を制限するというのは、葛藤決着原理、および何であれ自己防衛の権利の直観にかなった理解への違反になるでしょう。

条件（a）と（b）はまた、**操作的利用の禁止という原理**とも整合的です。これは、誰かを単なる手段として、すなわち、〔その手段とは〕独立したさらなる目的を促進するための手段として利用することは――誰かが突きつける脅威を除去するために、自己防衛の権利にもとづいて、その誰かに害を与える場合とは対照的に――一般的に不正である、と主張する原理を指しています。法哲学者ヴィクター・タドロスによれば（Tadros 2011）、**除去的加害は操作的加害**よりもずっと正当化が容易です。というのも、前者は自己防衛の権利に基礎を置くのに対し、人を操作的に利用することについては、直観的に異論を招く事例が豊富に存在するからです。それゆえ、操作的利用の禁止の原理は、なぜ無実の人物に罪を着せることが不正で不正義なことであるかについて、さらなる説明を付け加えるものです――つまり、人を手段として、しかも〔その手段とは〕独立したさらなる目的を促進するための手段として、利用することを含んでいるからだ、という説明を。他方、危害を除去するために、その危害を突きつけてくる誰かに危害を加えることは、操作的利用を含んでいません。なぜなら、自己防衛がなされる場合、典型的には、脅威を回避するために、その脅威が由来する人物に危害が加えられるのであって、それとは独立した目的の手段としてその人物に危害が加えられるわけではないのだからです。一般的な例としては、攻撃に対して自己を防衛するために物理的な力を利用する、ということが挙げられます。このような加害は正当化されうるものであると広く認められています。

公衆衛生と公共の安全に対する深刻な脅威を突きつける個人について、その個人の自由を国家によって制限することが正当化されうる場合、この自己防衛の権利は、葛藤決着原理と一致する限りで、国家の行為にまで及ぶ、と僕ははっきり主張します。そしてこの自由を制限する国家の権利は、自己防衛と他の人々の防衛を根拠とするものであって、そこでの行為者たちが〈基礎的な相応しさ〉という意味で自由であり道徳的責任を有するということは、そのために何ら要求されません。デーク・ペレブームが論じたように、「私たちに、社会を保護するため、深刻な伝染病の保有者を隔離する権利があるのならば、私たちにはまた、社会を保護するために、犯罪者として危険な人物を隔絶する権利もまたあることになる」(Pereboom 2001: 174) のです。そしてその理由は、伝染病の場合であれば、

社会への危険が十分に大きいのであれば、社会の安全が要求する度合いに応じて、保有者から

自由を奪うことは許容されうるからである。これは、保有者に伝染病に対する道徳的責任があるかどうかとは無関係に成り立つ。ある子どもが、出生時に親から感染したことでエボラウィルスの保有者となったとしても、その子どもを隔離することは依然として直観的に適正なことである（Pereboom 2001: 174）。

そして同じことは、犯罪者として危険な人物に対し〈〔収監等による〕無害化〉を講じる場合にも成り立ちます。彼らの自由を制限することを正当化するために、彼らが、基礎的な（または非基礎的な）〈相応しさ〉の意味で道徳的責任を有している必要はない、ということです。ただし重要な点ですが、自己防衛および他の人々の防衛を根拠として〈無害化〉を行う国家の権利は、操作的加害にまで及ぶわけではありません。それゆえ、葛藤決着原理の条件（a）と（b）は、操作的利用への直観的な禁止に違反してはいません。僕も容認しますが、それらの条件はある個人が危害の原因となる場合には、個人の自由の制限を許容しますが、しかしそれは除去的加害の場合に限られるのです。

葛藤決着原理の条件（c）は、〈自己防衛および他の人々の防衛の権利は自由の制限を正当化しうるとしても、そのような自由に関する権利侵害は、権利侵害最小化原理――すなわち、公衆衛生と公共の安全を保護するために用いられる、〔自由などの〕制限を目して講ぜられる対策は、最小限度のものであるべきだと主張する原理――に導かれるべきだ〉ということを、単に述べ直しているだけです。したがって、刑事司法における公衆衛生‐隔離モデルの実施を成功させるためには、さまざまな犯罪が突きつける危害を評価し直し、適切な対応を決定する必要が僕たちにはある、ということになるでしょう。僕たちは正義と公正が求めるところに従い、そうした評価の見直しに取り組んで、自由の制限が絶対的必要性を上回ることのないようにしなければなりません。条件（c）は、公衆衛生‐隔離モデルに対して、ある種の、それ自身の比率を定める原理を提供するものです。つまりこの条件は、自律と自由を犠牲にしようという場合、それが個人が突きつける危険の比率に応じたものであって、その上限を超えたいかなる公的措置〔制裁〕も不正義と見なされることになる、ということを保証するものです。「被害者なき犯罪」すなわち、その行為に加担した当人を除き、誰一人として危害のおよばない犯罪について言えば、そのような事例が事実存在すると想定する限り、僕のモデルは、それを犯罪ではなくすることを推奨するでしょう。マリファナの個人的使用はその事例になるかもしれません。しかしたとえこれが成り立たないとしても、一つのことは明らかです。すなわち、僕たちは現在、多くの低レベルの犯罪により、人々に〈〔収監等による〕無害化〉を課していますが（それは時に長い年月におよびます）、公衆衛生‐隔離モデルの視座からすると、それは過剰に懲罰的で、正当化しがたいと判断されることになる、ということです。

それゆえ、あなたが存続させようと気にかけているものが、〈消極的な相応しさ〉が提供する〔社会的〕保護のみであるならば、その場合、公衆衛生‐隔離モデルが、別の方法でそれと同じ〔社会的〕保護を存続させることができる、と僕は考えます。しかし、もしもあなたが、**本当に**、**〈積極的な相応しさ〉の主張をも存続させたいと思っている**のだとしたら、その場合あなたの立場は、（あなたが否定するにもかかわらず）、ある種の疑似・応報主義にコミットしていることになります。あなたが、何であれお望みのラベルのもとで、一つの疑似・応報主義的な所説を擁護することは完全に適正なことであるのはもちろんであり、重要なのは、あなたが自身の所説にもとづいて**刑罰を正当化するため**に、〈相応しさ〉が果たす積極的な役割について、率直な態度をとることです。

デネット　あなたは鍵のかかっていないドアをドンドンと叩いているように見えるよ、グレッグ。あなたは、僕ら二人の立場の相違は「ごく単純なもの」だと言い、続けて、自分の立場が「非懲罰的です……また、行為者に、**基礎的な相応しさという意味**（僕が気にかけている意味）で道徳的責任ある存在であることを決して要求しないという点で、そう言えます」と言う。僕が、どんなものであれ「基礎的な相応しさという意味」を退けるので、あなたは「そしてそうだとすれば、〈相応しさ〉の概念を単純に捨て去り、刑罰と非難についての完全に帰結主義的な説を採用してはいかがでしょう？」と呼びかける。だが、僕はじっさい刑罰と非難についての完全に帰結主義的な説を採用しているんだ！　「相応しさ」が意味するものは「基礎的な相応しさ」（その意味するところの一部には、**応報主義**が含意されている）でなければならない、とあなたがあくまで主張するから、話が進まなくなるんだ。（あなたがウォレンから引用した区別が掲載されている事典項目の節のタイトルが「応報主義的帰結主義vs.応報主義的義務論」であるのは興味深い。哲学者たちは応報主義の多様な分類を行い、そのすべてにラベルを貼り、包装している——そして僕の意見では、くずかごに捨てる準備ができている——ものだ。）すでに言ったように、僕が採用している**相応しさ**の概念は、あなたが気にかけているそれとは違う意味をもつ——それは、子どもたちが学校を卒業する頃までに学ぶ、非常になじみ深い意味だ。自分の子どもたちを、子どもたち自身がその世代の多数派に追いつく時期になるまでに、責任ある大人へと育て上げる大人たちのいる、進化した社会的現実の中で、その概念は生きている。子どもらは、クレヨンで壁に落書きをしたのがスージーなのに、トミーを〔罰として〕タイムアウトにするのは**公正ではない**が、[96] スージーをタイムアウトにするのは**公正である**、ということをよく分かっている。スージーは自分がそうすべきではないと知っていたのだし、それでも自分から進んでそれをやったのだから。

僕は、目新しいことは何も言っていない。僕はジョン・ロールズの**公正としての正義**という、偉大な思想に従っているんだ。彼が、この立場の言明の最後で指摘するところでは、

これらの基礎的な直観的観念は、民主的社会の政治文化からよく知られているものとみられている。たとえそれらの観念がしばしばはっきりと定式化されていなかったり、それらの意味が明確に示されていなかったりしても、これらの観念は、社会の政治的な思想、また例えば裁判所や恒久的意義があるとみられている歴史的その他の文書における社会の諸制度の解釈方法において基本的な役割を果たすことができるのである（Rawls 2001: 5-6）〔邦訳一〇頁〕。

僕なりの言葉づかいで言えば、彼の企図は、文化進化の産物である、広く共有された一群の規範および実践を、明確化し、改善し、（「形而上学的に」ではなく政治的に（Rawls 1985））正当化しようとする努力であり、またそれを万人から尊重を集めることができるような理想的な正義のシステムとして知的(インテリジェントリィ)にデザインされたものへと変えていこうとする努力である、と見ることができる。あなたは、僕が僕自身の刑罰論において、「〈相応しさ〉に一つの重要な**正当化**の役割を与えようとしている」

と言うが、これは誤解を招く言い方だ。〔帰結主義的な意味での〕このシステムの卓抜さは、それが正当化の役割を果たしている点にあるのであって、相応しさというのは単に、このシステム内で誰が正当に罰や賞を受けるのかを特定する概念であるにすぎない。

これとは別の、僕がこれまで提起してきた実戦向け概念モデルとしては、人がゲームの中でルールによりペナルティに相応しい者とされる、という概念もある。これは形而上学的なカテゴリーではまったくないし、この場合は「政治的」なカテゴリーですらない。それは単なるゲームだ。だが、ゲームにはルールがあり、そのルールはある参加者が、他の参加者と等しく取り扱われるに相応しい条件を記述している――反則についてペナルティを受けたり、得点につながる適正な行為に対する報酬として得点を与えられる、などの条件だ。ゲームが「競技場レベル」のルールを有する適切なものであり、誰もが公正にプレイする場合には、誰もが自らに相応しいものを得ることになる――勝利者は勝利に相応しく、違反者はペナルティを受けるか、場合によってはゲームから退場させられる。〔たしかに〕ロールズが認めるように、市民社会はゲームではない。

政治社会は結社[97]ではないし、また、結社にはなりえない。われわれは政治社会に自発的に加入するのではない。むしろ、ただ歴史的時点のある一定の瞬間に特定の政治社会にいる自分を見出すだけである。われわれがそのなかに存在し、ここにいることは、自由ではないと考えてよかろう。それでは、いかなる意味において、民主制の市民たちは自由でありうるのか(Rawls 2001: 4)[98]〔邦訳七頁〕。

この問いかけに僕は答えよう。というのも僕は、自由意志と政治的自由は密接に絡み合っていると思っているからだ。ある社会に生まれ落ちた子どもは、その社会に自発的に加入したわけではない。しかしその後その子どもは成長し、自由な市民という特権的な役割をもつに至る——またはそれに至らない場合もある。そうなるかならないかは、その子どもが、道徳的責任のために僕らが要求するような自己コントロールと反省的想像力を発達させるかどうかに依存している。もしもその子どもが〈道徳的行為者クラブ〉の会員たるための閾値に達しなかった場合、社会は、その人物を何らかの種類の後見制度に組み入れるための規程を設けるべきだ——例えば、あなたのモデルの隔離施設のような、実行可能な限りで快適な施設に収容するなどの。他方、その子どもが基準に達した場合（社会の教育と〔社会的〕保護のシステムのおかげで、ほとんどすべての子どもがそうなる）、政治的自由、および権利と**責任**が認められるようになる。あなたが強調するように、中には必ずしも障害を抱えていないにもかかわらず、自己コントロールや、さまざまな状況の乗り越えに非常な困難をおぼえる人々が存在する。このような人々の場合、不運は大きな役割を果たす。ここであなたは「一サイズで誰もが着られる」式の解決を提案し、すなわち、幸運な人と不運な人、技能のある人とない人とを同列に扱い、道徳的責任のテストに合格する人など**誰もおらず**、また刑罰に相応しい人も誰もいない、と宣言する。これと対照的に、僕が提案する解決は、こうした一群の除去不可能な問題事例のサイズを最小化するために、次に挙げるような手立てを講ずる——すなわち、（1）依然として多くの人々に不運が割り振られるままになっている社会条件を改革する、（2）正義を慈悲によって緩和する（Kelly 2018参照）、（3）政治的自由の利益を非常に魅力的なものたらしめることにより、健全な心の持ち主であればほとんど誰もが自発的に、〔社会の一員としての〕会員権を、政治的自由の安全と安定性に対する対価としての、**法に違反したときの刑罰のリスクと共に受け容れる**ようにする、という手立てを。サイコパスにとってすら、これは有利な取引になる。というのもこの取引は彼らに、彼らのしばしば非道徳的ないし反道徳的な企図を追求するための政治的自由を与えてくれるからだ。破綻した国家に生きていては、野心的な策略を練り上げようにも、危険と予測不可能性が大きすぎるからね。

カルーゾー　最後になって、僕の質問に対する回答を頂きました！　時間がかかりました——本来そうあるべきよりずっと長く。でも、今やあなたは、あなたの刑罰論において〈相応しさ〉の概念が、**非難と刑罰の正当化に何の役割も果たしていない**、ということを最終的に明らかにしたのです。あなたはこう述べています。「あなたは、僕が僕自身の刑罰論において、『〈相応しさ〉に一つの重要な**正当化**の役割を与えようとしている』と言うが、これは誤解を招く言い方だ。〔帰結主義的な意味での〕このシステムの卓抜さは、それが正当化の役割を果たしている点にあるのであって、〈相応しさ〉というのは単に、このシステム内で誰が正当に罰や賞を受けるのかを特定する概念であるにすぎない」。ここで白日のごとくに明らかになったものこそ、論戦一以来、僕が追い求めてきた回答です！僕が「『相応しさ』が意味するものは『基礎的な相応しさ』……でなければならない、と……あくまで主張」してきたことに問題があったのではありません。むしろ、あなたが〈積極的な相応しさ〉

と〈消極的な相応しさ〉の区別を怠り、あなたが〈相応しさ〉について実際に意味しているのは、〈消極的な相応しさ〉の主張を行うことのみであるという事実を曖昧にしてきたことによって「話が進まなく」なっていたのです。それゆえ、これまで生じてきた混乱はどれも、〔相応しさについての〕基礎的／非基礎的の区別——僕はこの区別を、この対話に適合させるべく多大な努力を払ってきました——にはそれほど関わっておらず、むしろ、〔相応しさについての〕積極的／消極的の区別についてのあなたの曖昧さ、そして、あなたが本当に心に抱いているのは、薄められ、血の通わない、純然たる〈消極的な相応しさ〉の概念であることを、あなたが曇りなく示すことを怠ってきた、ということにこそ関わっているのです。僕が繰り返し、あなたの所説における〈相応しさ〉の正当化機能について——すなわち、非難と刑罰の正当化においてそれがどんな役割を果たすのかについて——尋ねてきたのも、それこそが理由です。つい今しがたまで、あなたは直接的な回答を回避してきたのです。でも今や僕たちは答えを手にしています。

あなたの回答により、僕には数多くのことが明らかになりました。第一にあなたは、〈悪事を行った人々は、その悪事に対する非難と刑罰に道徳的に相応しい〉という、〈積極的な相応しさ〉の主張の正当化の役割を存続させるものとしての、応報的な非難と刑罰の帰結主義的な擁護論を提供することはしていません。あなたの説が提供しているのは単なる「〈消極的な相応しさ〉による制約を受けつつも〈相応しさ〉をなしで済ます、ある種の帰結主義の陣営に属する立場」[99]になるでしょう。これはつまり、あなたの見解によれば、〈相応しさ〉とは、僕たちの帰結主義的に正当化される実践のシステム内部に属し、そこで誰が正当に罰ないし賞を受け取るのかを特定するものにすぎないということです。しかるに、ここからは僕の第二の指摘が導かれます。僕の非懲罰的な正当化よりも、刑罰の帰結主義的な正当化の方をよしとする自由意志懐疑論者がそれと同じことを言うのは容易なことでしょう。先ほど示唆したように、あなたの立場に、〔自由意志〕懐疑論に親和的な解釈をほどこそうとするとき、あなたの〈消極的な相応しさ〉の概念を、それ以外の、より異論を招かない過去指向的な特徴に置き換えるのは容易にできることです。例えばあなたはこう述べます。「僕が採用している**相応しさ**の概念は……子どもたちが学校を卒業する頃までに学ぶ、非常になじみ深い意味〔をもつ概念〕だ。……子どもらは、クレヨンで壁に落書きをしたのがスージーなのに、トミーを〔罰として〕タイムアウトにするのは**公正ではない**が、スージーをタイムアウトにするのは**公正である**、ということをよく分かっている。スージーは自分がそうすべきではないと知っていたのだし、それでも自分から進んでそれをやったのだから」。ここでは、あなたが〈消極的な相応しさ〉の概念に求めているのと本質的に同じ役割を、**因果的な起因性**〔責任〕[100]という、誰もが、自由意志懐疑論と整合的であることに同意する概念が果たすことができる、と見られるでしょう。刑罰についての、何らかの帰結主義的な刑罰説を採用する自由意志懐疑論者は、あなたに同意するでしょう。スージーは壁への落書きの**因果的起因者**であるのだから、罰を受けるべきは**彼女**であってトミーではない、ということです。未来指向的な立場を支持する者としての帰結主義者にとって――その立場は自由意志懐疑論と完全に両立します――、スージーにタイムアウトの罰を科することは、未来指向的な、道徳的性格形成や、和解や、特定の抑止や一般的抑止、といった根拠にもとづいて正当化されるでしょう。

実際のところ、ここでは二つの別の対話が進んでいる、ということを念頭に置くのが重要です。一方で僕は、犯罪行動に対する非応報的、非懲罰的なアプローチとしての公衆衛生‐隔離モデルを支持しており、このモデルは自由意志懐疑論と完全に整合的です。他方、自由意志懐疑論者は、必ずしも僕のモデルの採用を**要求されるわけではありません**。刑罰についての諸々の帰結主義的理論もまた、同様に自由意志懐疑論と整合的です。僕は別の理由からそれらを退けているにすぎません。僕に分かる限りでは、あなたの刑罰論は本質的に、刑罰の帰結主義的な正当化を採用する〔自由意志〕懐疑論者のそれと区別しがたいものです。実際、僕がずっと抱いてきた疑念は、あなたの立場はあなたが認めたがっている以上に自由意志懐疑論のそれにずっと近いのではないか、ということでした。しかるにあなたは、あなたにとっての〈相応しさ〉が非難と刑罰の正当化に何の役割も果たしていない、ということをはっきりさせたのですから、僕はあなたと〔自由意志〕懐疑論者の間には、本当の実質的な相違は何もないと思っています。それゆえ僕は、論戦二の中で僕が言った言葉のいくつかを繰り返したいと思います。「**正しい報い**と結びついた、強力な義務論的かつ応報主義的含意を考慮すると、あなたのような帰結主義者が、**正しい報い**という語りを使うことすらし続けるべきかどうか、僕にはよく分からなくなる、ということです。……『正しい報い』のこうした正規的(カノニカル)な理解を踏まえ、またそれが、多種多様な応報主義的な態度、判断、処遇の正当化のためにどれほど用いられてきたかを踏まえるなら、あなたがその言葉を用いるのは非常に混乱を招きやすく、あなたが本来は存続させるつもりのないはずのものを存続させようと企てているという、誤った印象を与えるものになっているのです」。今の僕は、あなたは〈相応しさ〉の概念を一切捨て去るべきだ、という思いをさらに強くしています。というのもあなたが今しがた明らかにしたところでは、あなたが〈相応しさ〉によって意味しているものは、より異論を招かない用語で言い換えられるものであり、なおかつ〈積極的な相応しさ〉の主張を基礎づけるような正当化の役割をまったく果たしていないのだからです。

もちろん、僕たち二人のアプローチの間には、依然としていくつかの相違点があります。しかし今やそれは二人の〔自由意志〕懐疑論者の間の、内輪のいざこざみたいなものです――一方は刑罰の帰結主義的正当化を支持し、他方はより懲罰的でない、公衆衛生‐隔離モデルを支持している、というわけです。僕はこの、なお残る相違点についての議論を喜んで続けたいと思っています。とはいえ僕には、討議全体のトーンが自由意志懐疑論者を支持する方に推移したように思われるのです。

僕たちの論戦も終わりに近づいてきたので、締めくくりに、両立論のテーゼとは究極的にはいかなるものであるのかについて、いくつかの可能な解釈を区別したいと思います。自由意志懐疑論者たちは、自分たちが何を疑い、あるいは何を否定しているのかについて、際立った意見の一致を見せていますが、他方の両立論者たちは、両立論の主張とは正確なところ何であるのかについて合意できずにおり、僕は常々そこに苦笑を誘うものを見てきました。両立論のテーゼは、ほぼ両立論者の数だけ存在します。しかも両立論者たちは、自分たちが何を存続させようとしているのかについて意見が一致していないだけでなく、それを存続させるためにはいかなる条件が必要とされるのかについても意見が分かれる傾向もあります――例えば、ある論者は「別のようにもなしうる能力」

が自由意志の必要条件であると言い、他の論者はそれに同意せず、ある論者は諸理由への応答能力が必須の要件だと言い、他の論者は、行為者が反省的に是認するであろうものと行為との結びつきを要件として挙げる、等々。とはいえ、両立論のテーゼそれ自体に焦点を合わせるとき、僕たちは（ある最低限の）区別を、五つのありうる両立論の主張の間に立てることができます。

テーゼ一　決定論は自由意志および道徳的責任と両立可能だが、僕たちは自由意志と道徳的責任を〔決定論以外の〕何か他の理由によって欠くこともありうる。（ニール・レヴィはこれに似た立場を擁護しています。彼の主張では、自由意志は決定論と両立可能であるが、至るところに行きわたっている運は自由意志および道徳的責任と両立せず、究極的にはそれらを切り崩してしまう、ということになります。）

テーゼ二　決定論は自由意志と両立可能だが、自由意志の概念は、道徳的責任という争点とは独立している。（ブルース・ウォーラーは道徳的責任の懐疑論者ですが、自由意志についての懐疑論者ではないので、このような立場を主張していることになります。）

テーゼ三　決定論は（また、恐らくは運も同じく）、行為者が基礎的な相応しさにもとづく道徳的責任のために要求される種類の自由意志をもつことと両立する。（僕は、たとえ常に明示されているわけではなくとも、ほとんどの両立論者が念頭に置いているのはこのテーゼであると見なしています。）

テーゼ四　決定論は（また恐らくは運も）行為者が**非・基礎的な相応しさにもとづく**道徳的責任のために要求される種類の自由意志をもつことと両立する――ここで非・基礎的な相応しさとは、帰結主義または契約説を根拠として正当化され、〈**積極的な相応しさ**〉の**主張**、すなわち悪事を行った人物はその悪事ゆえに非難され罰されるに相応しい、という主張を正当化するものと解される。（この立場は応報的な非難および刑罰の帰結主義または契約説による擁護に相当します。）

テーゼ五　決定論（および恐らくは運）は行為者が**非・基礎的な相応しさにもとづく**道徳的責任のために要求される種類の自由意志をもつことと両立する――ここで非・基礎的な相応しさとは、帰結主義または契約説を根拠として正当化され、〈**消極的な相応しさ**〉の**主張**、すなわち誰が正当に非難と刑罰を受けるかを制限する主張として理解され、かつまた、非難と刑罰の**積極的な正当化**はそれがもたらす**未来指向的**な利益から生じる。

あなたは**テーゼ五両立論者**だと僕は推定しているのですが、これは正しいでしょうか？　先のあなたの言葉は、それを強く示唆しているのです。ただし注意しておくと、テーゼ五両立論は、用語を変えていないというだけで、自由意志懐疑論に可能な限り接近した立場にほぼ相当する、ということです。そして、**相応しさ**と**自由意志**という概念をすべて単純に除去する方がなぜもっとよいことにならないのか、という正当な疑問を抱く人がいてもおかしくはないでしょう。というのもこれらの概念は歴史に由来するお荷物をたくさん抱えており、読者を混乱させ、あなたが実際に擁護している立場よりももっと強い立場を擁護していると勘違いさせてしまう見込みが大きいからです。その代わり、何か以下のようなテーゼを採用してはいかがでしょう？　すなわち、決定論（と運）は行為者が、先に概述した**未来指向的**な種類の道徳的責任のために要求される種類の**自律とコントロール**をもつことと両立する――ここで道徳的抗議は〈相応しさ〉を根拠とするのではなく、むしろ、**相応しさに訴えない三つの望ましい事項**としての、未来における〔人々の〕保護、未来における和解、未来における道徳的性格形成を根拠とする、というテーゼを。僕は自由意志懐疑論者の仲間たちに、わがチームに新メンバーが加入したことを知らせるべきではないでしょうか（念のため、あなた用のジャージも用意しておきます）。

デネット　違うよ、グレッグ。僕は「テーゼ五両立論者」ではない。なぜなら僕は、あなたの言う「消極的な相応しさ」だけに議論を制限してはいないからだ。ウォレンはこう言っている。「〈積極的な相応しさ〉の主張とは、悪事を行った人々が、彼らの悪事に対する刑罰に、道徳的に相応しい、という主張である」。僕はこの主張を喜んで承認する。それゆえ僕は、ウォレンの立てている〈積極的な相応しさ〉と〈消極的な相応しさ〉の区別を、まったく使用していない、ということになる。一つ思い当たったことがある。僕らの間にはいまだに意思疎通の行き違いがつきまとっていて、それがあなたのこの区別の理解の仕方にも関わっているのではないだろうか。もう一度繰り返そう。僕は人々が、どういう場合に自分がどう扱われるべきかを定める、一つの取引――あるいは約束ないし契約――を受け容れたがゆえに、自分が行った犯罪に対して、本当に、真実に、道具主義的でなしに、罰せられるに相応しい、と言っている。このような契約の存在とその正当化は、帰結主義的な根拠によって説明されるはずなのはもちろんだ。だが、一度それが社会の中に組みこまれれば、当事者すべての〈相応しさ〉は、彼らの銀行口座の中のお金に劣らず本物のものになる。〈基礎的な相応しさ〉なるものが存在しないのは、〈基礎的な経済価値〉なるものが存在しないのとまったく同じことだ。

僕は、僕らの意思疎通がどうして失敗してきたのかを診断しようとしてきたのだが、そこでずっとあなたが、これは「自由意志懐疑論者」と整合的だとか、これはその立場の論者に利用可能であるとか、しきりにほのめかすことに困惑してきた。誰が自由意志懐疑論者になりたいと思うだろう？　僕はなりたいとは思わない。こういった〔自由意志懐疑論の〕主張は、僕に向けられる場合、まったくの失敗に終わることが保証されている。というのも、（ここで問題になるような）自由意志が決定論によって脅かされるとか、異議を唱えられるとか、いまだに考えている人々でなければ、そもそもその可能性に関心をもつはずがないからだ。あなたの「自由意志懐疑論者」という用語の中に出てくる「自由意志」の意味は、僕がもう何十年もの間、望むに値しないと論じてきた自由意志の意味だ。ついでに、あなたが僕に推奨する立場が、悪魔の存在に懐疑的な人々にも利用可能なものであると指摘してはどうだろう？　言うまでもなく僕は「悪魔懐疑論者」だが、〈悪魔懐疑論者クラブ〉への加入の招待を真面目に受け取ろうとは思わないだろう。あなたが懐疑を向けようと多大な関心を払っている種類の自由意志に僕が見向きもしないのは、もちろん僕の間違いなのだと、あなたは何の論証もなしに仮定しているように思える。

カルーゾー　ダン、あなたの立場を聞くのは、まるでウナギと格闘しているようです――僕が捕まえると、あるいは捕まえたと思うと、いつも僕の手を滑り出るのです。あなたは、明晰で曖昧なところがない、と僕には思える言明を提供してくれました。つまり、〈相応しさ〉の概念に重要な**正当化の役割**を与えようとは思って**いない**、とあなたは言いました。ところが今度は、悪事に対する応答としての刑罰は、**それが相応しいがゆえに**、**正当化される**という、〈積極的な相応しさ〉の主張を**自ら進んで**受け容れるとあなたは言う。僕の混乱がお分かりでしょうか？　偉大な法哲学者アントニー・ダフが、多分、僕が従っている区別の明確化を助けてくれるでしょう。

> 理論家たちは応報主義に「積極的な」形態と「消極的な」形態を区別してきた。積極的応報主義は、犯罪者の〈相応しさ〉が刑罰を支持する理由を提供すると主張する。国家は本質的に、犯罪的な違反行為の罪が立証された人々を、彼らがそれに相応しいがゆえに罰するべきだ、ということである。ここで〈懲罰への相応しさ〉は、単に刑罰に対する必要な理由を構成するだけでなく、刑罰に対する十分な理由をも構成している（ただし、これは原理上そうだということである。というのも、罪ある人々すべてを罰しようとは試みすらすべきでないという、しごくもっともな理由――刑罰の物質的および道徳的なコストに関わる理由――が色々と存在するからである）。これとは対照的に、消極的応報主義は、刑罰に対する積極的な理由づけを提供するわけではなく、むしろ刑罰に対する一つの制約を提供する――すなわち、刑罰とはそれに相応しい人々にのみ科されるべきであり、また

その〈相応しさ〉の度合いに応じてのみ科されるべきだ、という制約である。消極的応報主義が表明しているのは、刑罰に対する単なる制約原理であって、その積極的な理由ではないので、さまざまな混合的刑罰説において採用されている——これら諸説は刑罰を帰結主義的な理由から是認するが、ただし刑罰が相応しい限度を超えない限りでのみそうする、という制約をそこに課すのである（Duff 2017）。

したがって僕が抱えている問題は、あなたが、応報的刑罰に必要な正当化を提供するものとしての、応報主義の〈積極的な相応しさ〉の主張を「喜んで承認」しながら、同時にまた、自身の刑罰説において〈相応しさ〉が重要な正当化の役割を果たすことは否定する、ということがどうやったらできるのか分からない、ということです。第二に、あなたの刑罰説が「徹頭徹尾帰結主義的」である（またそれゆえ**応報主義的**ではまったくない）と断固主張しながら、同時に応報主義の、〔積極的／消極的という〕両方の〈相応しさ〉の主張を受け容れるということがどうやったらできるのかも、僕には分かりません！

完全に率直に、かつまた、その反対だというあなたの一貫した主張には反して、言わせてもらえば、あなたの立場はある種の自由意志懐疑論に帰着するか、**あるいは**、非難と刑罰に関する帰結主義的に正当化されたある種の応報主義に該当することになるか、**そのいずれかになる**、というのが僕の考えです。この両方をとることはできないのですが、あなたはいまだに、どちらなのか決着をつけていないのです。もしも前者ならば、実質的な争点が実のところ何に関わっているのか、僕には理解しがたいと思えます。もしも後者ならば、僕たちの間には実質的な不一致があることになるでしょうが、そのような立場については、それを退けるべきもっともな理由が色々とあると、僕は強く主張します。思うのですが、ことは、あなたの〈相応しさ〉の概念をどの程度濃いものと、あるいはどの程度薄いものと解釈すべきかかという問題に帰着するでしょう。

その概念を可能な限り薄いものとして解釈する場合、非難と賞賛、罰と賞についての〈相応しさ〉にもとづく主張のすべては帰結主義的正当化に還元されることになり、その結果〈相応しさ〉の概念は正当化から一切姿を消すことになるでしょう。しかし、もしこれがあなたの意味するところだとしたら、あなたの立場は、道徳的責任についての未来指向的な説と、刑罰についての帰結主義的ないし契約説的な説を採用する自由意志懐疑論者の立場と区別できないものであると僕は思います。一方、もっと濃い概念として解釈された場合の〈相応しさ〉は、過去指向的で、〈相応しさ〉に基礎を置き、(疑似)応報主義的であるような、さまざまな態度、実践、処遇の正当化において重要な役割を果たすでしょう。このような、〈相応しさ〉のより濃い概念は、そこでの〈相応しい報い〉のシステムそれ自体は、帰結主義的/契約説的な根拠にもとづいて採用されるのでしょうから、完全な形の基礎的な相応しさに相当するものではないでしょうが、とはいえその概念は、ある種の、非難と刑罰についての(疑似)応報主義を根拠づけられるほどには濃いものとなるでしょう。僕たちが今や三つの長い論戦の終わり近くにいるのに、この点の解釈のどれが正解なのか(どれかがそうだとして)いまだに分かっていない、というのは残念なことです。

あなたは自分の立場が「徹頭徹尾帰結主義的だ」と主張しますが、ここにもまた曖昧さがあります——というのも、帰結主義者による刑罰の正当化には二通りの異なったやり方がありうるからです。第一のアプローチは自由意志懐疑論と整合的なもので、それによれば、刑罰は犯罪の抑止および安全の増大のために必要であるという純然たる未来指向的な根拠にもとづいて正当化されます。近代功利主義の始祖の一人であるジェレミー・ベンサムは、この路線の帰結主義的な刑罰理論を明確に述べ、擁護しました。しかしながら注意すべき重要な点は、彼がまた次のような有名な指摘を行ってもいた、という点です。すなわち「すべての刑罰はそれ自体としては悪しきものである。……もしも刑罰がともかくも認められねばならないとしたら、それがなんらかのより大きな悪しきものを除去することを約束してくれる限りにおいてのみ認められねばならないだろう」（Bentham 1823: ch. XIII.2）と。ベンサムによれば、刑罰が悪しきものである理由は、それが多大な苦難ないしは重荷を負わせる、また、実のところ意図的に負わせようとする実践である、という点にあります。他方、これとは別の、刑罰を悪しきものとは見なさないような、帰結主義的な刑罰へのアプローチも存在します。あなた自身が先ほど指摘していたように、**応報主義の帰結主義的な形態**というのも存在するのです[101]——すなわち、応報主義的な実践とポリシーを採用するための帰結主義的な論証を与えるような諸々の刑罰説も存在するのです。このような諸説について、あなたはこう言いました。「哲学者たちは応報主義の多様な分類を行い、そのすべてにラベルを貼り、包装している——そして僕の意見では、くずかごに捨てる準備ができている——ものだ」。しかしあなたは、これらの立場をくずかごに処分してしまう代わりに、自分自身でその一つを実際に提起しているのかもしれません——というのも、あなたは（今や）応報主義の〈積極的な相応しさ〉の主張を「喜んで承認する」と言っているからです。ここでもやはり、あなたには両方のやり方を同時に採用することはできない、と僕は考えています。最低限言えることは、あなたが擁護しているのは**一つの混合的な刑罰説**、すなわち帰結主義的要素**および**応報主義的要素を共に含む刑罰説だと僕には思える、ということです。

最後に、僕が先ほど提示した両立論的立場の分類について、あなたは自身がテーゼ五両立論者であることを否定します。オーケー。大いに結構です。しかし僕たちはどこへ連れて行かれるのでしょう？　こうなるとあなたはテーゼ四両立論者だということになるのか？　あるいはひょっとしてテーゼ四とテーゼ五を複合させた両立論の支持者なのか？　はたまた、僕が挙げた五つの両立論のテーゼすべてを退けるのか？　その場合、あなたの両立論者としての立場が正確なところどれなのかをはっきりさせるのがこんなにも困難だというのは、奇妙だと思いませんか？　僕は思います！他方の懐疑論のテーゼは、曖昧さの余地のない明確なものです。それは僕たちが、ある種の行為へのコントロールを欠いていること、すなわち、〈基礎的な相応しさ〉にもとづく道徳的責任のために要求される種類のコントロールを欠いていることを主張するものです。これに尽きます。実にシンプルです。この立場が何を否定しているのかについては、いかなる曖昧さも、つかみどころのなさもありません。さらに、**基礎的な相応しさにもとづく**道徳的責任が何に当たるのかについてもまた、いかなる混乱の余地もありません——すなわちそれは行為者が、非・帰結主義的で非・契約説的な理由づけにより、賞賛と非難、賞と罰に相応しい者であるために必要な種類の道徳的責任である、ということです。これは完全に首尾一貫した概念です。しかるに、ずっと前のところで**あなたは**、決定論（および、より一般的には自然主義）が、〈基礎的な相応しさ〉にもとづく道徳的責任のために要求される種類の自由意志とは**両立しない**、という点に**同意していた**のですから、僕としては、「〈相応しさ〉が〈相応しさ〉であるといわれうる限度内で基礎的であるような種類の〈相応しさ〉」を擁護しようという約束を、あなたは一体果たすことができるのかどうか、見届けようと決めたのです。ところが、あなたに従い、あなたがよしとする道——自由意志を基礎的な〈相応しさ〉にもとづく道徳的責任のために要求されるような行為へのコントロールによって理解するのではなく、非・基礎的な〈相応しさ〉ないし帰結主義的／契約説的な根拠によって正当化される〈相応しさ〉によって理解するという道——を進んでみたところ、気がつけば矛盾と、曖昧さと、疑問のやぶの中に入り込んでいました。不運なことですが、僕たちがこのやぶを解きほぐして同意できるようになるという希望を、特にもう残り時間がわずかになった今では、僕はほとんどまったくといっていいほど、もてていません。

デネット　思うに、哲学者たちが色々な**何とかイズム**の分類を試み、自分はすべての可能なニュアンスを拾い、何らの**ムシロ法**も行っていない、と自信満々になるときには、そういうことになりがちなものだ。あなたが見たところでは、僕の立場は「ある種の自由意志懐疑論に帰着するか、**あるいは**、非難と刑罰に関する帰結主義的に正当化されたある種の応報主義に該当することになるか、**そのいずれかになる**」ということだった。だが、僕の立場はどちらでもない。

この選言文の終わりから冒頭まで、あなたは「応報主義」をカントの、島の例で典型的に示されている意味よりも広い意味で用いている。なぜ広いのかといえば、あなたが述べているように、それが**帰結主義的に正当化された**「応報主義」だからだ。なぜそれを、そもそも応報主義と呼ぶのか?――カントは、殺人犯の死刑執行のための帰結主義的な理由を排除するためにああいう例を出したというのに。本来の「応報主義者」のレッテルを貼られた人物(ミッチェル・バーマン――彼が自分自身を応報主義者だと主張しているという点で、あなたの言葉を受け容れよう)が、僕が受け容れている〈相応しさ〉の定義を提起しているから、とでもいうのか? 僕の立場は、**応報主義**が帰結主義的に正当化される、というものではなく(こういう表現は語義矛盾だと僕は思っただろう)、**刑罰**(ハートとウィトゲンシュタインが定義する意味でのそれ)が帰結主義的に正当化される、というものだ。あなたは刑罰の**あらゆる**擁護論を特徴づけるために「応報主義」を用いているのではないか? あなたが引用してくれたところによれば、これは偉大な法学者[102]アントニー・ダフのこの用語の理解であるように思われるし、「応報的」と「懲罰的」を実際上の同義語として扱うその他の人々も僕はたしかに目にしてきた。あなたの次の言葉に、僕は最初当惑した。「あなた自身が先ほど指摘していたように、**応報主義の帰結主義的な形態**というのも存在するのです――すなわち、応報主義的な実践とポリシーを採用するための帰結主義的な論証を与えるような諸説も存在するのです」。はっきり確信しているが、僕はそんなことを言わなかった! 前の方を見返してみたところ、僕はようやく、自分が混乱を促進し、けしかけていたことに気がついた。つまり僕はあなたが引用したウォレンの事典項目が「応報主義的帰結主義 vs.応報主義的義務論」と題されていたことを――苦笑をこらえつつ――カッコ内で指摘していたのだった。あなたは僕が意図した皮肉を見逃したわけだが――感嘆符を付けておくべきだった――、とはいえ僕の、このすべての適切に分類され、ラベルを貼られた立場を、すべてくずかごに捨てるべきだというその先の提案は引用したというわけだ。

あなたの選言文の前半部はありがたい。というのもそこを読むと、あなたが自由意志懐疑論をどのように定義しているのか、改めて思い起こすことができるからだ。「他方の懐疑論者のテーゼは、曖昧さの余地のない明確なものです。それは僕たちが、ある種の行為へのコントロールを欠いていること、すなわち、〈基礎的な相応しさ〉にもとづく道徳的責任のために要求される種類のコントロールを欠いていることを主張するものです。これに尽きます。実にシンプルです」。僕はこの討議でずっと、それがそんなに明確でもシンプルでもない、ということをあなたに示そうと試みてきた。あなたは自分が念頭に置いている「コントロールの種類」の積極的な説明も、なぜそれが「〈基礎的な相応しさ〉にもとづく道徳的責任のために要求される」のかの理由も与えてはこなかったが、他方で僕は、コントロールおよび自己コントロールについて十二分に多くのことを語ってきたし、決定論は僕らの自己コントロールに対する通常の能力をまったく脅かしはしないということを論証してきた――もちろんあなたが、ヴァン・インワーゲンの〈帰結論証〉〔前回の論戦の原注3を参照〔原文の「脚注1」を修正した〕〕が、〈何ものも、決して、何一つコントロールすることはない〉という主張を基礎づけているのだ、と論証したいのであれば話は別だが。小説『重力の虹』(Pynchon 1973)の登場人物は、うやうやしい口調でこんなことを言う。

コントロールという幻想だ。AがBを為しうる――これはしかし間違いだ、完全に。『為す』

などということはありえない。物事は生ずるだけ(Pynchon 1973: 34)〔邦訳六四頁[103]〕。

あなたがこの立場を採用するとしたら、あなたは英雄のごとく、また別の鉛弾、あるいはひょっとすると手榴弾を、噛む羽目になるだろう。もしもコントロールが錯覚ならば、新陳代謝も、生命も、探究も、知識も、錯覚だということになるだろう。存在するのはアトムと真空だけだということになる。そのとき、僕らは何をしていることに――失敬、(僕らは何も為してはいないのだから)何が起きていることに――なるのか? そして、それはなぜなのか?

カルーゾー ダン、あなたは応報主義というものがただ一つの形態しかとりえず、刑罰の**混合理論**のようなものは存在しない、と考えているようです。それは端的な間違いです。文献を見れば、混合理論は豊富に登場し、それぞれ帰結主義的な要素および応報主義的な要素を共に組み込んでいます。アントニー・ダフをもう一度引用しましょう。

純粋に帰結主義的な刑罰説と、純粋に応報主義的な刑罰説が直面した諸々の難問を踏まえ、理論家の中には、刑罰の正当化の問題に対して、自説の中に帰結主義的な要素と非帰結主義的な要素を組み込むことで前進を図ろうとする人々が現れた。恐らく最も影響力の大きな混合的刑罰説の実例は、〈刑罰の正当化の問題は、実際にはいくつかの別々の問題であり、それらは異なった考慮に訴えて答えられるものであるかもしれない〉という認識に始まる――すなわち、私たちは第一に刑罰システムの「一般的な正当化の目的」(Hart 1968/2008: 8-11) が有益な結果に存しているのでなければならない、ということを論証するが、第二にその目的追求が、純粋に帰結主義的な刑罰説から生じることが示唆される種類の不正義を除外するような、非帰結主義的な原理により制約されねばならない、ということを論証する、という議論が可能である (Duff 2017)。

このような混合理論は、いくつか異なった形態を取りうるものです。第一の、最も基礎的な形をとる理論は、純粋な帰結主義に対する制約の一種としての、〈消極的な相応しさ〉に訴える、というものです——このとき、この制約が、無実の人物を故意に罰することや、罪人への過酷にすぎる刑罰を禁ずるものと見られています。この種類の混合理論の最も有名な支持者としては、高名な法哲学者H・L・A・ハートがいました (Hart 1968/2008)。しかしながらこの種の理論への批判者もいて、彼らはこの戦略が場当たり的であり、内的に不整合である、と難じてきました (Kaufman 2008: 45-49; Duff 2017: sect. 6 参照)。さらに、応報主義者たちが、この理論は、〈消極的な相応しさ〉によって制約されてはいても、それは〈相応しさ〉とは無関係な帰結主義的側面以上のものではないのだから、応報主義を単なる従属的な役割しか果たさないものに降格するものだ、と論じます。そのような説に関するまた別の重要な懸念は、そこでの副次的な制約の根拠には問題があるのではないか、ということです。ダフの説明によれば、「それら〔副次的制約〕が、刑罰はそれが相応しい場合にのみ正当化されると一貫して主張する『消極的な』応報主義に由来する……のだとしたら、その場合それら〔の制約〕は、この〈相応しさ〉という応報主義的な概念をどう説明するのかという、厄介な問題に直面する……。しかしながら、それらの制約が、そうした応報主義的な〈相応しさ〉への訴えなしに正当化されうるものなのかどうかは、明らかではない」（Duff 2017――Hart 1968/2008: 44-48; Feinberg 1988: 144-155; Walker 1991: ch. 11 も参照）。とはいうものの僕は、こういう懸念はあなたの念頭にはないと思っています。というのもあなたは（a）応報主義の〈積極的な相応しさ〉の主張を受け容れているのですし、（b）自身がテーゼ五両立論者であることを否定しているのだからです。

諸々の混合理論はここから進み、これよりもずっと強固な応報主義的コミットメントを受け容れることがありえます。例えば、刑罰の二段階式の正当化を提起することが可能です。そしてこの種の正当化には、いくつか異なったやり方がありえます――こういった立場のいくつかは、ダフ（Duff 2017 の混合説を論じた第六節）およびデイヴィッド・ブーニンの『刑罰という問題』（Boonin 2008 の第四章）での記述を参照して下さい。その一つのバージョンによれば、第一の段階では応報主義への訴えがなされ、それにより〈犯罪行為への加担は、犯罪者を、刑罰を含む種類の強制的処遇にかなった、あるいはそれを免れない[104]存在たらしめる〉ことの論証が目指されています。そして第二段階が、刑罰にかなった、あるいはそれを免れない人々に刑罰を科するための積極的な帰結主義的理由を提供する、ということになります。以下は〔強固な応報主義を基礎とする混合理論の〕別の選択肢です。

刑罰説の中には、道徳的な理由づけと共に怜悧的な[105]理由づけを適用するための、これとは幾分異なる、次のような試みがある。この試みはまず、〈刑罰は相応しい問責[106]の一形態として正当化される〉という応報主義的な概念から出発するが、そこから進んで次のように主張する、〈私たちはこの問責を懲罰的な厳しい処遇を通じて〔罪人に〕伝えるべきであり、なぜなら、そうすることで、問責の道徳的喚起力によっては十分に心を動かされない人々に対して、犯罪を思いとどまるための怜悧的な理由を与えることになるからであり、すなわち、〔犯罪者が〕そのような刑罰を受けることになるだろうという見通しが、道徳的説得を受けつけない人々に対する抑止を行うからである〉と（Duff 2017）。

これらの種類の刑罰説は、第一に〔前段落で〕挙げた刑罰説とは異なっています。第一の刑罰説によると、無実の人物を罰したり、罪人に過酷すぎる刑罰を科すことに対する応報主義的な禁止が帰結主義的な目的を制約する、ということになりますが、これらの第二の刑罰説によると、応報主義的な観点から相応しい問責を課すことが、刑罰の目的を積極的に正当化する役割を果たしているので、二つの種類の刑罰説は異なるといえるのです（Duff 2017: Sect.6）。これらの選択肢以外にも、帰結主義的考察と応報主義的考察を結び合わせる刑罰の混合理論には、多くの種類が提案されています（例えば Hampton 1991, 1992, 1994; Braithwaite 1999; Matravers 2000; Duff 2001 を参照）。

僕の見地からすると、あなたは、僕があなたの説の詳細を理解できるぐらいに明晰かつ十分な形で、あなたの立場を語り出せていません――あなたの説は純粋な応報主義のバージョンではないものの、依然として一定の応報主義的な構成要素を保持している、というのが僕の印象ですが。ともかくその詳細が分からないので、僕としてはあなたが〈相応しさ〉に与えたいと思っている役割について十分な判断のしようがありません。僕はあなたに、〈相応しさ〉をなしで済ます純粋な帰結主義的刑罰理論を採用するチャンスを提供したのですが、あなたはそれを退けました。次に僕は、〈相応しさ〉を刑罰に対する消極的な制約にすぎないものと見なすような混合的刑罰説を採用するチャンスを提供しましたが、あなたはそれも同じように退けました。したがって、あなたは〈相応しさ〉を何らかの**積極的**な正当化を提供するものと見なすような混合的刑罰説を採用しているに違いない、と考えるしかないでしょう。しかしもちろんこれはまさに何らかの擁護論を必要とする種類の主張なのです！　そして僕の立場は、純粋であれ混合的であれ、**すべての**形態の応報主義は正当化されざるものだ、というものなのです。

デネット　ルールを備えたクラブ〔またはゲーム〕のようなものとしての社会という、僕のずっと率直で詳細な提言について、あなたに説明できないままだったことにはがっかりしている。法とルールを尊重できるものにするための、もっともな帰結主義的理由は存在するし、人々が法やルールを是認するようになるための、もっともな帰結主義的理由も存在する。そしてそのことが、機会と政治的自由が認められる安定した安全な社会をもたらすのだし、そのような得がたい利点をさらに改善していくことにつながる、目に見える道筋は豊富に存在している。そのような社会に属する人々は、弁解もせずにそうしたルール／法に従わないことを選んだ場合、そのルールにより定められた不快な帰結に自分は**相応しい**、と社会から見なされるだろうということを、自分が、自らの適正な行為の成果〔ゆえの功績〕に**相応しい**、というのと同じくらいに理解しているものだ。これはあなたの〈相応しさ〉の概念とは違うものだ。というのもそれは決定論とも非決定論とも独立したものだし、あなたの運についての主張とも関わりがないからだ。とはいえ、それはなじみ深い概念なのだし、僕は、その概念こそが、道徳的責任を根拠づけるために――あなたも同意するとおり、それは一つの社会契約だ――必要とされるものなのだと主張する。その〔相応しさの〕概念は、通常の人々が自分自身をコントロールし、自分を操り人形に変えようとする他者たちを拒むための責任を引き受ける能力――唯一望むに値する種類の自由意志――を備えている、ということを前提するものだ。この立場に「応報主義的な構成要素」があるとして、あなたはそれが何であるのかを、僕に示すことができていない。

とはいえ、悲しいかな僕らの討議も終わりにきてしまった。僕らは、二人のどちらがより強力な立論を行い、より一貫した理論を提供できたのかの決定を、読者に委ねねばならない。

訳注

序文

［1］原語の exchange は「交換」の意味で、exchange of ideas だと穏やかな意見交換の意味になる一方、単独で用いる場合には「口論」のような激しいやり取りを指すようなので「論戦」と訳する。

［2］デネット『自由の余地』*Elbow Room* の副題「望むに値する種類の自由意志 Varieties of Free Will Worth Wanting」を想定した表現で、本書全体でキーフレーズとしてたびたび登場する（ただしここは厳密に同じ言い回しではない）。

［3］名詞 desert は刑法学では「デザート」または「功績」と訳されるが、本書では「相応しさ」「相応しい報い」「報い」という三つの訳語に適宜訳し分け、動詞 deserve は「相応しい」と訳す。desert は人が報いに相応しいとされるゆえんのもの、あるいはそこで相応しいとされている報いを指し、そこで「報い」には、賞賛や報賞のような肯定的な「報い」も、非難や罰のような否定的な「報い」も含まれ、「相応しい」とは、「報い」と呼んだ処遇が適切で正当で望ましい、ということを意味する。本書の最重要概念といってもよいが、滑らかに日本語に移すのが難しい言葉である（といっても、欧米のみに固有の思想というわけでもなく、例えば「因果応報」といった発想は日本人にもなじみ深い）。

［4］reward / punishment は「報賞／刑罰」と訳す以外に、単に「賞／罰」と訳す場合がある。特に punishment には刑法で定められた罰としての「刑罰」と、もっと非形式的な「罰」一般を指す意味の両方があり、適宜訳し分けるが、原語では同じ語に対応していることを念頭に置いてほしい。

［5］本書では類義語としての criminal, offender, perpetrator はすべて「犯罪者」と訳すが、同じく類義語の wrongdoer については、犯罪に相当しない悪行を犯した人を指す場合や、「犯罪」や「刑法」の成り立ち自体を考察する局面で用いられる場合があり、「悪事を行った人物（人々）」と訳す（この後の序論訳注［1］も参照）。

［6］本論の訳注［3］に記したように「相応しい報い」と「相応しさ」はどちらも desert の訳である。

［7］「過去指向的 backward-looking」と「未来指向的 forward-looking」についてはこの後の論戦一訳注［7］参照。

序論

［1］wrong や wrongful act は right（正）の対義語と考えれば「不正（行為）」であり、そう訳した箇所もあるが、英語の wrong は日本語の「不正行為」という語

感から連想される行為よりも程度のはなはだしい、例えば強盗や殺人などの凶悪犯罪を指すことも多く、適切と思われる場合には「悪事」と訳す。

［2］「怨恨 resentment」および「義憤 moral anger」については この後の論戦一訳注［24］参照。

［3］原語は incapacitating。incapacitate / incapacitation についてはこの後の論戦三訳注［12］参照。

［4］ability と capacity は訳し分けず共に「能力」と訳す（ここは ability）。

［5］「ここで重要な関連性をもつような意味において」は in the relevant sense の訳。「ここで」は定冠詞 the に対応している。

［6］「リバタリアン／リバタリアニズム」は、本書で言う自由意志論争における「哲学的リバタリアン／リバタリアニズム」ではなく、「政治的リバタリアン／リバタリアニズム」を指す場合がむしろ多い。こちらは政治的自由や市場における自由、その他の権利としての自由を、例えば社会的平等などの他の価値よりも上位に置く「自由至上主義」を指す。

［7］前注参照。

［8］hard determinism は「硬い決定論」、「強硬な決定論」などとも訳されるが、戸田山和久氏の『哲学入門』やデネット『自由の余地』の翻訳などにならい「ハード（な）決定論」の訳語を採用する。

［9］「随意選択の非両立論 leeway incompatibilism」（高崎将平氏の訳では「余地‐非両立論」）と「源泉の非両立論 source incompatibilism」（あるいは「因果的歴史の非両立論 causal history incompatibilism」）はペレブームが導入した区別（Pereboom 2002, pp.5-6）。なお前記高崎氏が引く本間宗一郎氏によれば（『そうしないことはありえたか？』二七六頁）、いわゆる他行為可能性（この後の論戦一訳注［18］参照）を leeway と呼ぶ慣例が少なくとも一九九〇年代後半には確認されるということで、前者はそれにちなんだ呼称と見られるようである。

［10］例えば物理学者谷村省吾氏の概観を見る限りは（「自由意志問題の建設的な取り組み方」『現代思想』二〇二一年八月号、五九―六九頁）、量子力学によって古典力学の決定論的世界像に異議が唱えられた、と見るのは、少なくとも物理学における一般的な了解事項のようであり、ここまで言えるのかどうか、訳者には確信がもてない。

［11］英訳者に従い、原文と邦訳にない「男爵」を補った。「ほら男爵」のことである。なお、ニーチェはこの後、返す刀で（あるいはむしろ、真の標的として）ハード決定論的な「不自由意志」への批判に移行する。

［12］主にロバート・ケインの量子論的リバタリアニズムを指すと見られる。九七頁以下を参照。

論戦一

［1］ Ricky Skaggs, *Can't control the wind*（1995）。

［2］ 原語の competence は能力、技量、有能性という意味だが、本書の主題に関しては、人が道徳的責任や「正しい報い」に相応しいといえるために満たすべき能力を主に指すので competency と共に「適格性」（形容詞 compete は「適格な」）と訳す。

［3］「応答する respond」は「責任」であると共に「応答可能性」でもある responsibility の語源で、「責任」のこのような側面が意識されているとも見られる。

［4］「理性的に議論する」と訳した reason は、「（理性的な）理由、理由づけ」も意味する。

［5］ つまり、理性的に説得できないと主張しているはずの相手に対して理性的説得を行っているという「行為遂行的矛盾」の例と見なされよう。

［6］ 道徳的責任を負いうる主体は大多数の人々が達しうる適格性の「閾値 threshold」に達した人々である、という思想は『自由は進化する』で明示的に提起されており、『自由の余地』でも「プラトー〔高原〕に達する」という言い方で提起されている。

［7］「過去指向的な意味で理解される」とは、「応報」や「報い」がもっぱら過去の行為に対して向けられたものであることを意味する。つまり、人に賞賛や非難、賞や罰を与える行為を、教育、矯正、他者への模範といった未来指向的なものとして捉えるのではなく、あくまで過去の行為に対する報いの「相応しさ」を問題にするという見方を意図している。

［8］ sanction について、詳しくはこの後の論戦三訳注［2］［14］参照。

［9］ 原語は deterring。deter / deterrence についてはこの後の論戦三訳注［30］参照。

［10］ 原語の excuse は、名詞としては「弁解、言い訳」だが、動詞で使う場合、「言い訳する、弁解する」という意味と、「免責する、許す」という意味があり、ここでは後者のような広い含意が念頭に置かれていると見られる。

［11］ policy は「政策」という意味ともっと広い意味があり、本書では基本的には「ポリシー」の訳語を当てるが、「政策」が適切な場合には「政策」を当てる。

［12］ デネットは自然進化の産物を「デザインもどき designoid」と呼ぶドーキンスを批判し、進化は「デザイナーなきデザイン」の過程であって、その産物を無条件で「デザインされている」と呼んでよいし、呼ぶべきだと提案している（『心の進化を解明する』邦訳六八—七一頁）。

［13］ オフェンス側が、相手側のファウルがない限り二四秒以内にシュートを打たねばならないというルール。

［14］「状況依存的 situational」とは、状況の（ときには些細に見える）変化が人間行動に多大な影響をおよぼす事例を研究する「状況主義心理学」を想定した呼称

と思われる。

[15] jury nullificationとは、陪審員の決議で法（刑法）の適用を免除すること。

[16] burden of proofは通常「挙証責任」だが、本書では「責任」の訳語を避け「挙証の責務」と訳す。

[17] 強化reinforcementは行動心理学の用語で、刺激と反応の結びつきを強めること、および広義にはその要因を指す。

[18] 原語はcould not have done otherwiseで、これは「他行為可能性alternative possibilites」という自由意志や道徳的責任の問題において重要視される概念で言い換えられる重要なフレーズである(二二頁で挙げられた「随意選択の非両立論」はこれを否定する立場であった)。デネットがここで挙げる「他行為不可能性」による**例外的な免責条項が存在する**ということは、当然、スポーツにおいて、**大部分の場合には「他行為可能性」が前提されている**ということになる。このような前提に、決定論を論拠にして異議申し立てをした者などいない、というのがデネットの論点である。

[19] 統計学で、統計量が最大値に偏り、独立変数の効果が検出できない場合。

[20] 原語のspecial ed (special education)には「英才教育」の意味と、いわゆる特別支援教育の両方の意味がある（ここでは主に後者を指している）ので、クォーテーションマークを付したと思われる。

[21] 「砂山のパラドクス」とも呼ばれる哲学上の難問を指している（soritesには途中の結論を省略した三段論法を連ねた「連鎖式」の意味もあるが、その意味ではない)。詳しくはこの後の叙述を参照。

[22] カルーゾーは「懐疑論の仲間」としか述べていないが、ウォーラーは自由意志については両立論を支持しており、その上で道徳的責任に対する懐疑論（あるいは廃絶論)を主張する。それゆえウォーラーをカルーゾー同様に「自由意志懐疑論者」と呼ぶことはできないが、カルーゾーもまた「道徳的責任懐疑論者」であり、この点で両者は「懐疑論の仲間」であると言える。

[23] 「自己効力感を抱けているself-efficacious」とは、目的を達成できる力が自分にはあると認識できている状態。

[24] 原語はresentment, indignation, moral angerで、いずれも「怒り」の一種だが、(翻訳しきれているかどうかはともかく）ここには私的な恨みから公的な憤りへのグラデーションがあると見られる。P・F・ストローソンは、一九六二年の"Freedom and Resentment"（以下では邦題に従い「自由と怒り」として引用する。なお本書では「怒り」は単独で用いられるangerの訳語とする）において、ごく私的な「反応的態度reactive attitude」（この後の論戦二訳注[11]参照）としての怨恨と自由意志の関わりを論じ、それまでもっぱら公共的な「道徳的責任」との関わりでのみ論じられてき

た自由意志問題に新たな視角を与えた。

［25］ empirical は慣例に従い「経験的」と訳すが、ここでのような文脈では「日々の生活の中で素朴に実感される」という意味合いではなく、「経験科学の対象として実証的に探究されうるし、そうあるべき」という意味であり、例えば「実証的」のように言い換える方が意味が取りやすいかもしれない。

［26］ カルーゾーによれば、ここで問題なのは〈行為者の相応しさや自由についての現実のあり方を私たちが正しく認識できているか？〉という**認識上の**理由ないし正当性のはずなのに、その実践上の（「道具的」）利益に訴えるデネットの態度は「九〇度ずれた orthogonal」ちぐはぐなものだ、という批判であろう。

［27］「義務論」と「帰結主義」については「序論」の後の定義集を参照。

［28］「尊重の念」と訳した respect はデネットの刑罰論におけるキータームと見られ、法についても人物についても用いられる。訳語としては細かい訳し分けはせず、「尊重」または「尊重の念」を一貫してあてる。

［29］ 原語は necessity で、「必要性」とも「必然性」とも訳せる。この一節に限れば「論理的、ないし物理的な必然性ではない（つまり論理的、物理的に他ではありえないわけではない）」と訳する方が分かりやすいかもしれない。

［30］「引き受け責任」と訳した take-charge responsibility は、自らの意志と明確な宣言によって一定の事柄に関する責任、あるいはそれを実行する義務を自ら引き受ける営みで、ウォーラーはこれを（自らの意志と関わりなく帰される）「道徳的責任」と峻別し、後者を退けつつ前者は健全な営みとして保持することを提唱している（Waller 2011 第六章など）。

［31］ デネットが「国家 state」と言っている部分をカルーゾーは「社会 society」と言っている。

［32］ 決定論を受け容れ、なおかつ自由意志も肯定するのが古典的な両立論だが、量子論にもとづいて決定論を退けるが、古典的決定論と両立可能な自由意志概念は支持する立場も「両立論」と見なされる。ここではこの二つの可能性の両方を指すことが目指されていると思われる。

［33］ 原文は“the little *could* that *would* but *can't* so *won't*”。

［34］「他行為可能性 alternative possibilities」については本論訳注［18］参照。

［35］ 序論の区別（二一頁）を用いれば、行為の因果的歴史に的を絞る両立論批判は「源泉の非両立論」、他行為可能性に的を絞る両立論批判は「随意選択の非両立論」に相当する。

［36］「民俗的直観 folk intuitions」の「民俗的」は、「民俗心理学 folk psychology」（大抵の人々が成長と共に半ば無意識的に身につける、自己や他者の心を理解し、予期できる能力）を筆頭に、世間一般の人々が無自覚的

に抱いている思想などをこのような名で呼ぶ慣用にならった表現で、ここでは世間一般の人々の直観を指している。

［37］「実験哲学」は従来の哲学において個人の直観に頼っていた部分を実験的手法によってより厳密で客観的なものに置き換えようとする、比較的新興の分野。

［38］ここでの「経験」の原語は experience で「体験」とも言い換えられる意味での「経験」を指す（本論訳注［25］も参照）。

［39］「証拠の収束 converging evidencw」とは、複数の別個の証拠が揃って一定の事実の成立を指し示す状態。

［40］戸田山和久氏のデネット論（『哲学入門』や『自由の余地』解説）では、まさに「インフレ／デフレ」というタームが多用されるのでそれにならった訳語を当てる。ただし、片仮名語の「インフレ／デフレ」は元来貨幣価値に関わる言葉と解されており、それゆえ、それになぞらえた比喩のように響くが、英語の inflate / deflate はもっと意味が広く、ここでも、必ずしも比喩ではなくそのまま「誇大に考える」のような意味になることは注意されたい（とはいえ貨幣価値の連想が皆無ということもないと思われる）。

論戦二

［1］「序論」の末尾に置かれた定義集とほぼ同じ文言である。

［2］この定義によると、道徳的責任と「相応しい報い」を退けつつも自由意志の両立論者を標榜するブルース・ウォーラーは「自由意志懐疑論者」に分類されることになり、これはウォーラーの本意とは思えない。

［3］『思考の技法』第九章によれば、「ムシロ法 rathering」とは「偽りの二分法」を用いる詭弁的なレトリックであり、本来両立不可能ではないものを「むしろ rather」（やそれに相当する表現）を用いて対比することで、あれかこれかの二者択一しかありえないように見せかける技法を指す（なおデネットは同書で、ムシロ法を含む三つの詭弁的レトリックにS・J・グールドの名にちなんだ「グールド法 Goulding」という総称を与える）。

［4］「本有的に」の原語は intrinsically で、この語の形容詞型 intrinsic は通常、事物の性質のあり方を形容する用語であり、例えば「関係的 relational」や「規約的 conventional」と対比される。「関係的性質」が他の事物との関係によって定義される性質であり、「規約的性質」が社会の取り決めによって事物に帰される性質であるのに対し、「本有的性質」はその事物のみに目を留めるだけで見いだされる、その事物自身に真に属する性質と解される（なお、そのような性質が実在するのかどうか自体、一つの哲学的問いである）。

［5］訳者が調べた範囲でも、現代法学における「デザート・モデル」量刑論の代表的支持者による、この

モデルが応報主義を支持するものではない、とする指摘があった（アンドレアス・フォン・ハーシュ「講演：いわゆる「デザート・モデル」による量刑論」松澤伸、竹川俊也訳、『比較法学』早稲田大学比較法研究所、第五一（二）号、二〇一七年、一一三―一二〇頁）。これは本書の読者も留意すべき点かもしれない。

［6］「理拠」の訳語を当ててきたrationalは、ここでは「人々がそれを自覚しているかどうかとは別に」という但し書きからも示唆されるように、デネットが「自由浮遊性の理拠free-floating rationale」と呼ぶものを示唆している。これは、特定の行為者に帰属するわけではないが、それでも行為理由と呼べるという意味で「自由浮遊性」である行為の指針を指し、動物における進化的に獲得された適応戦略、文化的に蓄積された有用な習慣、あるいは不特定の人々が独立に見いだして採用する有用な行動パターンなどが想定されている。

［7］ここでいう「市民社会civil society / Bürgergesellschaft」は、現代（ヘーゲル以降）それが意味する市場経済と結びついた社会ではなく、「政治的、国家的な（つまりラテン語でいうcivitas的な）社会」つまり「国家」を指している。

［8］原書では一七九七年の『人倫（道徳）の形而上学』ではなく、一七八五年の『人倫（道徳）の形而上学の基礎づけ』が参考文献に挙がっていたので著者に確認の上、巻末文献表および九頁の参照と共に訂正した。

［9］直訳すれば「陶片追放」で、元来は古代ギリシャのポリスで僭主になる恐れのある人物を投票で追放する制度をさすが、原義よりも広い意味で用いられていると見られる（これは日本語の「村八分」も同様である）。

［10］「自由浮遊性の理拠free-floating rationales」については本論訳注［6］参照。

［11］「反応的態度reactive attitude」とは、人が他の人格的存在からの働きかけに対して抱く態度（感情など）で、人格なき存在に対する「客体への態度objective attitude」と対比される。共にP・F・ストローソン「自由と怒り」（Strawson 1962）のキータームであり、これらの概念が用いられる場合、恐らく常にストローソンの議論が想定されていると考えてよい。

［12］groundはおおむね「根拠（づける）」と訳すが、このように何かを成り立たせている土台や基礎ではあっても、正当化し論拠づけるという意味での「根拠」とは解し難いケースでは「基盤（とする）」と訳す。

［13］デネットがこのような特徴を「デザイン上の特徴」と言うとき、それは（すぐ後の言葉が示唆するように）「デザイナーなきデザイン」とも言われる、自然選択による進化の産物としての適応的な特徴、という意味で言われている。論戦一訳注［12］参照。

［14］このテキストの出典であるウォーラーの著書は『道徳的責任という頑迷なシステム』*The Stubborn System of Moral Responsibility*であり、「頑迷な」はこの論

戦中でもウォーラーの道徳的責任廃絶論を象徴するキーフレーズとしてたびたび用いられる。

[15] crude はもともと「未加工の」という意味で、単に指針として大まかで精度が粗い、という意味にも解せるが、「粗雑、がさつ、粗暴」といった否定的な意味にもなりうる。

[16] accountable は、ここでは responsible と同様「責任がある」を意味する。本来の意味はそれぞれ「説明可能性」と「応答可能性」で、この点で語の成り立ちも近い。細かく見ていくと同じ「責任」でもニュアンスの違いがあるとされているが、本書では大きな相違は想定されていないと思われる。

[17] 「信念的不合理性」は、「道具的合理性」と対比される「認識的合理性」の基準を満たしていないという意味での不合理性で(この文脈で「認識的 epistemic」と「信念的 doxastic」は互換的に用いられることもある)、信念が内的に不整合であったり、事実と一致していなかったり、論拠づけが不十分であったりなど、信念形成に関わる合理的規範から逸脱している場合を指す。

[18] ここでの「理由 reasons」は「理拠 rationals」同様、「戦略」や「方策」のようなものを指すと見られる。

[19] 序論訳注[12]、および次注参照。

[20] この見方の典型はロバート・ケインの量子論的リバタリアニズムであり、このような非決定な要素を脳内の量子論的過程が担うとされている。少し後でデネットはケインの思想を「これまでに出会った中で最良のモデル」と高く評価するが、カルーゾーが少し前で「最も説得力のあるリバタリアニズムの諸バージョン」と呼んだのも恐らくはケインの思想を主に念頭に置いている。

[21] 「それを引き起こす原因をもたない原因」は uncaused cause、「不動の第一動者」は prime unmoved mover で、いずれも伝統的に「神」を特徴づける概念である。

[22] カルーゾーのリバタリアン思想の分類は、途中で言及されたペレブームの議論を下敷きにしていると見られるが、ペレブーム自身は論文 "The Phenomenology of Agency and Deterministic Agent Causatioin" (2015) において、この議論を一歩進め、(「不動の第一動者」は認めないとはいえ)自由意志懐疑論と行為者因果説を結びつける「決定論的行為者因果」の可能性を肯定的に検討している。ペレブームのこのような柔軟なスタンスは、彼がストア派、スピノザ、カントなどの古典テキストの研究にも携わる哲学者であることと無関係ではないと思われる。

[23] 原文は obscure and panicky metaphysics で、邦訳では「追い詰められたネズミが反撃するかのような曖昧な形而上学」(七八頁)。

[24] manipulation / manipulator は、ここでは「ある人

が他の人を意のままに操る」というかなり具体的で限定された状況を表している。そのため、manipulator は「操作者」ではなく「操り師」、manipulation argument も「操作論証」という抽象的で意味の広い訳語ではなく「操り師論証」という具体的な訳語をあてる。

[25] 二階の欲求 second-order desire とは、直接的、一次的な対象に対する欲求（一階の欲求）との対比で、どのような欲求をもちたいかという反省的な欲求、つまり「欲求に対する欲求」を指す。

[26] 原語は「つまみ knob」だが、分かりにくいので類義語の「ダイヤル」を用いる（この言い換えに関しては別の著書の翻訳中に著者の了解を得ている）。言わんとしているのは、「直観ポンプ」とデネットが呼ぶタイプの思考実験の中の状況設定ないしパラメータを色々と変更してみて、その結果直観がどのように変わるのかを確かめてみよう、という一般的な方法であり、これはD・ホフスタッターの提案によるという。

[27] 「スピンドクター」とは、政治的情報操作を行う者を指す。

[28] 恐らく架空の商品名。「ブラン」は小麦ふすま、「ブロブ」はぶよぶよしたゼリー状の物体を指す。

[29] 側坐核とは報酬、快感、嗜癖、恐怖などに役割を果たす前脳の部位。

[30] セーガンは天文学者でTV番組『コスモス』などで有名。アッテンボローは動物学者で、BBCのドキュメンタリー番組などで有名な人物。

[31] トークン token とは一般的な範例としての「タイプ」の個々の具体例を指し、元来は言語学で語や文について用いられていた用語だが（例えばAという文字タイプは個々の音声や印字などによってトークンとして具体化される）、その後心の哲学などを中心に、個別事例とその事例が属する類型を指すために広く用いられるようになった。

[32] 「高階の higher-order」とは二階以上の、つまり自己反省的なということ。

[33] この彼女は「エリザベス」ではなく「エ*リザベス」なのだが、デネットが区別していないのでそのまま訳出する。

[34] 「有能性」は competence の訳。別の箇所では「適格性」と訳した語で、ここでは訳し分ける。この場合「能力」に近い意味だが、漠然と何かが「できる」というだけの能力ではなく、一定の技能や技量を駆使して特定の課題を遂行できるような、高度の能力を指す。（一定の課題への）「対応能力」と訳される場合も多い。

[35] この段落中の「操作」はエリザベスの事例で「操り」と訳した manipulation で（本論訳注［24］参照）、この文脈で「操り」は違和感があるので訳し分けたが、同じ語であることは念頭に置いてほしい。

[36] この場合の control は、実験の条件（独立変数）を実験者がコントロールないし操作する、という特に

限定された意味をもち、「統制」と訳される（このような条件の統制の重要な手法として、「統制群（対照群）」と訳されるcontrolと実験群の対照を行う、「対照実験」がある）。

［37］漸進主義gradualismとはダーウィン進化論の典型的な過程としてデネットが強調するもので、漸進的な進化の結果、一つの型と他の型の間に無数の移行形態が存在することにより、それぞれの型の「本質」を明確に述べることができなくなる、という構造を指している。デネットはしばしばこのような**ダーウィン的反本質主義**により、哲学的な本質主義を攻撃する。

［38］モンキーレンチは、投げたら危険な工具なのはもちろんだが、いわゆる環境テロリストの象徴であり（これを用いて重機や設備などを使用不能にした）、その種のテロ行為を含意した比喩かもしれない。

［39］これは現生の哺乳類については容易かもしれないが、（この後一三五頁および一六四頁でも示唆されるように）デネットはここで地質時代すべてにわたる哺乳類の定義について想定している。哺乳類型爬虫類から哺乳類への進化は、化石記録に残されている範囲でもある程度連続的にたどられるので、化石に残らなかった現実の系列を見ていけば、「哺乳類型爬虫類」と「哺乳類」を区別する明確な一線を引くのは極度に難しいことになるだろう。これは本論訳注［38］で述べた「漸進主義」の生物学における典型的な事例である。

［40］原文はright to...form associationsで、「結社の自由」の「結社」に相当するが、現代語として馴染みがなく適用範囲も限定されるので、平易な言い方に改めた。

［41］「操り師になりうる人々would-be manipulators」とは回りくどい言い方だが、操り師の介入を見破って自律性を取り戻せればもはや彼らを「操り師」とは呼べなくなるので、このような言い方になる。「犯罪者になりうる人々would-be criminals」が犯罪の実行を抑止される、という表現も同様である。

［42］スキャッグスの用いたagjustとtrimは同じく「調整する」という意味だが、ヨット用語として用いられているのはtrimのようである。

［43］「賠償責任」と訳したliabilityも「責任」と訳される言葉だが、responsibilityよりも意味が限定されている。

［44］「準・」の原語はsortaで、文字通りには「ある種の、いわば、〜のようなもの（sort of）」だが、デネットはこれを、本来十分成熟した理解力と有能性を身につけた人間について用いられる言葉を、幼児や動物やロボット、コンピュータプログラムなどに適用する際に付される操作子（オペレータ）として用いることを提案している。幼い子が「パパはお医者さんなの」と言うとき、「医師」という概念を本来の意味で「理解している」というよりは「準・理解」していると言うべきであり、コンピュータプログラムに与えられる「指令」は真の意味での指令ではなく「準・指令」である、

などである。この文脈での「準・責任」も、完全な意味での「責任」を近似するもの、ということである。

［45］ デネットは「研究開発 R&D：research and development」という用語を、自然選択による「デザイナーなきデザイン」の過程（論戦一訳注［12］）を含む、広い意味で用いている。この場合は、遺伝的な素質の発達や環境からの刺激による学習などの、必ずしも自覚的、意識的ではない働きを通じて、しかしそれでも明確に目的指向的に進んでいく、自己形成と成熟の過程が名指されている。

［46］ 突然「認めよう yes」と言ってこの話題を切り出すのは奇異に思われるかもしれないが、ここでデネットは、自由意志と道徳的責任の問題においてしばしば議論される、ロバート・ハリスを典型とする、悲惨な子ども時代、青少年時代を送った果てに凶悪犯罪に至った事例を念頭に置いていると見られる。自由意志懐疑論者はしばしばこの事例を「正しい報い」の不当さの根拠に用いてきた（さらに言えば、エリザベスと操り師の事例も、暗にこのような現実の事例が念頭に置かれているとも見られる）。

［47］ オペア au pair とは、外国語の勉強の代わりに家事手伝いをする制度とその利用者を指す。

［48］ 哺乳類の例に関しては本論訳注［39］も参照。訳者の見るところこの議論は一九八四年の『自由の余地』に概略的な叙述が登場し、その後二〇〇三年の『自由は進化する』でより詳しく取り上げられ、その後『思考の技法』や『心の進化を解明する』でも取り上げられている。

［49］ sorites も heap も「山」や「堆積」の意味で、必ずしも「砂の山」ではないが（実際、「わらの堆積」を例とする場合もある）、この事例に関しては「山」や「堆積」よりも「砂山」が適訳なのでこう訳す。

［50］ アルコール依存症の患者たちがグループで禁酒の持続を目指す「アルコホリックス・アノニマス」という有名な自助団体があり、それのチョコレート版だと見られる。同名の団体は（ジョークとして？）実在するようだが、恐らく架空の団体のつもりで語っているのだと思われる。

［51］ デネットの原文ではこの前に「もしエリザベスが自分のいる状況を理解しているとしたら、そして、」が入っていたが、省略されている。

［52］ ここでの「責任がある（ない）」は（not）accountable for で、（not）responsible for ではないが、重要な意味の違いはないと思われる。

［53］ いわゆる弾道ミサイル ballistic missile には、最初期のV２ミサイルからすでに何らかの誘導装置が搭載されているが、ここで言わんとしているのは誘導装置なしで、発射後に文字通り「弾道飛行」を行うものを想定していると思われる。

［54］ この通りの文言は登場しない。原著者カルーゾー

教授に問い合わせたところ、草稿の書籍化の過程で変更されたか、あるいは対話者のデネット教授によるパラフレーズである可能性があるとのことであった。またデネット教授によると、草稿には、神経科学者たちは全知の神である必要はなく、必要なのはドナルド殺害とその是認を帰結するさまざまな理由づけの過程を因果的に引き起すことだけだ、という主張が含まれていたとのことだった。本訳書では原著者の同意のもとこのまま訳出する。

［55］原語は uncharitable で、「好意的解釈の原則（ないし善意の原則）principle of charity）」つまり、相手の立場を最大限理解可能にするような意味で解釈せよという原則に反している、という意味であろう。

［56］「虚構主義的」の原語は fictionalist。虚構主義 fictionalism とは、道徳的責任（をはじめとするいくつかの概念の対象）は実在しないが、虚構としてそれを支持しようとする立場と見られ、例えばファイヒンガーがこのような思想を提起したとされる。これとよく似た現代の立場にソール・スミランスキーの「幻想主義 illusionism」があるが、スミランスキーは、「虚構」がその有益性ゆえに、虚偽だと知りつつも自覚的に掲げられるものであるのに対し、「幻想」は当事者がそれを真実だと思い込む要素が不可欠である（ゆえに隠蔽や偽装の要素が不可欠な、不安定な立場となる）というより悲観的な立場として自らの幻想主義を虚構主義から区別する。

［57］inflation の「インフレ政策」という訳については論戦一訳注［40］参照。少し後の叙述からして、ここでは貨幣政策との類比が意識されているとも見られる。

［58］「ドルという通貨」の原語は doller。以下単に「ドル」と訳す。

［59］この学生のエピソードは『思考の技法』第二章で紹介されている。なお、「セレンディピティ」とは偶然の素晴らしい出会いや発見を指す。

［60］日本語訳としては『スウィート・ドリームズ』および『思考の技法』に同じ議論が収録されている。

［61］この言葉は五四頁に登場する。ただし同意はするものの「しかしだからといって、何もかもまるで未決だというわけではない！」という留保が付されている。

［62］揶揄の含みのある amused / amusement はニュアンスが難しいのだが、本書では「苦笑」を当てる。

［63］原語の thank goodness は thank God の婉曲表現として用いられる表現とされており、一種の皮肉がある。

［64］「引き受け責任」については論戦一訳注［30］参照。この概念をはじめとするいくつかの責任概念のカルーゾーによる容認は、六〇頁でなされている。

［65］「反応的態度 reactive attitude」については本論訳注［11］参照。反応的態度の中にはごく私的なものも、公共的なものもあり、「道徳的」反応的態度といえば公共性、規範性の大きな反応的態度を特に指すのが一

般的だと思われるが、ここでは私的な反応的態度も含められている。

[66] 原語は amorality で、まさに「不道徳」ないし「反道徳」を意味する immorality との対比で、善悪を超えたという意味での「無道徳」ないし「超道徳」という意味合いがあるが、ここでは（現行の価値基準に照らして）道徳的によろしくない社会慣習が制度化されたもの、という単純な意味だと思われるので「不道徳」とした。

[67] デネットは物事を捉える際の「構え（スタンス）」として「物理的構え」「デザイン的構え」「志向的構え」の三つを区別しており、その内の一つ。事物の構造を設計や目的という観点から説明する。

[68] 「譴責」は condemnation の訳。「非難 blame」と同義と見てよいが訳し分ける。

[69] logical necessity は「論理的にこうでしかありえない」という意味で「論理的必然性」という訳が適切だが「実践的必然性」と訳した practical necessity の場合、「実践的必要性（＝実際上必要不可欠であること）」と訳す方が適切かもしれない。論戦一訳注［29］も参照。

[70] かなり乱暴で差別的な断定であるように思われるが、この後見ていくように、ここでは「**すべての人間は**（ここで重要な関連性をもつ意味での）自由意志をもたない」というカルーゾーの主張を念頭に置き、その適用範囲を狭めた結果としてこの断定を導いたと見られる（加えて言えば、いわゆる法的な責任能力の有無を「ここで重要な関連性をもつ」の一つの基準に据えているとも見られよう）。

[71] この種の事例は「道徳的運 moral luck」と呼ばれ、バーナード・ウィリアムズおよびトマス・ネーゲルの論考以来有名となった。

[72] 「父権主義的お節介」は paternalistic で、親が子の自律性を無視してでもその利益を図るような、お仕着せ的な態度（「パターナリズム」と片仮名訳される場合も多い）。「パトロン的な上から目線」は patronizing で、パトロンのように横柄に見下す態度。具体的には、自由意志否定論者がしばしば提起する、「刑罰」を「治療」に置き換えるような、人間の自律性を重視しないとも見られるポリシーを指していると思われる。

[73] 「心証の確実性（がある）」は be morally certain で、この場合の morally は「道徳的」ではなく「内心の」のような意味。

[74] 奇妙な例だが、前からの流れとして、これはデネットなりの「道徳的運」の事例なのだろう。つまり「このような万一の事故もありうるのでみだりに銃を人に向けてはならない」という教訓**ではなく**、「完全に理にかなった行動を取っていても不運によって罪に問われることはありうる」という事例だと思われる。

[75] 分かりにくい訳文だが、原文は could have easily been で、そもそも何がどう easily なのか、内容的にはっ

きりしないようにも思われる。

[76]「因果的起因性 causal responsibility」とは、responsible for の「原因が〜に由来する」という、無生物にも適用されるような意味を捉えた、幅広い意味での responsibility を指す。その後の二つについては四九頁およびこの後の二九二―二九三頁参照。

[77] ここでの accountable も responsible と区別せず「責任をもつ」と訳する。

[78]「全体論的に holistic」のベースとなる「全体論 holism」とは元来「全体が部分に先立つ」という観点から要素還元主義を批判する思想だが、ここでは「部分だけに目を取られて全体を見失わないように」というほどの、開かれた総合的な観点を指していると思われる。

[79] 無過失責任、または厳格責任は strict liability の訳。たとえ過失であっても厳格に責任が問われるような規定を指す。本論訳注[43]も参照。

[80]「グールド法 Goulding」の一種としての「ムシロ法 rathering」については本論訳注[3]参照。

[81] 原語は accountability。

[82] 原文では remarkably able to reconsider, to reflect, to reassess, to resist... と頭韻を踏んでいる。

[83] 原文では luck swallows all で、三八頁で引かれたゲイレン・ストローソンのフレーズ「運はあらゆるものを飲み込んでしまう luck swallows everything」と微妙に異なっている。

[84] 本論訳注[70]参照。

[85] 原語の thrive は「繁栄する」、「健康に育つ」、「目標に向かっていく、達成する」といった意味。

論戦三

[1] penalty はスポーツにおける反則への罰の場合「ペナルティ」で、その他では「罰則」等と訳しているが、定義が同語反復になるのを回避するため、ここに限り「罰」が入る語を避け、「懲らしめ」と訳す。

[2]「裁可する」は動詞 sanction の訳で、これ単独で「制裁措置をとる」という意味にもなる。名詞の sanction も「制裁」の意味になりうるが、後述するように本書では基本的に「公的措置」という訳語を当てる。この後の本論訳注[14]も参照。

[3] 原語の disapproval は「是認」ないし「賞賛」を指す approval の反意語。「非難」に近い含みだが、「非難」には blame を定訳で当てていること、また「責める、攻撃する」というだけでなく「否定的評価を表明する」という意味合いがはっきりしていることから「批難」と訳す。他の文脈で「否認」と訳す場合もある。

[4] 批難 disapproval については本論訳注[3]参照。デネットが刑罰のこの機能を肯定している点は要注意である。

[5] comminity は共助的な仕組みをもつ「地域社会」

からより小規模な共通の趣味、信仰、利害などによって結びついた集団まで、幅広い人々の繋がりを指す。「共同体」では漠然としすぎており、適宜訳し分けるにも限界があるので一括して「コミュニティ」という訳語を当てる。

[6] 市民的不服従 civil disobedience とは自らの良心に反する法令などに公然と(非暴力的に)違反する行動や運動を言う。

[7] person は通常単に「人」ないし「人物」と訳しているが、ここでは「人格」という意味合いが込められているので「人格的存在」と訳す。同様の表現は以下でも何度か登場する。

[8] 「因果的起因性 causal responsibility」については論戦二訳注[76]参照。

[9] ここでデネットは「マイケル Michael」と綴っているが、文献表に従えば「ミッチェル Mitchell」である。以下ではデネットも「ミッチェル」と正しく読んでいる。

[10] 原語は self-governance。governance は組織などの内発的、自律的で健全な管理運営を指す用語として、近年は「ガバナンス」と片仮名訳される場合もある。

[11] treat / treatment には単に「取り扱う、処遇する」の意味以外に「治療する」という意味があり、例えばP・F・ストローソンは「自由と怒り」の中でこのような「病的状態を抱えた人物への特殊な取り扱い=治療」という幾分ネガティブな含みを込めた意味で treat / treatment を用いている。

[12] これまで「[収監等による]無害化」と訳してきた言葉の原語は incapacitation で、字義通りには「能力・資格を奪うこと、無能力化すること」を一般的に指すが、刑法学においては、特に監獄への収容やそれに準ずる措置(監視下に置くことなど)を、「罰」としてではなく、「他の人々への害を防ぐ」という目的で行う措置と解する場合にこの用語を用いる(この後の本論訳注[36]にも記したように、この文脈では単なる免許や資格の法的剥奪は主要な対象とは見なされない)。日本の法理論の文献を見ると incapacitation を「隔離」と訳している場合も多く、まさに公衆衛生における予防目的での「隔離 quarantine」の公共の安全における類比物を指すための用語と見られる。

[13] 「権利」と訳される right は「正しさ」でもあり、すぐ後で述べられるように、単なる功利主義的な根拠を越えた「正義」のような規範に依拠する立場にも訴えうるものであることが意図されていると見られる。

[14] 本論訳注[2]に記したように「公的措置」は sanction の訳。通常、犯罪に対する sanction は端的に「制裁」と訳されるが、「制裁」にはすでに応報主義的な含意があるように思われたので、より意味の広い訳語を選んだ(但し、「制裁」と訳して問題のない箇所や、そう訳さざるをえない箇所では「制裁」の訳を当てる)。

[15] 「抑止 deterrance」およびそれにもとづく帰結主義

の理論については、この後の本論訳注［30］参照。

［16］原語は rehabilitation と reintegration。rehabilitate は能力ある状態（habile）に復帰すること＝更生であり、reintegration は「再統合」で、この場合は特に、社会の一員として再び統合されること＝社会復帰を指す。法思想では「修復的司法 restrative justice」が特に、損なわれた関係の修復としての「再統合」を強調する（詳しくはこの後の本論訳注［91］参照）。

［17］「〜が起因する」は responsible for で「〜に責任がある」とも訳しうる。論戦二訳注［76］参照。

［18］原語の remedy は医療的な「治療」の意味もあり、「公衆衛生」との類比が意図されていると見られる。

［19］原語の prioritize は「最優先させる」「優先順位の筆頭に置く」のような意味で、この後、キーワード的に話題に上る。

［20］原語は nonsense upon stilts で「竹馬をはかせたナンセンス」のような意味。有名な一句のようだが定訳はないように見える。

［21］treatment の含意については本論訳注［11］参照。「何らかの種類の」と言っているので意味の幅は広いが、恐らく「治療」という意味合いが特に念頭に置かれている（この種の議論ではよく、『時計じかけのオレンジ』に登場する「ルドヴィコ療法」という残酷な「治療法」が引き合いに出される）。

［22］ここでの「リバタリアン」は政治思想上の立場で、市民の自由を至上の価値とする強硬な自由主義を指す。序論訳注［6］参照。

［23］フロリダ州パームビーチにある施設で、一九二〇年代に大統領の別荘地として建造され、一九八〇年代に実業家時代のドナルド・トランプが購入、二〇一七年の大統領就任後、「冬期ホワイトハウス」として使用するようになった。

［24］この対談の時点でトランプは大統領であったが、この思考実験においてトランプが犯罪者当人だという想定なのかそうではないのかは、もう一つはっきりしない（とはいえどちらでも大差はない）。

［25］You は「あなた」と訳しているが、ペレブームを含む同じ立場の論者と共に、集合的に「あなた方」を指しているとも解しうる。

［26］本書での「自由」は主に free / freedom の訳語だが、この文脈で制限の対象となる「自由」の原語は liberty である。free はゲルマン語系、liberty はラテン語系で、系譜を異にする同義語ないし類義語として、いずれも「自由」と訳されるが、少なくともここでの liberty は（哲学的というより）政治的な文脈で、通常は制限されるべきでない、積極的な価値や権利として捉えられた「自由」を特に指すために用いられている（ただし、free / freedom にもそのような意味はある）。

［27］「全体論的に holistically」については論戦二訳注［78］参照。

［28］ inhospitable という形容詞には、カルーゾーのモデルが理想とする友好的、歓待的な施設たるべき「ホスピタル＝病院」や「ホスピス」とは正反対の、という含みが込められていると思われる。

［29］ three-strike law とは、再犯者の犯行が三回目におよぶと罪の軽重を問わず終身刑などの重罰になるという法で、スリーストライクでアウトになるという野球のルールに見立ててこの名がついている。より分かりやすく「三振即アウト法」と訳される場合もある。

［30］「抑止 deterrence」はこれまでも登場してきた用語だが、この後特に主題化されるので注を付しておく。これは例えば核兵器の「抑止力」などにも用いられる言葉だが、特に刑罰の正当化理論の中では「未来の犯罪の抑止」という論拠に用いられてきた概念で、そこには刑罰の正当化理論の中でもかなり古典的な、それゆえ古くから批判も絶えなかった思想、すなわち刑罰や罪人を「見せしめ」として利用する、という発想が込められている。それゆえこれはカルーゾーの推奨する、社会整備による犯罪の「予防 prevention」とも、もちろん犯罪者の隔離による人々の「保護 protection」とも、大きく異なる思想である。

［31］ 原語は the prohibition on manipulative use で（「の原理」は訳者の補足である）、ウェブで検索すると広く用いられている呼称ではなく、カルーゾーが（ペレブームと共に）提唱している原理を指すために考案した名称だと見られる（ただしもちろん、呼称とは別に、同主旨の原理は例えばカントの「人間性を決して手段として利用してはならず、目的自体として扱わねばならない」という定言命法の定式をはじめとして、広く支持されてきた）。

［32］ capability は現在実際に行使できる能力や技能だけでなく、能力や技能を身につけうる潜在的な素質をも含めた「できること」を指す用語で「潜在能力」等と訳される場合もあるが、セン『正義のアイデア』（Sen 2009）の邦訳に従い「ケイパビリティ」と片仮名訳する。

［33］「幸せ」は well-being の訳語。他の箇所では「福利」と訳している。

［34］ burden of proof を「挙証の責務」と訳すことについては論戦一訳注［16］を参照。

［35］ 原語の responsible for については論戦二訳注［76］参照。

［36］ 公職の「剥奪」も incapacitation（無害化、無効化）の一種とみてよさそうに思われるが、ここではそれを incapacitation とは区別している。これはこの語が「（収監等による）無害化」という、物理的な拘束かそれに準ずる強い措置を指すことを改めて示唆している。本論訳注［12］参照。

［37］ 本論訳注［2］と［14］でも述べたように原語の sanction は一般的には「制裁」と訳してよい用語だが、著者の思想的前提からこの訳語は避けてきた。しかし

これ以下の箇所では、いわゆる「制裁」との違いがさらにはっきりしなくなるように見受けられる。

［38］ 原語 enforce はもともと「強制する、強要する」の意味で、そこから公権力による法の「施行、執行」の意味にもなる。制定された法が施行され、有効になると、その違反者に対する取締や刑罰が執行されうるようになるが、この過程全体が公権力による法の enforcement である。

［39］ 原語は theodecy で、「神」と「正義」を組み合わせた言葉であり「神義論」とも訳される。用語としては、哲学者ライプニッツが一八世紀初頭に出版した書物のタイトルとして用いた造語だが、問題自体は古代から存在した（旧約聖書の『ヨブ記』など）。

［40］ 「こっぴどく hell out of」という慣用句を弁神論と掛けたのだと思われるが、これは訳しようがない。

［41］ かつて存在したアメリカの百貨店型のチェーン店。同名のかつて日本国内で展開していたコンビニエンスストアとは無関係。

［42］ 念のため注記すると、VHSとは磁気式アナログビデオ録画機の最も標準的だった規格である。

［43］ 原文は Andrade struck again で、三振法 three-strikes law を念頭に「(三度目となる) ストライクをとられた」という意味合いがあるのかもしれない。

［44］ 「重罪」の原語は felony で、死刑ないし一年を超す懲役や禁固刑を受けるような重大な犯罪を指す。したがってこの点ですでにアンドラーデの事例の実態とのずれが存在しているとも見られよう（刑期から犯行の重さを逆算するのでなければ）。

［45］ 「無対価で入手できる」の原語は for free で「無料」という意味での free である。

［46］ 分かりにくいので補足として整理しておく。ペレブームは感染症患者の「隔離」と類比的な「拘禁」を一定条件下で許容しており、なおかつこの拘禁に、被拘禁者本人の将来の犯行への抑止効果があることも、拘禁の本来の効果として織り込まれていることも認めていて、これがここで言う特定の抑止に相当すると思われる。加えて、「透明性」の要件が、透明性という本来の効果を実現するために、拘禁の事実を一般市民に公開する。ここまでが制度の本来の目的に沿った運用であるが、この運用の副次効果として、潜在的犯罪者に対する一般的抑止の効果が生じる、というのがここでの主張である。つまり「見せしめ」ではなく「透明性」こそが拘禁の事実を周知する目的なので、これは犯罪者やその拘禁を手段として用いることにはならない、ということである。このようなまわりくどいとも見られる論法はこの後デネットに批判されることになる。

［47］ 何度か注記しているように、英語の punish は刑罰と刑罰以外の罰の双方を指すが、著者たちの争点は主として法的刑罰に向けられているので、本書では「刑

罰」の訳語を当てる場合が圧倒的に多く、その方が意味が通る。しかし今の老人の例の場合は「刑罰」とは訳せないので、このあたり滑らかに日本語にならない部分があることをご理解されたい。

［48］「譴責 condemnation」は「非難 blame」とほぼ同義。論戦二訳注［68］参照。またその前の「批難 disapproval」は承認、是認の正反対となる態度として、積極的に承認を拒み否認を突きつけるという意味である。本論訳注［3］参照。

［49］「真実の量刑 truth in sentencing」とは、仮出所や早期出所等を認めず、宣告通りの懲役刑を機械的に執行すべきだとする一般的なポリシーを指す。その前の「固定刑期制」も似たポリシーの産物で、情状酌量等をせず、犯罪のタイプごとに一律に刑期を固定するような法制を指す。

［50］ファン・デル・ローエが有名にしたとされる「神は細部に宿る」というフレーズのもじり。

［51］judge は「判断」と訳したが、「判決を下す」の意味も重ねられているかもしれない。

［52］ankle bracelet はすぐ後で言われるように監視目的のそれであって、身体の自由を直接的に制限するものではないと思われる。例えば性犯罪者の足首に強制的に装着され、GPSによる監視を行う装置は、任意の取り外しが出来ないとしても歩行を直接に制限するわけではない。

［53］「遵守」は compliance の訳で、最近では「コンプライアンス」や「法令遵守」という言い方で広く用いられるようになっている（遵守の対象が必ずしも「法令」には限られないことには注意。ただし、ここでデネットはまさに「法令遵守」を問題にしている）。

［54］原語の can of warms は「厄介のタネ」というほどの慣用句だが、『自由の余地』でも can という助動詞の用例分析をめぐる（オースティン流の）錯綜した哲学論争を取り上げた節にこのタイトルが付されており（第六章第三節）、哲学論争に関するデネットのイメージの一端を伺わせる。

［55］注にするほどのことでもないかもしれないが、原文は "were not treating each other "*merely*" as means (whatever *that* means)"で、「手段」の means と「意味する」の means を掛けている。

［56］enforce は「執行する」（ないし「施行する」）の意味だが、この場合、これらの意味に込められた、何かの力を背景に一定の行為（ないしその禁止）を「強要する、強制する」という元々の含意が強く前に出ている。本論訳注［38］も参照。

［57］「譴責の」は condemnatory の訳。論戦二訳注［68］参照。

［58］「叱責的」は reprobative の訳。前注の「譴責の」同様「非難の」と同義と考えてよいが、責め立てる度合いとしてはかなり強い言葉といえる。

［59］「問責」は censure の訳語。これも「非難」と同義と見られるが、やはりかなり強く責め立てる言葉である。

［60］「研究開発 R&D」については論戦二訳注［45］参照。ここでは、知的活動としての本来の研究開発＝デザイナーによるデザイン過程と、自然選択による生物進化や、あるいはミーム選択による文化進化のような「デザイナーなきデザイン過程」を包括的に捉えている。

［61］原語は semi-understood。半ば無自覚的、ないし半ば無意識的な、ということでもある。

［62］つまり、その「あり方 ways」がその担い手に与える利益ゆえに保存されてきたのではなく、ミーム＝文化的自己複製子としての「あり方」それ自体の存続を最適化することによって存続してきた、ということ。人の恐怖心、不安感につけ込んで「自己増殖」をはかる「不幸の手紙」がその一例となる。

［63］intelligent designer は偽装した創造説である「インテリジェント・デザイン説」において「神」に当たる存在を指す言葉だが、デネットはかなり意識的にこの言葉を、「デザイナーなきデザイン」を産み出す自然進化と対比される、自覚的なデザインを行う人間を指すために用いる。

［64］「なぜなぜ物語 just so story」はR・キプリングの「ゾウの鼻が長いわけ」などの動物の特徴の由来話のタイトルだが、進化生物学ではグールドやルウィントンなどの適応主義批判者たちが、適応主義的説明がしばしば根拠に乏しい憶測に過ぎないことを戯画化するために用いたという歴史がある。そして適応主義者であるデネットがこの蔑称をホッブズの自然状態論に向けるとき、それは必ずしもホッブズに対するネガティブな批判や戯画化ではなく、むしろ適応主義の説明上の強力さのようなポジティブな評価の意図が込められているとも見られよう。

［65］論戦二訳注［6］参照。

［66］九〇頁参照。

［67］原文は "All what?" で、その前の "the well-being of all" という最終目的自体も訂正可能である、という意図だと思われるが、ここでは特に、訳者が「万人」と訳してしまった all（これは通常はこのように訳して問題ない）を、（種差別批判の観点から）他の動物種にも拡張しうるという意図も理解できる。

［68］一一二頁にも登場した「軍拡競争 arms race」とは、冷戦時代の米ソ間で生じたような、相手への優位を獲得するためだけに軍備増強を重ねていく過程を指すが、本書で念頭に置かれているのは字義通りの軍拡競争というより、進化生物学における、例えば擬態する被捕食者と、それを見抜く捕食者の間で、擬態の精巧さと認知能力の精密化が相乗効果的、爆発的に進行する過程であり、これにより、物理的な環境が生存のために要求する以上に精密な適応が実現する場合がある。

［69］つまりその筋道の理拠は「自由浮遊性の理拠」（論戦二訳注［6］参照）だということである。

［70］「パンチカードを電信する telegraoh our punch」というのは、モールス信号や昔のコンピュータプログラムを記録したパンチカードのような、込み入った解読を要する情報をそのまま発信する、つまり、相手にとって理解困難なメッセージを理解困難なまま発信する、という意味だと思われる。

［71］訳者の感想だが、この短い一文は、P・F・ストローソンの長大な論考「自由と怒り」を凝縮したものといえるかもしれない（ただしデネットはストローソンと自分の思想は一線を画することを強調する）。

［72］ホーソーンの小説『緋文字』*Scarlet Letter* では、姦通の罪を犯した女性が罰として姦婦 adulteress であることを示す赤いAの文字を、服につけさせられる。ここではそれを指していると思われる。

［73］「軍拡競争」については本論訳注［68］参照。

［74］「文化の一員になっていくという文化化」は enculturation。馴染みのない術語なので説明的に訳した。

［75］不法行為 tort とは違法に他人の権利を侵害し損害を与える行為で、通常損害賠償が発生する。

［76］「賢慮」と訳した prudence は、文脈によっては「道徳性 morality」と対比される自己利益的な思慮を指す場合があるが（この後の本論訳注［105］参照）、この場合は道徳的、実践的な知恵という、より本来的な意味で用いられていると見られる。

［77］「過ち」と訳した fault は意味の広い言葉で、（1）必ずしも責められない性格上の短所や欠点を指す場合も、（2）責めを負うべき過失や失態、あるいはそれによる「責任」を指す場合もあるが（これについては Waller 2011、第9章参照）、ここでは（2）が名指されていると見られる。

［78］この区別については論戦二訳注［11］参照。この後にも解説がある。

［79］「罪悪感」の原語は guilt で少し前のデネットの言葉「刑罰と罪科の廃絶を論じる論者たち」で「罪科」と訳したのと同じ語である。

［80］原語の are grounded という表現の意味合いについては論戦二訳注［12］参照。ただしこの箇所などは、「根拠づける」と訳すべき正当化の意味合いも含意されていると見られる。

［81］邦訳の訳文をベースに、本書での体裁に合わせて一部修正した。

［82］ここでの moral agnger は「義憤」より包括的な概念だと思われるので「道徳的な怒り」と訳し分けた。

［83］「燻製ニシン red herring」とは人を間違った方向に誘導するおとりを指す比喩。

［84］AI研究の創設者の一人、ジョン・マッカーシーとその娘サラのエピソードについては一八〇頁参照。

［85］いわゆる他行為不可能性にもとづく「随意選択の

非両立論」と、「源泉の非両立論」ないし「因果的歴史の非両立論」については、カルーゾーによる序論（二〇頁）とそこに付した訳注［9］を参照。

［86］「説明責任」は accountability で、responsibility と区別せず、単に「責任」と訳してきた（論戦二訳注［16］を参照）。この箇所でも、カルーゾーが accountability についてては単なる「答弁可能性 answerability」（この語も「責任」と訳しうるが）を超えた、「相応しさ」に基礎を置く道徳的責任と同類の概念を理解していることが分かる。

［87］原文の bill を pill に直して訳した（原著者に確認済）。

［88］「鉛弾を噛みしめる bite the bullet」はもともと戦場で麻酔なしの手術をするときに弾丸を噛んで痛みをこらえたことに由来する、「辛いことを耐え忍ぶ」様子を示す慣用句であり、普通は「耐え抜く」や「歯を食いしばる」のように意訳されるのだが、これ以後頻出するので直訳しておく。

［89］「反照的均衡 reflective equilibrium」はもともとジョン・ロールズが倫理学的思考において求めた方法だが、ここでは理論一般に拡張されて理解されている。

［90］原語は tort liability で法律用語。tort は本論訳注［75］、liability は論戦二訳注［43］および論戦二訳注［79］参照。

［91］「修復的正義、または修復的司法 restrative justice」は、しばしば応報主義と帰結主義に代わる第三の司法についての考え方ともいわれる。この立場は犯罪がなされた場合、その後目指されるべきは犯罪によって損なわれた関係性（被害者、加害者、社会などの）の修復であることになると考える。本論訳注［16］も参照。

［92］原語の departed は字義通りには「去ってしまった」だが、一種の婉曲語法として「死んでしまった」も意味する。思考実験中で明記されているのは「立ち退いた」ことだけだが、思考実験内のデネットの狼藉が隣人の死まで引き起こしたのでは……と思わせる意図があるようにも思われるのでこのように訳す。

［93］市民的不服従については本論訳注［6］参照。

［94］「快の総計の増加」はベンサム以来の古典的功利主義、「一般的抑止がもたらす利益」は刑罰の功利主義的正当化のための伝統的なアプローチを想定している。

［95］交通違反をした黒人男性に対する警官たちの暴力的な取り締まりが端緒となり、大規模な暴動に発展した事件。韓国系アメリカ人とアフリカ系アメリカ人の対立など、複雑な民族問題もはらんでいた。

［96］罰としての「タイムアウト」については二〇六頁参照。

［97］association。この場合、ある程度の永続性をもつ、任意参加の団体を指すと見られる（論戦二訳注［40］も参照）。

［98］原文では Rawls 1971 となっていたが、原著者に確

認の上改めた。

［99］カルーゾー自身の言葉。三一〇頁参照。

［100］「因果的起因性（＝責任）causal responsibility」については論戦二訳注［76］を参照。

［101］これがデネットのどの言葉に由来するのかについては、後ほどデネット自身による考察がある。

［102］細かい点だが、カルーゾーが「偉大な法哲学者 great legal philosopher」と呼んだのに対し、デネットは「偉大な法学者 great legal scholar」と呼んでいる。

［103］もとの邦訳で「制御」となっていた部分を、訳語統一のため「コントロール」に置き換えた。

［104］「〜にかなった」は eligible、「〜を免れない」は liable to で、ニュアンスはともかく、突き詰めれば「〜に相応しい deserve」に帰着するような意味になると見られる。

［105］「怜悧的」は prudential の訳で、この場合は「賢慮の徳」のようなポジティブな意味（本論訳注［76］参照）よりも、「道徳的」と訳される moral と対比された、利益を得るための計算された手段のような、幾分ネガティブな意味（カントの言う「仮言命法」に相当する「打算的」に近い意味）が意図されている。なお、この文脈では応報主義が「道徳的」、帰結主義あるいは功利主義が「怜悧的」と位置づけられている。

［106］「相応しい問責」は deserved censure の訳。本論訳注［59］参照。

訳者あとがき

本書は *Just Deserts: Debating Free Will* の全訳である。タイトルを訳せば『正しい報い——自由意志の討議』だが、特に「正しい報い」の概念に日本の読者の馴染みがないこともあり、出版社より独自の邦題を用意して頂いた。

強調表現等については、クォーテーションマークは「」に、強調のイタリックは太字に、大文字化による強調は〈〉で表現する、という原則に従ったが、〈〉はそれ以外にも、意味のまとまりを示すために補った箇所が多くある。他に原文のイタリックも太字ではなく〈〉で示した箇所がある。また英語以外の単語であることを示すイタリックについては、片仮名やルビなどをあてるだけで、それ以上の強調表現等は加えていない。また、〔〕は訳者による補足である。

本書の対話者一人であるデネットは日本でもおなじみの、心の哲学をはじめとする現代英語圏の哲学の大家であり、一九六九年の最初の単著『内容と意識』*Content and Consciousness* 以降、厖大な数の挑戦的な論文および著書を刊行し今に至っている。本書の主題である自由意志問題についても、『自由の余地』（一九八四年）および『自由は進化する』（二〇〇三年）という二つの著書と無数の論文を公刊し、「両立論」に分類される独自の立場を明確にしてきた。

もう一人の対話者カルーゾーは、それに比べると知名度が低いと思われる。カルーゾーは生年を公表していないが（最近の研究者には一般的である）、教育歴と研究歴はウェブ上で公開している。それによると一九九六年にウィリアム・パターソン大学より哲学で学士号取得、二〇〇二年にニューヨーク市立大学より哲学で修士号取得、二〇一一年に同大学より哲学で博士号取得、とある。またその前の一九九五年には、ナッサウ・コミュニティカレッジより音楽の学位も取得している。博士論文の書籍化と思われる二〇一二年の『自由意志と意識――自由意志幻想の決定論的説明』*Free Will and Consciousness: A Determinist Account of the Illusion of Free Wil* に続く、二〇二一年の単著『応報主義を退ける――自由意志・刑罰・刑事司法』*Rejecting Retributivism: Free Will, Punishment, and Criminal Justice* は本書でもしばしば参照されるが、これが現在の代表作といえるだろう。業績を見れば主たる関心はまさに本書の主題である自由意志と決定論の問題を中心としており、しばしば共同研究を行っているデーク・ペレブームと共に「ハード両立論」にして「楽天的自由意志懐疑論」、つまり自由意志否定論をネガティブなものとして捉えるのではなく、むしろ人類の意識のさらなる向上につながるポジティブな思想として位置づける立場を支持している。

本書の対話者の二人が、かなり多くの論点において同意を見ている点を、まずは確認しておくべきだろう。彼らは共に自然科学が提示する世界像を真面目に受け容れ、その内部で人間本性を理解しようとする「自然主義」の立場に立ち、それゆえ自然主義的世界像をはみ出すと見なされる「リバタリアン的自由意志」を退ける。本書の一つの争点である刑罰制度に関しても、両者とも死刑制度に反対し、厳罰化や刑務所の劣悪な環境の改善を訴える、といった実践的指針については明確に合意しているばかりか、後述する刑罰説としての「応報主義」を両者は共に退ける。にもかかわらず、彼らはまさにこの自由意志と刑罰の問題について重要な不一致を示し、互いに一歩も妥協しない構えを見せるのである。

全体の構成だが、もともと雑誌記事として公開された論戦一はいわば前哨戦であり、両者の不一致点を明確化させる議論が進められる。それを踏まえ、論戦二では自由意志概念の問題、論戦三では刑罰制度の見直しが主題とされる。

本書で戦わされている問題関心をとらえるには、論戦三の主題である刑罰制度の問題から見ていくのがいいかもしれない。そこでの中心主題は前述の「応報主義」への批判である。応報主義とは刑罰の根拠を未来の善ではなく過去の行為そのものに見いだす思想であり、すなわち悪をなした者に相応の罰を与えよう、という思想である。このような思想やそれにもとづく慣行はたしかに心情的には自然な発想だとしても、合理的に根拠づけることは困難であるというよく知られた批判があり、カルーゾーもデネットも自然主義者として、そのような観点から応報主義を退ける。

刑罰の応報主義的でない正当化としては、教育的効果や社会への抑止効果がしばしば挙げられる。しかしとりわけ抑止説は個人を単なる手段としてしか扱わないという反道徳的な帰結を招きやすい。そこでカルーゾーが代案として支持するのが「公衆衛生‐隔離モデル」である。それによれば、ある人物を拘禁ないし収監することを道徳的に許す唯一の根拠は、その人物が危険であるために社会を防衛するという根拠に限られ、それ以外の刑罰的行為は一切廃絶すべきだということになる。これに対しデネットは、カルーゾーと同じく応報主義を退けつつも、例えば「道徳的行為者クラブ」

のような概念に訴え、刑罰である限りの刑罰には単純な抑止説とも異なる帰結主義的な有効性がある、という反論を行う。この「公衆衛生‐隔離モデル」の妥当性をめぐる問題が論戦三の主題である。

カルーゾーが応報主義の核心に認める思想は、「過去指向的」な道徳的責任の概念であり、その概念は自然主義的世界観と相容れないリバタリアン的自由意志と密接に結びついている、とカルーゾー（およびペレブームやウォーラー）は主張する。応報主義が正当化されるためには、人にとって自らが何者であり、何をなすのかは完全に任意な事柄である、という前提が必須であり、この前提はリバタリアン的自由意志なしには成り立たない、というのがその論拠である。このような考察はカルーゾーを「ハード非両立論」の立場に導き、自然主義の枠内で「望むに値する種類の自由」を確保できると考えるデネットの「両立論」と対立する。ここからカルーゾーは、両立論を論駁するために二つの論証を提起し、またデネットの自由意志概念があまりにも道具主義的ではないか（つまり、自由意志というリアルな能力の有無を、その有益性だけで決定する立場ではないか）という異論を提起する。これらの論証の検討が論戦二の主要な主題となる。

このような彼らの対立の核心にあるのが、論戦一の主題であり、本書の原題にもなっている just desert、訳せば「正しい報い」の概念である。本書ではこの desert を「報い」「相応しい報い」「相応しさ」と訳し分けたが（序文訳注［3］参照）、カルーゾーは desert の中でも最も基本的な「基礎的な相応しさ basic desert」がリバタリアン的自由意志を前提し、応報主義を存続させている、いわば元凶と見なし、その廃棄を訴える。他方のデネットは desert を自然主義的に再解釈した上で、それを有益な概念として存続させるべきだと考える。

以上の概観からも見て取れるように、本書が主題としている自由意志論争は単なる理論的問題ではなく、過去指向的な責任や「相応しい報い」のような道徳的概念を自然主義的世界像の中で存続させることの可能性、およびその正当性という、すぐれて実践的な問題に関わっている。楽天的自由意志懐疑論者たるカルーゾーは、それらをすべて投げ捨てることこそよりよい世界につながるというビジョンを掲げる。このようなビジョンの危うさをデネットは指摘するが、カルーゾーに言わせればそれは応報主義と結びついた刑罰制度と「道徳的責任という頑迷なシステム」（ブルース・ウォーラーの言葉）を延命させる、根本的に不正で反動的な態度だということになる。

このような両者の論争がどのような様相を呈するかについては、本書のペーパーバック版に採録されているオーウェン・フラナガンの言葉を引いておきたい――「豪華な趣向の哲学論争だ。カルーゾーとデネットが、哲学版・スリーセットテニスチャンピオン戦で対戦する。賭けられた賞品は、〈自由意志は存在するか否か〉そして、〈報賞、刑罰、刑法にとってのその意味は何か？〉という問いである。サーブ、ボレー、見事な得点、オーバーヘッドスマッシュ、粘りに粘る幾多のラリー、時折のトリッキーなショット、幾度ものマッチポイント。二人の哲学者による、彼らが加わってきた試合の頂点に位置する、実に見事な対戦」。

対話を締めくくるデネットの言葉のとおり、論争の最終的な判定は読者に委ねられるが、内容以外の部分での訳者の印象を述べておくと、大御所のはずのデネットの方がトリッキーな外部者・非専門家の視点を提起し、カルーゾーの方が確立したスタンダードや議論の蓄積に依拠する、オーソドックスな哲学的思索を展開している、と感じられる。この点で本書は、哲学するという営みの方法や姿勢における対立に一つの形を与えるものだとも見ることができるかもしれない。

訳者は拙著『自由意志の向こう側――決定論をめぐる哲学史』終盤において、自然主義と道徳的責任の両立可能性を支持するデネットと、その非両立性を力説するブルース・ウォーラーとの対立を、決着を付けかねたまま、いわば両論併記的に取り上げていた。そのため、まさに同じ主題を戦わせている本書の刊行予定を知るや、すぐに予約し購入した。ただ、本書を開いてみて、ナナメ読みで気軽に読み飛ばせる本ではないことを知った。本書は対話体という形式をとっているが、これは主題を親しみやすく解説するためというよりも、双方の論点の位置づけやその難点を常に明確化し、理解を掘り下げていくことこそが狙いであると思われる。実際内容はかなり入り組んでおり、これは「おぼえ」として訳文を作り、整理しながらでなくては飲み込めない、と観念した。それゆえその後二〇二一年三月に、青土社の篠原一平氏より本書の邦訳の話を頂いたときは、スケジュール的に厳しいものがあったものの、是非ともと引き受けさせてもらった。自分なりの整理を世に問い、また共有できる機会だと思えたのだ。とはいえ諸事情と本書自体の難しさから、二〇〇ページ少々の書物にしては思った以上に時間がかかってしまった。篠原氏、および途中から担当編集になった永井愛氏には改めておわびしなければならない。

訳文は、対話形式の書物なので口語的な文体を基本としたものの、いくつか難しい点があった。前述のようにデネットとカルーゾーの間には四〇年を超す研究歴の隔たりがあるが、本対話で両者は互いに「グレッグ」「ダン」と呼び合い、対等な立場で一歩も引かない議論の応酬を行っている。とはいえ日本語の限界だと思うのだが、デネットはともかく、カルーゾーの口調をまったくの「タメロ」にすると、本来そうある以上にやんちゃで無作法な印象を与えてしまうため、です・ます体にした。内容を読めばカルーゾーが遠慮や斟酌とは無縁の率直な発言をしていることは明らかだが、気になる読者はカルーゾーの語尾を、アニメなどの「敬語キャラ」のキャラづけだととらえて読んでもらえればと思う。一方のデネットの口調も、編集篠原氏のアドバイスを受け、フランクを通り越してルードになってしまわぬよう、例えば二人称には「あなた」を用いるなどした。

また、先にも触れたように、本書は見たところ親しみやすい体裁をとってはいるが、初学者向けの入門書たることを、少なくとも筆頭の目的とはしていないように思われる（用語集や序文、序論などにおいて、そのための配慮もなされているとしても）。むしろ本書は「はじめに」でも言われているように、あくまで「対話形式の著書」であり、特に論戦二以降は、互いの言葉を "you wrote . . ." として引用していることからしても（邦訳では「……と述べているが」のように訳した）、書かれた文章を突き合わせながら作成されたと見られ、但し書きの多い込み入った長文も登場する。なるべく平易で明瞭な訳文を心がけたが、読みやすいとはいえない箇所も残ってしまったと思う。訳者として今後の課題としたい。

本訳書完成までには無数の人々のアドバイスを参考にさせて頂いたが、この場でそれをすべて挙げることは難しい。この場では、訳者の分かりにくい質問にいつも即答してくれ下さったカルーゾー教授、および校正段階での質問に丁寧な回答を下さったデネット教授への謝意を表明したい。

二〇二二年一一月二八日　　木島泰三

自由意志対話
——自由・責任・報い

2022年12月20日　第1刷印刷
2022年12月28日　第1刷発行

著　者　ダニエル・C・デネット＋グレッグ・D・カルーゾー
訳　者　木島泰三
発行者　清水一人
発行所　青土社
101-0051　東京都千代田区神田神保町1-29　市瀬ビル
電話　03-3291-9831（編集部）　03-3294-7829（営業部）
振替　00190-7-192955

装　幀　今垣知沙子
印刷・製本　シナノ印刷
組　版　フレックスアート

ISBN978-4-7917-7525-5 Printed in Japan

[著者]

ダニエル・C・デネット（Daniel C. Dennett）

タフツ大学哲学教授、同大学認知科学センター所長。単著に『心の進化を解明する』『解明される意識』『ダーウィンの危険な思想』『解明される宗教』『思考の技法』（以上、青土社）、『自由は進化する』『スウィート・ドリームズ』（以上、NTT 出版）、『心はどこにあるのか』（ちくま学芸文庫）などがある。

グレッグ・D・カルーゾー（Gregg D. Caruso）

マッコーリー大学サニー・コーニング・オノラリー哲学教授。アバディーン法学校大学の〈応報なき司法ネットワーク〉共同責任者も務める。単著に *Rejecting Retributivism*（Cambridge University Press）、*Free Will and Moral Consciousness*（Lexington Books）がある。

[訳者]

木島泰三（きじま・たいぞう）

1969 年生まれ。法政大学大学院人文科学研究科哲学専攻単位取得満期退学。博士（哲学）。現在、法政大学非常勤講師。単著に『自由意志の向こう側』（講談社選書メチエ）、『スピノザの自然主義プログラム』（春秋社）、翻訳書にダニエル・C・デネット『心の進化を解明する』（青土社）などがある。

索 引

さ行

た行

参考文献および読書案内

推奨図書について　自由意志問題に対する有益な解説書については、単著の場合はI、論集の場合はCの記号を付した。

[C] Baer, John, James C. Kaufman, and Roy F. Baumeister (eds.) (2008) *Are We Free? Psychology and Free Will.* New York: Oxford University Press.

Bedau, Hugo (2015) Punishment. *Stanford Encyclopedia of Philosophy.* https://plato.stanford.edu/entries/punishment/

Bentham, Jeremy (1823/1948) *An Introduction to the Principles of Morals and Legislation.* New York: Macmillan.（ジェレミー・ベンサム『道徳および立法の諸原理序説』中山元訳、ちくま学芸文庫、2022）

Berman, Mitchell (2008) Punishment and justification. *Ethics* 18: 258–290.

Berman, Mitchell (2011) Two kinds of retributivism. In *Philosophical Foundations of Criminal Law*, eds. R. A. Duff and S. Green. New York: Oxford University Press.

Berman, Mitchell (2013) Rehabilitating retributivism. *Law and Philosophy* 32: 83–108.

Berman, Mitchell (2016) Modest retributivism. In *Legal, Moral, and Metaphysical Truths: The Philosophy of Michael S. Moore*, eds. Kimberly Kessler Ferzan and Stephen J. Morse. New York: Oxford University Press.

[C] Berofsky, Bernard (ed.) (1996) *Free Will and Determinism.* New York: Harper & Row.

Bok, Hilary (1998) *Freedom and Responsibility.* Princeton, NJ: Princeton University Press.

Boonin, David (2008) *The Problem of Punishment.* New York: Cambridge University Press.

Braithwaite, J. (1999) Restorative justice: Assessing optimistic and pessimistic accounts. In *Crime and Justice: A Review of the Research*, ed. M. Tonry, pp. 241–367. Chicago: University of Chicago Press.

[I] Campbell, Joseph Keim (2011) *Free Will.* Malden, MA: Polity.（ジョセフ・K・キャンベル『自由意志 現代哲学のキーコンセプト』高崎将平訳、岩波書店）

Caruso, Gregg D. (2008) Consciousness and free will: A critique of the argument from introspection. *Southwest Philosophy Review* 24(1): 219–231.

Caruso, Gregg D. (2011) Compatibilism and the folk psychology of free will. In *An Anthology of Philosophical Studies, Vol. V*, ed. Patricia Hanna, pp. 215–226. Athens, Greece: ATINER.

Caruso, Gregg D. (2012) *Free Will and Consciousness: A Determinism Account of the Illusion of Free Will.* Lanham, MD: Lexington Books.

[C] Caruso, Gregg D. (ed.) (2013) *Exploring the Illusion of Free Will and Moral Responsibility.*

New York: Lexington Books.
Caruso, Gregg D. (2014a) Précis of Derk Pereboom's *Free Will, Agency, and Meaning in Life*. *Science, Religion and Culture* 1(3): 178–201. [Part of a book symposium w/Derk Pereboom, John Martin Fisher, and Dana Nelkin.]
Caruso, Gregg D. (2014b) (Un)just deserts: The dark side of moral responsibility. *Southwest Philosophy Review* 30(1): 27–38.
Caruso, Gregg D. (2015a) Free will eliminativism: Reference, error, and phenomenology. *Philosophical Studies* 172(10): 2823–2833.
Caruso, Gregg D. (2015b) If consciousness is necessary for moral responsibility, then people are less responsible than we think. *Journal of Consciousness Studies* 22(7–8): 49–60.
Caruso, Gregg D. (2015c) Précis of Neil Levy's Consciousness and Moral Responsibility. *Journal of Consciousness Studies* 22(7–8): 7–15.
Caruso, Gregg D. (2015d) Kane is not able: A reply to Vicens' "Self-forming actions and conflicts of intention." *Southwest Philosophy Review* 31(2): 21–26.
Caruso, Gregg D. (2016a) Free will skepticism and criminal behavior: A public health–quarantine model. *Southwest Philosophical Review* 32(1): 25–48.
Caruso, Gregg D. (2016b) Review of Bruce Waller's *Restorative Free Will. Notre Dame Philosophical Reviews*.
Caruso, Gregg D. (2017a) Free will skepticism and the question of creativity: Creativity, desert, and self-creation. *Ergo* 3(23): 591–607.
Caruso, Gregg D. (2017b) Moral responsibility and the strike back emotion: Comments on Bruce Waller's *The Stubborn System of Moral Responsibility. Syndicate Philosophy*, 2/19/17.
Caruso, Gregg D. (2018a) Skepticism about moral responsibility. *Stanford Encyclopedia of Philosophy*. https://plato.stanford. edu/entries/skepticism-moral-responsibility/
Caruso, Gregg D. (2018b) Consciousness, free will, and moral responsibility. In *The Routledge Handbook of Consciousness*, ed. Rocco J. Gennaro, pp. 78–91. London: Routledge.
Caruso, Gregg D. (2019a) A defense of the luck pincer: Why luck (still) undermines moral responsibility. *Journal of Information Ethics* 28(1): 51–72.
Caruso, Gregg D. (2019b) Free will skepticism and its implica- tions: An argument for optimism. In *Free Will Skepticism in Law and Society*, eds. Elizabeth Shaw, Derk Pereboom, and Gregg D. Caruso, pp. 43–72. New York: Cambridge University Press.
Caruso, Gregg D. (2020a) Buddhism, free will, and punishment: Taking Buddhist ethics seriously. *Zygon* 55 (2): 474–496.
Caruso, Gregg D. (2020b) Justice without retribution: An epis- temic argument against

retributive criminal punishment. *Neuroethics* 13(1): 13–28.

Caruso, Gregg D. (2020c). Why free will is not real: A reply to Christian List. *The Philosopher* 108(1). [An exchange with Christian List about his book, Why Free Will is Real. Cambridge, MA: Harvard University Press. 2019.]

Caruso, Gregg D. (2021a) *Rejecting Retributivism: Free Will, Punishment, and Criminal Justice*. New York: Cambridge University Press.

Caruso, Gregg D. (2021b) The public health–quarantine model. *Oxford Handbook of Moral Responsibility*, eds. Dana Nelkin and Derk Pereboom. New York: Oxford University Press.

Caruso, Gregg D. and Stephen G. Morris (2017) Compatibilism and retributive desert moral responsibility: On what is of central philosophical and practical importance. *Erkenntnis* 82: 837–855.

Caruso, Gregg D. and Derk Pereboom (2020) A non-punitive alternative to punishment. In *Routledge Handbook of the Philosophy and Science of Punishment*, eds. Farah Focquaert, Bruce Waller, and Elizabeth Shaw. New York: Routledge.

I Celello, Peter (2014) Desert. *Internet Encyclopedia of Philosophy*. https://www.iep.utm.edu/desert/

Chisholm, Roderick (1982) Human freedom and the self. In *Free Will*, ed. Gary Watson. New York: Oxford University Press.

Clark, C. J., J. B. Luguri, P. H. Ditto, J. Knobe, A. F. Shariff, and R. F. Baumeister (2014) Free to punish: A motivated account of free will. *Journal of Personal and Social Psychology* 106: 501–513.

Clark, C. J., A. Shniderman, J. B. Luguri, R. F. Baumeister, and P. H. Ditto (2018) Are morally good actions ever free? *Consciousness and Cognition* 63: 161–182.

Clark, C. J., B. M. Winegard, and R. F. Baumeister (2019) Forget the folk: Moral responsibility preservation motives and other conditions for compatibilism. *Frontiers in Psychology*, February 7: https://doi.org/10.3389/fpsyg.2019.00215

Clark, C. J., B. M. Winegard, and A. F. Shariff (2019) Motivated free will beliefs: The theory, new (preregistered) studies, and three meta-analyses. Online.

I Clarke, Randolph and Justin Capes (2017) Incompatibilist (nondeterministic) theories of free will. *Stanford Encyclopedia of Philosophy*. https://plato.stanford.edu/entries/incompatibilism- theories/

C Clarke, Randolph, Michael McKenna, and Angela M. Smith (eds.) (2015) *The Nature of Moral Responsibility*. New York: Oxford University Press.

Clegg, Liam F. (2012) *Protean Free Will*. California Institute of Technology, Pasadena. https://authors.library.caltech.edu/ 29887/

Deery, O., M. Bedke, and S. Nichols (2013) Phenomenal abili- ties: Incompatibilism and the experience of agency. In *Oxford Studies in Agency and Responsibility*, ed. David Shoemaker, pp. 126–150. New York: Oxford University Press.

Dennett, Daniel C. (1972) Review of J. R. Lucas, *The Freedom of the Will. Journal of Philosophy* 69: 527–531.

Dennett, Daniel C. (1973) Mechanism and responsibility. In *Essays on Freedom of Action*, ed. Ted Honderich. London: Routledge and Kegan Paul. [Reprinted in Free Will, ed. Gary Watson. New York: Oxford University Press.]

Dennett, Daniel C. (1978) On giving libertarians what they say they want. In Dennett's *Brainstorm: Philosophical Essays on Mind and Psychology*. Montgomery, VT: Bradford Books.

Dennett, Daniel C. (1983) Intentional systems in cognitive ethol- ogy: The "Panglossian Paradigm" defended (with commentar- ies), *Behavioral and Brain Sciences* 6: 343–90.

| Dennett, Daniel C. (1984a) *Elbow Room: Varieties of Free Will Worth Wanting*. Cambridge: MIT Press.（ダニエル・C・デネット『自由の余地』戸田山和久訳、名古屋大学出版会、2020）

Dennett, Daniel C. (1984b) I could not have done otherwise: So what? *Journal of Philosophy* 81: 553–565.

Dennett, Daniel C. (1988a) The moral first aid manual. In *The Tanner Lectures on Human Values*, ed. S. McMurrin, pp. 121–147. University of Utah Press and Cambridge University Press.

Dennett, Daniel C. (1988b) Coming to terms with the deter- mined. Review of Ted Honderich's *A Theory of Determinism: The Mind, Neuroscience, and Life-Hopes. The Times Literary Supplement*, November 4–10: 1219–1220.

Dennett, Daniel C. (1991) *Consciousness Explained*. New York: Little Brown and Company.（ダニエル・C・デネット『解明される意識』山口泰司訳、青土社、1998）

Dennett, Daniel C. (2001a) Consciousness: How much is that in real money? In *Oxford Companion to the Mind*, ed. R. Gregory. New York: Oxford University Press.

Dennett, Daniel C. (2001b) Implantable brain chips: Will they change who we are? *Lahey Clinic Medical Ethics Newsletter*, Spring: 6–7.

Dennett, Daniel C. (2001c) Review of George Ainslie's *Breakdown of Will. The Times Literary Supplement*, December 7: 8.

Dennett, Daniel C. (w/Christopher Taylor) (2002) Who's afraid of determinism? Rethinking causes and possibilities. *Oxford Handbook of Free Will*, ed. Robert Kane, pp. 257–277. New York: Oxford University Press.

| Dennett, Daniel C. (2003a) *Freedom Evolves*. New York: Viking.（ダニエル・C・デネッ

ト『自由は進化する』山形浩生訳、NTT 出版、2005）

Dennett, Daniel C. (2003b) Review of Daniel Wegner's *The Illusion of Conscious Will* (Making ourselves at home in our machines). *Journal of Mathematical Psychology* 47: 101–104.

Dennett, Daniel C. (2003c) On failures of freedom and the fear of science. *Daedalus: Journal of the American Academy of the Arts and Sciences*, Winter: 126–130.

Dennett, Daniel C. (2003d) The self as responding – and responsible – artifact. *Annals New York Academy of Science* 1001: 39–50.

Dennett, Daniel C. (2004) The mythical threat of genetic determinism. *The Chronical of Higher Education*, January 31: B7–B9. [Reprinted in *The Best American Science and Nature Writing*, ed. Steven Pinker, pp. 45–50. New York: Houghton Mifflin Company.]

Dennett, Daniel C. (2005) Natural Freedom. *Metaphilosophy* 36(4): 449–459.

Dennett, Daniel C. (2008) Some observations on the psychology of thinking about free will. In *Are We Free? Psychology and Free Will*, eds. Baer, Baumeister, and Kaufmann, pp. 248–259. New York: Oxford University Press.

Dennett, Daniel C. (w/Christopher Taylor) (2010) Who's still afraid of determinism? Rethinking causes and possibilities. *Oxford Handbook of Free Will*, ed. Robert Kane, 2nd edn. New York: Oxford University Press.

Dennett, Daniel C. (2011a) My brain made me do it (When neu- roscientists think they can do philosophy), *Max Weber Lecture Series*. European University Institute, Florence, Lecture N. 2011/01: 1–14.

Dennett, Daniel C. (2011b) Review of Bruce Waller's *Against Moral Responsibility. Naturalism.org*. http://handle.net/10427 /000494 [Also includes Tom Clark's response to the review and Dennett's rejoinder to Clark and Waller.]

Dennett, Daniel C. (2012) Erasmus: Sometimes a spin doctor is right. *Praemium Erasmianum Essay 2012*, Essay written for the Praemium Erasmianum Foundation on the occasion of the award of the Erasmus Prize, Amsterdam, November 2012.

Dennett, Daniel C. (2013a) *Intuitions Pumps and Other Tools for Thinking*. New York: W. W. Norton and Company.（ダニエル・C・デネット『思考の技法――直観ポンプと 77 の思考術』阿部文彦、木島泰三訳、青土社、2015）

Dennett, Daniel C. (2013b) Review of Adrian Raine's *The Anatomy of Violence: The Biological Roots of Crime. Prospect*, May 3: 64–68.

Dennett, Daniel C. (2014a) Reflections on free will. Review of Sam Harris's *Free Will*. Online at: https://samharris.org/ reflections-on-free-will/

Dennett, Daniel C. (2014b) Seduced by tradition. In *Moral Psychology: Free Will and Moral Responsibility*, ed. Walter Sinnott-Armstrong, pp. 75–80. Cambridge, MA: MIT Press.

Dennett, Daniel C. (2014c) Daniel Dennett on free will worth wanting. In *Philosophy*

Bites Again, eds. D. Edmonds and N. Warburton, pp. 125–133. New York: Oxford University Press.

Dennett, Daniel C. (2014d) Are we free? Neuroscience gives the wrong answer. *Prospect*, October.

Dennett, Daniel C. (2017) *From Bacteria to Bach and Back: The Evolution of Minds*. New York: W. W. Norton and Company.（ダニエル・C・デネット『心の進化を解明する——バクテリアからバッハへ』木島泰三訳、青土社、2018）

Duff, R. A. (2001) *Punishment, Communication, and Community*. New York: Cambridge University Press.

Duff, Antony (2017) Legal punishment. *Stanford Encyclopedia of Philosophy*.

Einstein, Albert (1929) What life means to Einstein: An interview by George Sylvester Viereck. *Saturday Evening Post*. October 26, 1929: 17, 110–117.

Enns, Peter (2006) *Incarceration Nation: How the United States Became the Most Punitive Democracy in the World*. New York: Cambridge University Press.

I Eshleman, Andrew (2014) Moral responsibility. *Stanford Encyclopedia of Philosophy*. http://plato.stanford.edu/entries/mo ral-responsibility/

Feinberg, Joel (1970) The expressive function of punishment. In *Doing and Deserving*, by J. Feinberg, pp. 95–118. Princeton: Princeton University Press.

Feinberg, Joel (1988) *Harmless Wrongdoing*. New York: Oxford University Press.

Feltz, A. and E. Cokely (2009) Do judgments about freedom and responsibility depend on who you are? Personality differ- ences in intuitions about compatibilism and incompatibilism. *Consciousness and Cognition* 18(1): 342–350.

Feltz, A., A. Perez, and M. Harris (2012) Free will, causes, and decisions: Individual differences in written reports. *Journal of Consciousness Studies* 19(9–10): 166–189.

C Fisher, John Martin (ed.) (1986) *Moral Responsibility*. Ithaca, NY: Cornell University Press.

I Fischer, John Martin (1994) *The Metaphysics of Free Will*. New York: Blackwell Publishers.

Fischer, John Martin and Mark Ravizza (1998) *Responsibility and Control: A Theory of Moral Responsibility*. New York: Cambridge University Press.

I Fischer, John Martin, Robert Kane, Derk Pereboom, and Manuel Vargas (2007) *Four Views on Free Will*. New York: Blackwell Publishing.

Flanagan, Owen (2017) *Geography of Morals: Varieties of Moral Possibility*. New York: Oxford University Press.

Floud, Jean E. and Warren Young (1981) *Dangerousness and Criminal Justice*. London: Heinemann.（ジーン・フロウド、ウォーレン・ヤング『危険性と刑事司法』井上祐司訳、九州大学出版会、1991）

Focquaert, Farah, Gregg Caruso, Elizabeth Shaw, and Derk Pereboom (2020) Justice without

retribution: Interdisciplinary perspectives, stakeholder views, and practical implications. *Neuroethics* 13: 1–3.

Forber, Patrick and Rory Smead (2018) Punishment isn't about the common good: It's about spite. *Aeon*. https://aeon.co/ideas/ punishment-isnt-about-the-common-good-its-about-spite

Frankfurt, Harry (1969) Alternative possibilities and moral responsibility. *Journal of Philosophy* 66: 829–839.（ハリー・フランクファート「選択可能性と道徳的責任」三ッ野陽介訳、門脇俊介・野矢茂樹編『自由と行為の哲学』所収、春秋社、2010）

Frankfurt, Harry (1971) Freedom of the will and the concept of a person. *Journal of Philosophy* 68: 5–20.（ハリー・フランクファート「意志の自由と人格という概念」近藤智彦訳、門脇俊介・野矢茂樹編『自由と行為の哲学』所収、春秋社、2010）

ǀ Frede, Michael (2011) *A Free Will: Origins of the Notion in Ancient Thought*. Berkeley, CA: University of California Press.

Gibbard, Allan (1990) *Wise Choices, Apt Feelings: A Theory of Normative Judgment*. Cambridge, MA: Harvard University Press.

Gladwell, Malcolm (2008) *Outliers: The Story of Success*. New York: Little Brown and Company.（マルコム・グラッドウェル『天才！——成功する人々の法則』勝間和代訳、講談社、2014）

ǀ Haji, Ishtiyaque (2009) *Incompatibilism's Allure*. Peterborough, Ontario: Broadview Press.

Hampton, Jean (1991) A new theory of retribution. In *Liability and Responsibility: Essays in Law and Morals*, eds. R. G. Frey and Christopher W. Morris, pp. 377–414. New York: Cambridge University Press.

Hampton, Jean (1992) An expressive theory of retribution. In *Retributivism and Its Critics*, ed. Wesley Cragg, pp. 1–25. Stuttgart: Franz Steiner Verlag.

Hampton, Jean (1994) Liberalism, retribution and criminal- ity. In *In Harm's Way: Essays in Honor of Joel Feinberg*, eds. Jules Coleman and Allen Buchanan, pp. 159–182. New York: Cambridge University Press.

ǀ Harris, Sam (2012) *Free Will*. New York: Free Press.

Harris, Sam (2014) The marionette's lament: Response to Daniel Dennett. https://samharris.org/the-marionettes-lament/

Hart, H. L. A. (1968/2008) *The Concept of Law*, 3rd edn. New York: Oxford University Press.（H・L・A・ハート『法の概念 第 3 版』長谷部恭男訳、ちくま学芸文庫、2014）

Hart, H. L. A. (2008) *Punishment and Responsibility: Essays in the Philosophy of Law*, 2nd edn.

Oxford: Oxford University Press.

Henrich, Joseph and Michael Muthukrishna (2020) The ori-gins and psychology of human cooperation. *Annual Review of Psychology* 71.

I Hoefer, Carl (2016) Causal determinism. *Stanford Encyclopedia of Philosophy*. https://plato.stanford.edu/entries/determinism-causal/

C Honderich, Ted (ed.) (1973) *Essays on Freedom and Action*. London: Routledge and Kegan Paul.

I Honderich, Ted (2002) *How Free Are You? The Determinism Problem*. 2nd edn. New York: Oxford University Press.

C Hook, Sidney (ed.) (1958) *Determinism and Freedom in the Age of Modern Science*. London: Collier Books.

Hume, David (1739/1978) *A Treatise of Human Nature*. New York: Oxford University Press.（デイヴィッド・ヒューム『道徳について（人間本性論 第三巻）』普及版、伊勢俊彦、石川徹、中釜浩一訳、法政大学出版局、2019）

Hume, David (1748/2000) *An Enquiry Concerning Human Understanding*. New York: Oxford University Press.（デイヴィッド・ヒューム『人間知性研究 普及版』斎藤繁雄、一ノ瀬正樹訳、法政大学出版局、2020）

I Kane, Robert (2005) *A Contemporary Introduction to Free Will*. New York: Oxford University Press.

C Kane, Robert (2011) *Oxford Handbook of Free Will*, 2nd edn. New York: Oxford University Press.

Kant, Immanuel (1797/1887) *The Philosophy of Low*, trans. W. Hastie. Edinburgh: T. & T. Clark.（イマヌエル・カント「法論の形而上学的定礎」『人倫の形而上学（カント全集一一）』樽井正義、池尾恭一訳、岩波書店、2002）

Kaufman, W. (2008) The rise and fall of the mixed theory of punishment. *International Journal of Applied Philosophy* 22: 37–57.

Kelly, Erin (2018) *The Limits of Blame: Rethinking Punishment and Responsibility*. Cambridge, MA: Harvard University Press.

Knobe, J. (2014) Free will and the scientific vision. In *Current Controversies in Experimental Philosophy*, eds. E. Machery and E. O'Neill, pp. 69–85. New York: Routledge.

C Lehrer, Keith (ed.) (1966) *Freedom and Determinism*. New York: Random House.

Levy, Neil (2009) Luck and history-sensitive compatibilism. *Philosophical Quarterly* 59(235): 237–251.

Levy, Neil (2011) *Hard Luck: How Luck Undermines Free Will and Moral Responsibility*. New York: Oxford University Press.

Levy, Neil (2016) Does the desire to punish have any place in modern justice? *Aeon*, February

19. https://aeon.co/ideas/does-the-desire-to-punish-have-any-place-in-modern-justice

McCarthy, J. (2002) Free will – even for robots. Unpublished memo, Feb. 14, 2000. Simple deterministic free will, unpub- lished memo, May 16, 2002. Published online at: www-formal.stanford.edu/jmc/freewill.html

MacKay, Donald M. (1960) On the logical indeterminacy of a free choice. *Mind*, 69: 31–40.

McKenna, Michael and D. Justin Coates (2019) Compatibilism. *Stanford Encyclopedia of Philosophy*. https://plato.stanford.edu/entries/compatibilism/

McKenna, Michael and Derk Pereboom (2016) *Free Will: A Contemporary Introduction*. New York: Routledge.

Matravers, M. (2000) *Justice and Punishment: The Rationale of Coercion*. New York: Oxford University Press.

Mele, Alfred (1995) *Autonomous Agents: From Self-Control to Autonomy*. New York: Oxford University Press.

Mele, Alfred (2006) *Free Will and Luck*. New York: Oxford University Press.

Nadelhoffer, Thomas (ed.) (2013) *The Future of Punishment*. New York: Oxford University Press.

Nadelhoffer, Thomas and Daniela Goya Tocchetto (2013) The potential dark side of believing in free will (and related con- cepts): Some preliminary findings. In *Exploring the Illusion of Free Will and Moral Responsibility*, ed. Gregg D. Caruso, pp. 121–140. Lanham, MD: Lexington Books.

Nadelhoffer, T., D. Rose, W. Buckwalter, and S. Nichols (2019) Natural compatibilism, indeterminism, and intrusive meta- physics. https://doi.org/10.3129/osf.io/rzbqh

Nagel, Thomas (1979) *Mortal Questions*. New York: Cambridge University Press.

Nelkin, Dana (2019) Moral luck. *Stanford Encyclopedia of Philosophy*. https://plato.stanford.edu/entries/moral-luck/

Nichols, S. (2004) The folk psychology of free will: Fits and starts. *Mind and Language* 19(5): 473–502.

Nichols, S. (2007) After compatibilism: A naturalistic defense of the reactive attitudes. *Philosophical Perspectives* 21: 405–428.

Nichols, S. (2012) The indeterminist intuition: Source and status. *The Monist* 95(2): 290–307.

Nichols, S. and J. Knobe (2007) Moral responsibility and determinism: The cognitive science of folk intuitions. *Nous* 41(4):663–685.

Nietzsche, Friedrich (1886/1992) *Beyond Good and Evil*, trans. Walter Kaufmann. New York: Random House.（フリードリヒ・ニーチェ『善悪の彼岸』中山元訳、光文社古典新訳文庫、2009）

Nussbaum, Martha (1988) Nature, function, and capability: Aristotle on political distribution. In *Oxford Studies in Ancient Philosophy*, ed. J. Annas and R. Grimm. Oxford: Clarendon Press.

Nussbaum, Martha (1992) Human functioning and social justice: In defense of Aristotelian Essentialism. *Political Theory* 20(2): 202–146.

Nussbaum, Martha (1997) Capabilities and human rights. *Fordham Law Review* 66: 273.

Nussbaum, Martha (2000) *Women and Human Development*. Cambridge: Cambridge University Press.（マーサ・C・ヌスバウム『女性と人間開発――潜在能力アプローチ』池本幸生、田口さつき、坪井ひろみ訳、岩波書店、2005）

Nussbaum, Martha (2003) Capabilities as fundamental entitlements: Sen and social justice. *Feminist Economics* 9 (2–3):33–59.

Nussbaum, Martha (2006) *Frontiers of Justice*. Cambridge, MA: The Belknap Press.（マーサ・C・ヌスバウム『正義のフロンティア――障碍者・外国人・動物という境界を越えて』神島裕子訳、法政大学出版局、2012）

Nussbaum, Martha (2011) *Creating Capabilities: The Human Development Approach*. Cambridge, MA: The Belknap Press of Harvard University Press. https://plato.stanford.edu/entries/ legal-punishment/

[I] O'Connor, Timothy (2018) Free will. *Stanford Encyclopedia of Philosophy*. https://plato.stanford.edu/entries/freewill/

Pereboom, Derk (1995) Determinism al dente. Nous 29(1): 21–45.

[C] Pereboom, Derk (ed.) (1997) *Free Will*. New York: Hackett Publishing Company.

[I] Pereboom, Derk (2001) *Living Without Free Will*. New York: Cambridge University Press.

Pereboom, Derk (2008) A hard-line reply to the multiple-case manipulation argument. *Philosophical and Phenomenological Research* 77(1): 160–170.

[I] Pereboom, Derk (2014) *Free Will, Agency, and Meaning in Life*. New York: Oxford University Press.

Pereboom, Derk (2019) Free will skepticism and prevention of crime. In *Free Will Skepticism in Law and Society: Challenging Retributive Justice*, eds. Elizabeth Shaw, Derk Pereboom, and Gregg D. Caruso, pp. 99–115. New York: Cambridge University Press.

Pereboom, Derk and Gregg D. Caruso (2018) Hard-incompatibilist existentialism: Neuroscience, punishment, and meaning in life. In *Neuroexistentialism: Meaning, Morals, and Purpose in the Age of Neuroscience*, eds. Gregg D. Caruso and Owen Flanagan, pp. 1–22. New York: Oxford University Press.

[I] Pink, Thomas (2004) *Free Will: A Very Short Introduction*. New York: Oxford University Press.（トーマス・ピンク『哲学がわかる 自由意志』戸田剛文他訳、岩波書店、2017）

Popper, Karl (1951) Indeterminism in quantum physics and classical physics. *British Journal for the Philosophy of Science* 1: 179–188.

Pynchon, Thomas (1973) *Gravity's Rainbow*. New York: Viking.（トマス・ピンチョン『重力の虹』佐藤良明、新潮社、2014）

Rawls, John (1971) *A Theory of Justice*. Cambridge, MA: Harvard University Press. Revised edition, 1999.（ジョン・ロールズ『正義論 改訂版』川本隆史、福間聡、神島裕子訳、紀伊国屋書店、2010）

Rawls, John (1985) Justice as fairness: Political not metaphysical. *Philosophy and Public Affairs* 14 (Summer): 223–51.

Rawls, John (2001) *Justice as Fairness: A Restatement*, ed. Erin Kelly. Cambridge, MA: Harvard University Press.（ジョン・ロールズ『公正としての正義再説』エリン・ケリー編、田中成明、亀本洋、平井亮輔訳、岩波現代文庫、2020）

Rose, D. and S. Nichols (2013) The lesson of bypassing. Review of *Philosophy and Psychology* 4(4): 599–619.

Rosen, Gideon (2002) The case for incompatibilism. *Philosophical and Phenomenological Research* 64(3): 699–796.

Rosling, Hans (2018) *Factfulness: Ten Reasons We're Wrong About the World – and Why Things Are Better Than You Think*. New York: Flatiron Books.（ハンス・ロスリング他『FACTFULNESS――10の思い込みを乗り越え、データを基に世界を正しく見る習慣』日経BP社、2019）

Sarkissian, Hagop, Amita Chatterjee, Felipe De Brigard, Joshua Knobe, et al. (2010) Is belief in free will a cultural universal? *Mind and Language* 25(3): 346–358.

Scanlon, Thomas (1998) *What We Owe Each Other*. Cambridge, MA: Harvard University Press.

Scanlon, Thomas (2013) Giving desert its due. *Philosophical Explorations* 16: 101–116.

Sen, Amartya (1980) *The Tanner Lectures on Human Values*, ed. S. McMurrin. Salt Lake City: University of Utah Press.

Sen, Amartya (1984) *Resources, Values, and Development*. Oxford: Basil Blackwell.

Sen, Amartya (1985) *Commodities and Capabilities*. Oxford: Oxford University Press.（アマルティア・セン『福祉の経済学――財と潜在能力』鈴村興太郎訳、岩波書店）

Sen, Amartya (2009) *The Idea of Justice*. New York: Penguin Books.（アマルティア・セン『正義のアイデア』池本幸生訳、明石書店、2011）

Shariff, A. F., J. D. Greene, J. C. Karremans, J. Luguri, C. J. Clark, J. W. Schooler, R. F. Baumeister, and K. D. Vohs (2014) Free will and punishment: A mechanistic view of human nature reduces retribution. *Psychological Science* published online June 10: 1–8.

Shaw, Elizabeth (2019) Justice without more responsibility? *Journal of Information Ethics*

28(1).

C Shoemaker, David (ed.) (2013–2019) *Oxford Studies in Agency and Responsibility, Volumes* 1–6. New York: Oxford University Press. [Vol. 2 co-ed. with Neil Tognazzini; Vol. 5 co-ed. with Justin Coates and Neal Tognazzini]

Sommers, Tamler (2007) The objective attitude. *The Philosophical Quarterly* 57(28): 321–342.

Sommers, Tamler (2012) *Relative Justice: Cultural Diversity, Free Will, and Moral Responsibility*. Princeton, NJ: Princeton University Press.

Sommers, Tamler (2018) *Why Honor Cultures Matter*. New York: Basic Books.

Strawson, Galen (2010) Your move: The maze of free will. *New York Times*, July 22.

Strawson, Galen (2018) *Things That Bother Me: Death, Freedom, The Self, etc*. New York: New York Review of Books. [chapter 4, "Luck swallows everything." 参照]

Strawson, P. F. (1962) Freedom and resentment. *Proceedings of the British Academy* 18: 1–25.（ピーター・ストローソン「自由と怒り」法野谷俊哉訳、門脇俊介・野矢茂樹編『自由と行為の哲学』所収、春秋社、2010）

Tadros, Victor (2011) *The Ends of Harm: The Moral Foundations of Criminal Law*. New York: Oxford University Press.

I Talbert, Matthew (2016) *Moral Responsibility: An Introduction*. Malden, MA: Polity Press.

I Talbert, Matthew (2019) Moral Responsibility. *Stanford Encyclopedia of Philosophy*. https://plato.stanford.edu/entries/ moral-responsibility/

Tasioulas, John (2006) Punishment and repentance. *Philosophy* 81: 279–322.

Taylor, Richard (1963/1992) *Metaphysics*, 4th edn. Englewood Cliffs, NJ: Prentice-Hall.

I Timpe, Kevin (2008) *Free Will: Sourcehood and Its Alternatives*. New York: Continuum Press.

Todd, Patrick (2011) A new approach to manipulation argu- ments. *Philosophical Studies* 152(1): 127–133.

Todd, Patrick (2013) Defending (a modified version of) the zygote argument. *Philosophical Studies* 164(1): 189–203.

van Inwagen, Peter (1983) *Essay on Free Will*. New York: Oxford University Press.

Vargas, Manuel (2007) Revisionism. In *Four Views on Free Will*, John Martin Fischer, Robert Kane, Derk Pereboom, and Manuel Vargas, pp. 126–165. New York: Blackwell Publishers.

Vargas, Manuel (2013) *Building Better Beings: A Theory of Moral Responsibility*. New York: Oxford University Press.

Walen, Alec (2014) Retributive justice. *Stanford Encyclopedia of Philosophy*. https://plato.stanford.edu/entries/justice-retribu tive/

Walker, N. (1991) *Why Punish?* New York: Oxford University Press.

Wallace, R. Jay (1994) *Responsibility and the Moral Sentiments*. Cambridge, MA: Harvard University Press.

Waller, Bruce (2011) *Against Moral Responsibility*. Cambridge, MA: MIT Press.

Waller, Bruce (2015) *The Stubborn System of Moral Responsibility*. Cambridge, MA: MIT Press.

Waller, Bruce (2016) *Restorative Free Will: Back to the Biological Base*. Lanham, MD: Lexington Books.

Waller, Bruce (2018) *The Injustice of Punishment*. New York: Routledge.

C Watson, Gary (ed.) (1982) *Free Will*. New York: Oxford University Press.

Weigel, C. (2011) Distance, anger, and freedom: An account of the role of abstraction in compatibilist and incompatibilist intuitions. *Philosophical Psychology* 24(6): 803–823.

Wittgenstein, Ludwig (1961) *Notebooks* 1914–1916, ed. and trans. G. H. von Wright and G. E. M. Anscombe. New York: Harper/Blackwell.

Zaibert, Leo (2018) *Rethinking Punishment*. New York: Cambridge University Press.

Zimmerman, Michael J. (2011) *The Immorality of Punishment*. Broadview Press.